本书系"国培计划改革创新"示范项目"基于'国培'目标的地方高师院校教师培训模式创新研究与实践"、湖南省普通高等学校教学改革项目"行动导向的乡村教师培训模式建构研究"（湘教通［2018］436号第535项）和《乡村教育振兴情景下的"国培"模式创新研究与实践》（湘教通［2019］291号第672项）的研究成果。

| 光明社科文库 |

教师培训模式创新研究与实践

申秀英　凌云志　张登玉　刘国武　王　敏 ◎编著

光明日报出版社

图书在版编目（CIP）数据

教师培训模式创新研究与实践 / 申秀英等编著 .--

北京：光明日报出版社，2019.3

ISBN 978-7-5194-5086-1

Ⅰ.①教… Ⅱ.①申… Ⅲ.①教师培训—培养模式—研究 Ⅳ.① G451.2

中国版本图书馆 CIP 数据核字（2019）第 040268 号

教师培训模式创新研究与实践

JIAOSHI PEIXUN MOSHI CHUANGXIN YANJIU YU SHIJIAN

编　　著：申秀英等

责任编辑：庄　宁　　　　　　　责任校对：赵鸣鸣

封面设计：中联学林　　　　　　责任印制：曹　净

出版发行：光明日报出版社

地　　址：北京市西城区永安路 106 号，100050

电　　话：010-63169890（咨询），63131930（邮购）

传　　真：010-63169890

网　　址：http://book.gmw.cn

E - mail：zhuangning@gmw.cn

法律顾问：北京德恒律师事务所龚柳方律师，电话：010-67019571

印　　刷：三河市华东印刷有限公司

装　　订：三河市华东印刷有限公司

本书如有破损、缺页、装订错误，请与本社联系调换

开　　本：170mm×240mm

字　　数：214 千字　　　　　　印　　张：15.5

版　　次：2019 年 10 月第 1 版　　印　　次：2019 年 10 月第 1 次印刷

书　　号：ISBN 978-7-5194-5086-1

定　　价：85.00 元

前　言

　　教育大计，教师为本。有好的教师，才有好的教育。作为一项关系到教育发展变革的重大社会实践，教师培训是教师职后发展的主要路径，长期以来在支持教师个人成长、推动学校绩效改进和服务区域教育发展中发挥着重要作用。在具体实施中，教师培训不仅需要尊重一般培训所具有的成人学习的特点，也要关照到教师群体和教育生活的特殊性和复杂性。然而，与国家的高度重视和教师培训的重要地位不相匹配的是，我国教师培训质量和效果的不容乐观，据薛海平等人的调研结果来看，只有57.5%的被调查教师对培训效果表示满意，51.1%的被调查教师认为很难把培训中学到的东西应用到教学中去，[①] 说明教师培训工作的评估结果难以令人满意。诚然，过去几年我国的教师培训已经有了较大的进步，但长期以来培训机构的专业化程度欠缺、培训者专业素质能力偏低、培训内容标准有待完善、培训方式单调枯燥等根深蒂固的问题与隐患无不制约着教师培训的质量提升和长远发展，成为全面提升教师专业素质桎梏与瓶颈。

　　事实上，从学习到行为改变一直是困扰培训界的世界级难题！国际著名学者威斯康辛大学教授唐纳德·L·柯克帕特里克于1959年提出柯氏四级培训评估模式，是世界上应用最广泛的培训评估工具，在培训评估领域具有难以撼动的地位。其界定培训评估的内容为反应评估（Reaction）、学

---

　　① 薛海平，陈向明.我国中小学教师培训质量调查研究［J］.教育科学，2012，28（06）：53-57.

习评估（Learning）、行为评估（Behavior）、成果评估（Result）四个层级。①
现有研究和实证发现，在柯氏的一级评估和二级评估之间有明显的正相关
关系，三级评估和四级评估之间有明显的正相关关系，而二级评估和三级
评估之间没有明显的正相关关系。也就是说学员学到的知识并不一定能带
来明显的行为改变，具体到教师培训中来说，就是教育教学理论水平的提
升并不一定能够推动教育教学实践的改进。因此，教师培训既要回应教育
部门切实提升培训实效、创新教师培训模式的要求，更要满足和引领教师
对教师培训转化为教育质量提升的内在需求，我们需要贯彻"以终为始"
的结果导向原则，在培训实施之前就充分考虑期望能达成的可能结果，将
教师的学习与其教育教学行为的改进联系起来，根本改变过去教师培训与
教育教学实践割裂的窘况。

中国特色社会主义进入了新时代，开启了全面建设社会主义现代化国
家的新征程。新时代意味着中国从"站起来""富起来"，进入到了"强起
来"的新阶段。我国社会主要矛盾已经转化为人民日益增长的美好生活需
要和不平衡不充分的发展之间的矛盾，人民对公平而有质量的教育的向往
更加迫切。2018 年 1 月 20 日，中共中央、国务院通过《关于全面深化新
时代教师队伍建设改革的意见》，对各级党委和政府从战略和全局高度重
视教师工作、切实落实全面加强教师队伍建设提出了明确规定，并要求"作
为一项重大政治任务和根本性民生工程切实抓紧抓好"。开展中小学教师
全员培训，促进教师终身学习和专业发展是落实党中央、国务院"全面提
高中小学教师质量，建设一支高素质专业化的教师队伍"②任务的重要抓手。
基于我国教师队伍建设需要的实际，当前我国教师培训的主要矛盾已经转

---

① ［美］.柯克帕特里克（Kirkpatrick, D.L.），柯克帕特里克（Kirkpatrick, J.D.）.如何
做好培训评估：柯氏四级评估法（原书第三版）[M].奚卫华，等译.北京：机械工业出版社，
2007：16.

② 中共中央国务院关于全面深化新时代教师队伍建设改革的意见.［EB/OL］.http://www.
xinhuanet.com/politics/2018-01/31/c_1122349513.htm，2018-01-31.

化为"广大教师日益增长的专业发展需要和不平衡不充分的教师培训能力之间的矛盾",其中如何提升教师培训的实效性和针对性的问题越来越成为社会关注的焦点。

为加强中小学教师队伍建设,促进基础教育质量的提高,近年来我国对教师培训的投入明显加大,教师培训的规模效应开始凸显,特别是2010年"国培计划"实施以来,逐步构建形成了覆盖各个层级的国培体系,仅仅是近5年来,国家就投入资金117亿,培训教师1729万人次。[①]与此同时,我国也重视教师培训质量的提升,特别是期待通过"国培计划"的引领示范作用,推动全国教师培训的整体发展。2011年《教育部关于大力加强中小学教师培训工作的意见》(教师[2011]1号)提出以实施"国培计划"为抓手,推动各地通过多种有效途径,有目的、有计划地对全体中小学教师进行分类、分层、分岗培训。2015年教育部、财政部颁布《关于改革实施中小学幼儿园教师国家级培训计划的通知》(教师[2015]10号)决定从2015年起,"国培计划"集中支持中西部乡村教师校长培训。继续实施"国培计划"——示范性项目,加强培训团队建设,探索培训新模式,为各地开展乡村教师培训培养"种子"、打造"模子"、探索"路子"。2015年国务院办公厅颁布《乡村教师支持计划2015-2020》(国办发[2015]43号),提出要按照乡村教师的实际需求改进培训方式,采取顶岗置换、网络研修、送教下乡、专家指导、校本研修等多种形式,增强培训的针对性和实效性。然而,如何为教师提供"解渴、能用、好用、管用的培训"[②],需要培训的理论研究者和具体实践者承担使命,以不断优化培训内容、丰富培训形式和培育培训品质等为中心内容,努力探索教师培训模式的创新,提升教师培训的质量。

当前的教师培训研究尚不具备完全独立的学术地位,基于当前教师培

---

① 介绍从数据看党的十八大以来我国教育改革发展有关情况.[EB/OL].http://www.moe.gov.cn/jyb_xwfb/xw_fbh/moe_2069/xwfbh_2017n/201709/t20170928_315537.html,2017-09-28.

② 王定华.用奋进之笔谱写新时代教师队伍建设新篇章[J].教育科学研究,2018(02):2.

训理论研究的窘迫境况，一方面我们呼唤强化"研训一体"的培训机制建设，另一方面也提倡培训实践者与理论研究建立一种紧密关系，将培训实施与培训研究结合起来，协同探究教师培训的内在机理和运行机制，努力构建一种"边做边学""边施训边研究"的培训专业发展势态。

在深入贯彻实施《乡村教师支持计划2015—2020年》的背景下，地方师范院校要积极适应党和国家对新时代教师队伍建设改革的政策需要，主要应对《教师教育振兴行动计划（2018—2022）》的具体要求，为国家基础教育的发展做出应有的贡献。衡阳师范学院作为一所地方高等师范院校，始终牢记办学定位，为地方基础教育和区域经济社会发展服务，坚持地方性、师范性、应用型。围绕人才培养目标定位和服务面向，开展扎实有效的工作。进一步更新教育理念，坚持办学指导思想，高举教师教育旗帜，深化教师教育改革，打造鲜明的教师教育特色，培养造就高素质专业化教师队伍，全面提高教师教育质量，推进教师教育内涵式发展。在教师培训工作中，衡阳师范学院始终秉承百年师范教育传统，积极主动地承办"国培计划""省培计划"和各市县的委托培训项目，在湖南省的基础教育教师队伍建设中发挥着特殊而重要的作用。自从2010年"国培计划"启动以来，衡阳师范学院成为最早承办项目的院校（机构）之一。特别是近几年来，在承担的乡村教师培训项目的实施过程中，我校积极创新教师培训的方式方法，驱动参训教师积极行动，在行动中反思，在反思中改变，在改变中提升，探索优化了较为成熟的乡村教师培训模式，创新了乡村教师培训的思路，提升了乡村教师培训的效果，在省内外产生了良好的影响。可以说，"国培计划"现已成为衡阳师范学院的一个靓丽品牌与形象窗口。本书是衡阳师范学院基于"国培"目标的教师培训模式创新研究与实践的成果，期待我们的点滴努力能够对中国的教师培训和基础教育的发展起到一定的推动作用。

目　录
CONTENTS

第一章 "国培计划"背景下的教师培训模式创新

　　教育的关键是教师，教育发展的关键是教师队伍稳定和质量改善。只有教师优秀，教育系统才能卓越。在"国培计划"实施的背景下，探索和研究教师培训模式创新，需要我们认真研究当前教师培训的政策要求、现实诉求，并进行必要的理论思考。基于衡阳师范学院的既有基础和现实条件，我们将"国培计划"当作重大的基础，凝聚学校的教研科研力量，积极探寻教师培训发展道路。

第一节　教师培训模式创新的政策要求

　　我国教师培训模式的变迁与整个教师培训政策的演进过程具有相对统一性。据李瑾瑜和史俊龙的研究，我国教师培训政策走过了从新中国成立初的在职学历补偿阶段、文革后期至 80 年代的"教材教法过关"与学历提升并重阶段、90 年代至 21 世纪初的制度性教师培训阶段、21 世纪以来的专业化教师培训体系建立阶段[①]。特别是追溯近十年以来我国教师培训政策的演进，发现我国教师培训政策也越来越关注形式创新和模式建构，并

---

　　① 李瑾瑜，史俊龙.我国中小学教师培训政策演进及创新趋势［J］.西北师大学报（社会科学版），2012，49（05）：83-89.

且对教师培训模式发展提出了目标专业化、内容标准化、方法规范化和管理精细化的具体要求，其中专业化是教师培训模式发展的核心政策要求。

一、教师培训是提升教师能力素质和加强教师队伍建设的重要途径，近年来国家对教师培训工作的重视力度明显加大。

教育大计，教师为本。有好的教师，才有好的教育。为加强中小学教师队伍建设，促进基础教育质量的提高，教育部从 2010 年正式开始实施"国培计划"。2011 年《教育部关于大力加强中小学教师培训工作的意见》（教师〔2011〕1 号）指出"教师培训是加强教师队伍建设的重要环节，是推进素质教育，促进教育公平，提高教育质量的重要保证。近年来，各地各校积极采取措施加强教师培训，教师队伍建设取得明显成效。但从总体上看，教师队伍整体素质还不能完全适应新时期教育改革发展需要，教师培训发展不平衡，特别是农村教师培训机会较少，教师培训制度有待完善，支持保障能力建设亟待加强。教育规划纲要对中小学教师队伍建设提出了新的更高要求。大力加强教师培训，是新时期教育事业科学发展的重要任务和紧迫要求。"当前和今后一个时期中小学教师培训工作的总体目标是：以实施"国培计划"为抓手，推动各地通过多种有效途径，有目的、有计划地对全体中小学教师进行分类、分层、分岗培训。

2015 年国务院办公厅颁布《乡村教师支持计划 2015—2020》（国办发〔2015〕43 号），提出：到 2020 年前，对全体乡村教师校长进行 360 学时的培训。要把乡村教师培训纳入基本公共服务体系，保障经费投入，确保乡村教师培训时间和质量。省级人民政府要统筹规划和支持全员培训，市、县级人民政府要切实履行实施主体责任。整合高等学校、县级教师发展中心和中小学校优质资源，建立乡村教师校长专业发展支持服务体系。将师德教育作为乡村教师培训的首要内容，推动师德教育进教材、进课堂、进头脑，贯穿培训全过程。全面提升乡村教师信息技术应用能力，积极利用远程教学、数字化课程等信息技术手段，破解乡村优质教学资源不足的难题，同时建立支持学校、教师使用相关设备的激励机制并提供必要的保障经费。加强乡村学校音体美等师资紧缺学科教师和民族地区双语教师培训。按照乡村教师的实际需求改进培训方式，采取顶岗置换、网络研修、送教下乡、专家指导、校本研修等多种形式，增强培训的针对性和实效性。从2015 年起，"国培计划"集中支持中西部地区乡村教师校长培训。

2015 年教育部、财政部颁布《关于改革实施中小学幼儿园教师国家级培训计划的通知》（教师［2015］10 号）决定从 2015 年起，"国培计划"集中支持中西部乡村教师校长培训。继续实施"国培计划"——中西部项目和幼师国培项目，采取顶岗置换、送教下乡、网络研修、短期集中、专家指导、校本研修等方式，对中西部地区乡村中小学幼儿园教师进行专业化培训。继续实施"国培计划"——示范性项目，加强培训团队建设，探索培训新模式，为各地开展乡村教师培训培养"种子"、打造"模子"、探索"路子"。

二、"国培计划"等相关政策重视教师培训的实效性和针对性，对教师培训的模式创新提出了明确要求。

2011 年《教育部关于大力加强中小学教师培训工作的意见》［教师（2011）1 号］明确要求各地创新教师培训模式方法，提高教师培训质量，包括积极创新培训模式、不断优化培训内容、努力改进培训方式方法、积极开展教师远程培训、建立和完善校本研修制度等，并鼓励和支持高师院校和中小学合作，促进教师专业发展。

2013 年教育部颁布《关于深化中小学教师培训模式改革全面提升培训质量的指导意见》（教师［2013］6 号）指出，中小学教师培训要以实施好基础教育新课程为主要内容，以满足教师专业发展个性化需求为工作目标，引领教师专业成长。各地要将上述要求贯穿于培训规划、项目设计、组织实施、质量监控全过程。根据新任教师岗前培训、在职教师提高培训和骨干教师高级研修等教师发展不同阶段的实际需求，开展针对性培训。实行教师培训需求调研分析制度，建立与中小学校共同确定培训项目的新机制。

要求各地改进培训内容，贴近一线教师教育教学实际。各地要将提高教师教育教学技能作为培训的主要内容，以典型教学案例为载体，创设真实课堂教学环境，紧密结合学校教育教学一线实际，开展主题鲜明的技能培训。实践性课程应不少于教师培训课程的 50%。要将中小学教师专业标准、师德教育和信息技术作为通识课程，列入培训必修模块。要求各地转变培训方式，提升教师参训实效。明确提出，各地要针对教师学习特点，强化基于教学现场、走进真实课堂的培训环节。通过现场诊断和案例教学解决实际问题，采取跟岗培训和情境体验改进教学行为，利用行动研究和反思实践提升教育经验，确保培训实效。改革传统讲授方式，强化学员互动参与，增强培训吸引力、感染力。省级教育行政部门要大力推动置换脱产研修，将院校集中培训、优质中小学"影子教师"实践和师范生（城镇教师）顶岗实习支教相结合，为农村学校培养骨干教师。要采取多种培训方式，加大体育、音乐、美术等师资紧缺学科专兼职教师和民族地区双语教师的培训力度。

为贯彻落实《乡村教师支持计划（2015—2020 年）》，推动各地变革乡村教师培训模式，提升乡村教师培训实效，在总结各地经验基础上，2016年教育部研究制定了《送教下乡培训指南》《乡村教师网络研修与校本研修整合培训指南》《乡村教师工作坊研修指南》《乡村教师培训团队置换脱产研修指南》等乡村教师培训指南。指南的正式颁布不仅让各地的教师培训制定了培训的流程标准，其项目设计的意图和培训对象和场景的规定，更体现了明显的"实践取向"，对教师培训的模式创新也提出了明确的要求。

第二节　教师培训模式创新的现实诉求

据调查，一线教师希望自己从培训中学到的内容顺序依次是教学方法及策略、学生发展及心理健康、学科教学、现代教育技术、学校及课堂教学管理、教育研究方法、班主任工作和教育教学理论。而另一份调查也显示，教师最期待的培训资源前五位是：教学方法及策略、学科教学、学校及课堂教学管理和班主任工作。据某机构对782名一线兼职教师培训者的调查结果显示：虽然调查的对象是一线的教师培训者，具体的培训内容与普通的一线老师有一定的差别，但从"实践性"的性质来看，他们选择的最高的依然是"课堂教学能力""培训组织实施能力"和"班主任管理能力"三项，最不感兴趣的是"教育学知识""教师培训政策"和"教师培训的基本理论"。对于很多一线教师而言，教师培训，"听懂实用"才是硬道理，他们不喜欢枯燥的理论说教。而从他们喜欢的培训形式来看，偏向实践性的培训方式方法明显更加受到欢迎，从参加培训的具身体会来看，他们更喜欢"参与式""体验式""实地观摩考察"和"观课议课"等培训形式。他们最不喜欢的是"网络研修"和"专题讲座"等形式。

当前的教师培训实施中存在较为严重的"实践"误读。之所以存在对"实践"的误读，既有可能是培训的管理者和实施者存在抗拒心理，也有可能是其能力不堪的结果。从政策的执行来看，则存在由"守门人"因素导致的政策失真的可能。根据勒温对"守门人"心理因素的分析，"守门人"在此过程中，涉及认知结构、动机的问题、以及在冲突中做出不同价值选择的可能性，都会造成培训项目的不同流向，从而造成培训政策的失真。从当前教师培训的现状来看，对于"实践取向"的误读主要呈现三种样态，即敷衍型、盲目型和庸俗型。所谓敷衍型，是培训管理者和实施者采取挂羊头卖狗肉的办法，他们不重视培训需求调查分析，内容脱离教师专业发展和教学实践的需要；培训方法主要以传统的集中讲授和听课评课为主，不能充分调动教师积极参与培训。这种敷衍型的培训"守门人"往往表面上重视教师培训的"实践"，但实际上却不去研究和探索真正的实践之道，而是采取明里一套，暗里一套的做法。所谓盲目型，是培训者虽然知道教师培训"实践取向"的重要性，但由于缺乏专业理论的指导和专业实践的经验，对于"实践性课程"的开设，他不明白实践是什么、为什么和怎么做。所以在实施过程中，他要么采取跟风的方式，看别人怎么做，他就怎么做。

这样的结果是即使设计了"实践"的课程和形式，但往往流于形式，效果难以保证。所谓庸俗型，是在教师培训的实践中，人们将实践简化为唯"实用"、唯"技术操作"的庸俗化路径。我们并不反对"实用"和"技术操作"，但反对没有引领和理论意蕴的"实用"和"技术操作"。

存在误读的主要原因是培训机构和培训者队伍能力建设力度跟不上培训发展的需要。我国教师培训的发展经历了"学历补偿"到"能力提升"的时代变迁过程，教师培训"实践取向"转型发展的背景也大致如此。过去以高校为主的教师培训模式，主要依靠高校教师作为培训者在数量上无法满足需要，并且这支队伍大多脱离一线教育教学实践，培训课程"不接地气"常常成为被批评的理由。"国培计划"实施以来，我国的教师培训实践同行为了突破传统的讲授式的单向的培训模式，从注重驱动学员的学习热情、调动积极主动性到侧重实用技能的提升，到了第二个"五年计划"以后，一些教师培训者逐渐改变了过去的线性思维方式，努力尝试将"教"与"学"、"理论提升"与"实践生成"、传递引领与教学相长相结合。在《乡村教师支持计划2015—2020》推进的背景下，以"国培计划"为主要推动力的教师培训规模明显扩大，培训"重心下移"。而"重心下移"以后，县区级教师培训机构将成为未来教师培训的主力，但当前整体能力素质结构偏低的县区级教师培训者队伍成为教师培训质量提升的可能障碍。在新的时代条件下，随着社会和教育对教师作为"人"本身的关怀度提升，"实践取向"也应该有新的内涵，探索基于实践取向教师培训模式的理论与实践是教师培训理论研究和实践操作都需要努力的方向。

第三节　教师培训模式创新的理论思考

在教师培训实践推陈出新的背景下，关于教师培训模式创新的学理问题更值得我们继续深入探究，然而，要真正创新教师培训模式却面临着莫大的理论困境，需要我们去认真研究，从基本理论和概念出发，探寻可能的创新路径。

一、如何认识教师培训的理论与实践的复杂性关系?

第一，如何消解教师培训中理论与实践割裂的严重问题。

作为一个严谨的教师培训的研究者，我们丝毫不能怀疑理论的重要性，但在培训实践中单一灌输的方式往往是不能奏效的。一般情况下我们都同意"做中学"的理念。传统的教师培训主张"知而后行"。简而言之，一个教师在还没有获得教育教学实践经验之前就可以拥有教育知识，而且必须先拥有教育理论，才能进入教育教学情境，进行教育活动。所以，在教师培训的实践中，其项目和课程的设计逻辑是先把大量的教育理论知识传授给教师，要他们记忆或理解这些抽象的、理论性的知识，然后进行操作或练习来验证这些习得的基础理论知识。罗赛尔称这种模式为"把理论运用到实践"(Theory into Practice)。在这一基本假设的前提下，教育实践就变成为"验证教育理论"或"应用教育理论"的活动。罗赛尔以及许多学者质疑这一假设，因为理论与实践乃是一个单一活动的两个作用的方面，而不是各自独立的领域。

根据舍恩的研究，专业知识不能与专业经验分离。实际情境中所面临的问题往往都非常复杂，而理论知识则往往是单纯的、概括的、简约的。这两者之间无法直接一一对应，教育实践工作者无法把先前所学的知识直接拿来一一应用。因此任何教师专业化过程的首要任务是密切结合"教育理论"与"教育实践"。教师培训中，"教育理论"与"教育实践"如何密切结合，在培训实施过程中，学术性知识与实践性知识之间如何有效对话，仍然需要进行深入探讨。

第二，教师是否可以有自己的理论，以及如何生成自己的理论? 教师教育的"实践取向"转型在一定程度上已经成为社会共识。来自于现象学、解释学、后现代主义等理论背景对"人"的主体性的重视、对教师"生活世界"的关注、成为推动教师教育"重心后移"的主要理论动力，特别是马克思主义实践观对理论和实践的深刻分析，对人的目的性存在的重要观点，为我们理解教师培训提供了重要的理论立场和实践视角。

教师培训的知识论基础究竟是什么？有学者提出的"实践性知识"是教师专业成长的知识基础。从知识论的角度看，什么是"知识"，知识如何被证明是"真实的"，如何理解知识的"有用性"，知识是如何制造出来的，教师（应该）具有什么知识，教师职业因其知识特性能否成为一门"专业"，研究教师的实践性知识有什么意义，需要什么不同的研究范式和探究方法等问题，值得探讨。一般而言，我们都强调教师培训必须将教师的"实践"与"反思"相结合。根据舍恩的研究，一个专业人员在专业工作中，并不能简单地应用过去在专业教育中所学到的专业知识，而是在他的工作中以一种"在行动中反思"的方式解决问题，即在面临问题时能够及时形成假设，并决定新的行动。这里实际上涉及教师是否可以有自己的理论。实践性知识的研究告诉我们，教师在行动中解决实际问题的决策、反思的实践智慧，是教师专业成长的最重要基础。通过反思有助于将教师的内隐的实践性知识显性化，并通过教育叙事、教学反思等方式进行必要的综合和系统化。教师的知识，包括显性知识和隐性知识，在教师培训过程中如何进行合理而富有成效的转化？

教师培训重视实践关怀，与职前教育最为不同的是，教师培训的对象——教师作为有着丰富生活经验和强烈学习动机的人，他们习得知识、生成知识、分享知识的路径到底如何，仍然值得深入探讨。波兰尼的"个人知识"理论、库伯的"经验圈"学习理论、舍恩、范梅南的教育现象学理论、诺尔斯的成人学习自我指导理论、野中郁次郎和竹内弘高的"SECI"知识转化理论等理论均有助于为我们构建教师培训理论模型提供必要的帮助。

二、如何进行基于"实践取向"的教师培训关系重构？

现实中存在着两种典型的人才培养模式，一种是以知识传授为中心的人才培养模式，另一种是以学生为中心的人才培养模式。当代人才培养模式的创新的核心要以突显学生主体性为核心。这事实上涉及教学者与学习者关系的问题。依次，中小学教师培训也经历着从基于主客关系的传统范式向基于主体间性的新型范式的转型。

从 17 世纪中后期欧洲的教会组织创办教师培训机构以来，一直到 20 世纪中后期，教师的培训基本上都是"职业技能训练"的性质。由于深受科学实证主义哲学的影响，长期以来教师培训带有明显的"技术理性主义"（Technical Rationality）的烙印，过于强调知识和技术的价值中立性，排斥培训者和参训者的情感、精神和人文情怀等"非技术要素"。教师的培训以教学技能的训练为主要内容，教师成为被训练和改造的对象，培训者和受训者之间是一种分属主客体地位的"我—它"关系。20 世纪 80 年代以来，在后现代主义思想的影响下，人们开始从质疑和批判培训者和受训者之间是一种主客体关系的认识，以及教师培训就是按照理想的模型来重塑教师的过程的传统信条，而是积极倡导培训者和受训者之间的关系属于"主体间性"。在这样的思想指导下，培训是一种"平等对话的人际交往"过程，主体间平等开放、广泛深入地进行对话交流，教师积极参与融入培训过程之中，主体性充分彰显；培训的根本目的在于发展教师的专业自主性，促使教师作为主体自觉、自主、能动、可持续地建构属于个人的教育教学新知能，从而不断地在超越自我过程中实现自我价值和体验职业的幸福感；教师的教育教学经验以及其间的个性差异被当成是一种重要的培训资源进行积极开发，培训的内容表现出动态且鲜活的生成性；在培训过程中教师的主观能动性具有很大的发挥空间，不断自觉主动地改造、建构与外部环境、他人以及自身内部精神世界，因此在此过程中获得的成长与发展不是外部预设的，而是教师在参与并融入培训的过程中，不断自我设计与更新并由此渐进达成的。

教师培训的过程是培训者与参训者生命交往的过程，这个过程如何回归实践？如何回归教师的生活世界？如何真正做到实践关怀和生命关怀？这些问题都是衡阳师范学院的实践者和研究者的疑问和兴趣所在。

第二章　完善教师培训机制，强化培训管理水平

作为湖南省最早承办"国培计划"的院校之一，衡阳师范学院将教师培训作为师范院校服务地方社会发展的当然责任，高度重视教师培训管理机制的建设和完善。具体而言，在学校的整体规划下，以继续教育与培训学员为主体，各二级学院为主要支持，相继出台并完善了包括"国培""省培"等相关的校级管理机制，主要涉及教师培训的专家团队建设、过程管理、财务管理、资源建设、师范生实习等各方面。通过较为完善的机制建设，为衡阳师范学院走专业、精细、温暖的教师培训之路奠定了坚实的基础，有利于强化教师培训的管理水平。

第一节　以"国培计划"为平台做好农村教师培训工作 [①]

2010年以来，教育部全面实施中小学教师"国培计划"，启动实施新一轮中小学教师全员培训。大力加强骨干教师、农村教师和紧缺学科教师培训，广泛开展幼儿教师、民族地区双语教师和班主任培训，促进中小学

---

① 本节原载于《教育教学论坛》2012年第27期，收入本书时略有修改。张登玉，涂昊，申秀英，蒋瀚洋.以"国培计划"为平台做好农村中小学师资培训工作[J].教育教学论坛，2012（27）：223-224.

名师队伍建设，已成为当务之急。在培训过程中，要求课程设置坚持以学科为基础，以问题为中心，以案例为载体，以素质教育理论与实践的探讨、新课程教学方法的应用、创新精神与实践能力的培训、学科教学设计与现代教育技术的运用、师德教育和教师专业发展等为重点，旨在帮助农村教师解决教育教学过程中所面临的实际问题，促进农村教师的专业水平和教育教学水平的提高。

一、组建专业精干工作队伍

每年国家教育部下达组织实施"国培计划"文件后，承担院校必须高度重视，统一认识，以"新理念、新课程、新技术和师德教育"为重点，坚持按需施教、学用结合的原则，围绕全面实施素质教育和基础教育课程改革的要求，根据中小学教师队伍建设的实际需要，积极借鉴成功经验，精心组织相关部门和相关专家进行集体研究论证，制定翔实、完备的项目申报计划，高质量完成项目申报工作。组建学校主要领导为组长的实施教育部中小学骨干教师培训项目领导小组，并根据职责分工，成立实施教育部中小学骨干教师培训项目办公室，办公室下设教学、材料、接待和学员四个工作组。在领导小组、办公室的统一调配下，四个工作组各司其职，相互配合。

二、制定科学合理培训方案

培训前需精心组织相关专家和中小学一线教师反复研讨培训方案。并高度重视学员要求，在开班前就给准备前来参训的学员发放需求问卷，及时了解学员亟待解决的问题，有针对性地组织专题培训，制定切实可行的培训方案。优化课程模块，紧扣"新课程标准（2011 年版）解读与高效课堂教学模式培训"主题，以问题为中心，以案例为载体，专家讲座、学员讨论与实践相结合的基本形式，有针对性地解决培训学员在教学实践中遇到的理论、实践问题，帮助他们解决疑难问题，大力提升培训学员的理论素养、思想政治觉悟和教书育人能力，促进优秀教师的成长。使培训学员能够真正在教学实践中，贯彻新课程标准的要求，努力构建高效课堂。具体培训内容可以包括如下模块：教育教学理念；新课标解读与研讨；课程内容的重要理念分析与指导；高效课堂教学模式的理论与实践；培训学员的实践与考查等。培训方式采取"理论辅导、专题研究、实践训练"的集中培训形式，坚持普遍提高与重点培训相结合，把集中培训和学员平时的教学实践、教学研究、教改活动有机地结合起来，运用理论指导、分组讨论、实例分析、听课评课、录像观摩、考察调研、研讨交流、论文写作等方式进行培训，使学员确立新的教育观和现代教学观，提高教师的教学技能，更新教育理念。挑选责任心强且有高职称、较强研究能力、熟悉中小学教学的教师担培训专家，负责培训学员结业后有关问题的回答、指导和联络。根据培训方案，安排专题讲座及相关专题互动研讨，包括"新课程改革热点问题探析""多媒体技术及现代信息资源在教学中的应用""改变自我学会快乐""新教材解读与教学方法""新课程标准与教师专业发展""优秀教师的成长与发展""新课程理念指导下的课堂案例教学""学科发展动态与创新人才培养""中学课程教学研究与教研论文写作方法""学科教育发展趋势与学科教学改革"等专题。同时，组织学员开展"课改教学观摩与研讨""教学经验交流与课改常见问题研讨"等培训活动。

三、打造一流培训专家团队

严格按照"省域外专家不少于三分之一、中小学一线教师不少于50%"和"以模块专题定专家"的原则组建高水平培训专家团队。精心打造出一支高水平的培训专家团队。高水平专家领衔，整合省内外专家资源组成一支由知名专家学者、一线优秀教研人员、教学名师与骨干教师组成的专家团队担纲培训主讲任务，是培训承担院校必须做好的重要事情之一。打造一支重理论引领又重实践的专家团队，是保证培训质量的前提。

四、整合资源为培训工作服务

教学设施先进，经费保障有力。为营造良好的教学与学习环境，承担院校应为培训专门提供录播教室，配有先进的现代化多媒体教学和摄像设备，全程动态录制培训过程。专门提供会议室和电脑机房，供给学员开展研讨互动使用。国家培训单列经费支持，严格按教育部批复的培训经费预算提供经费保障。食宿条件优越，服务热忱周到。为达到教育部的相关要求，参训学员安排在学院条件优越的酒店和宾馆食宿。房间为标准双人间和标准三人间，内设空调、热水器、电话、电视、卫生间。饭菜丰盛、营养可口、干净卫生。安排专人做好联络服务工作，并与校医院和保卫处保持联系，确保培训工作万无一失。发挥班级作用，提升培训效果。每个培训班都配备班导师，成立班委会，班导师均由富有责任感和教学管理经验的培训学科所在系（院）的领导担任，具有高级职称或博士学位。培训期间，实行大班教学、小班研讨互动，班导师严格考勤，并将学员出勤率作为优秀学员评选和结业考核的依据。班导师带领班委会积极开展班级讨论，认真组织教学观摩点评，并结合学员意愿利用课余时间，组织联谊活动，营造快乐学习、和谐交流的良好氛围，提升培训效果。

五、集思广益提炼师资培训经验

制定科学合理的培训方案是项目成功实施的重要前提。培训院校应多次组织相关学科专家研讨培训方案，向省教育行政主管部门多次汇报，听取指导和建议，根据教育部专家的批复意见进行修改论证，在教学内容及培训方式的设计上充分做好前期调研，做到项目实施方案科学、合理、可行。实施高效项目组织管理是项目成功运转的保障。项目的高效运转需要领导的高度重视，需要组建一支精干的管理队伍，需要制定相应的管理措施。学校主要领导领衔的模式，为项目高效运转和成功实施提供了保障。应把"国培计划——中小学骨干教师培训项目"作为一项事业来做，并以此为契机，进一步做好高等师范教育与初中基础教育的对接研究。组建一流的培训师资团队是项目成功的关键。培训的质量如何，一定程度上取决于培训的师资团队组建。专家团队的构成包括优秀的学科专家、课程专家、一线骨干教师，他们长期从事课程研究与教学，了解学科教学体制和现状，能够有针对性地就初中教育教学有关问题与学员进行有效沟通，提出解决问题的方法和途径，使培训具有很强的教育性、针对性和创造性。

强烈的责任意识和服务意识是项目成功的必备条件。国培计划是高端培训，国家级培训。培训是展示培训院校内在精神风貌的大好机会，是广集资源、凝聚人心、提升学校影响力的大好机会，是学习、积累、提升培训能力的大好机会，更是全面检验学校教育教学质量、师资培训水平的难得机遇。因此，强烈的责任意识和服务意识是培训项目成功的必备条件。

第二节　一体化背景下教师培训运行机制创新与实践 [①]

随着中国教育改革发展与教育现代化建设的不断推进，教师教育一体化作为培养和培训专业师资的重要举措，开始成为全国上下与社会各界重点关注的热点话题。党的十八大报告提出要"努力办好人民满意教育……加强教师队伍建设"，着力凸显了教师工作在实现中华民族伟大复兴新征程中的重要地位。2017 年 1 月 15 日，教育部官员表示："十三五期间，中国现有的 181 所师范院校，一律不更名，不脱帽，聚焦教师培养主业，加强教师教育体系建设。"这也奏响了国家重视教师教育的时代强音。作为一所有着百年师范传统的地方高师院校，衡阳师范学院始终不忘师范教育初心，积极顺应时代大势，借"国培计划"之东风，加强教师培训运行机

---

① 本节原载于《衡阳师范学院学报》2017 年第 4 期，收入本书时略有修改。申秀英，王敏，刘国武，苏盛敏. 一体化背景下教师培训运行机制创新与实践 [J]. 衡阳师范学院学报，2017，38（04）：159–162.

制的创新与改革实践，有效对接教师职前培养的目标，逐渐探索出一条亮点突出、成效显著的教师教育一体化改革之路。

一、一体化背景下教师培训运行机制创新的内涵与价值

教师教育是培养和培训师资的专业性教育，是基础教育的内在要求与工作母机，是连接高师院校与社会发展的桥梁与纽带，既包括致力于教师培养的职前教育，也包括致力于教师培训的职后教育。所谓教师教育一体化，又称教师职前培养与职后培训的一体化，是"为了适应学习化社会的需要，以终身教育思想为指导，依据教师专业发展的理论，对教师职前培养和职后培训进行全程的规划设计，建立起教师教育各个阶段相互衔接的教师教育体系"。[①]

教师教育一体化是伴随着国际终身教育思潮及国内社会转型背景下的教师教育发展新态势而提出的时代课题与目标任务，其实质在于统筹规划教师教育资源和培养培训计划，并建构一种职前与职后相互融合渗透的整合性教育模式。一体化不仅对教师职前培养有相应改革要求，而且对教师职后培训及其运行机制创新提出了战略诉求。所谓教师培训运行机制，指的是教师培训各主体、各环节之间的关系及其运行方式的集合体，是确保教师培训工作结构化、体制化与科学化实施运转的组织系统与程序安排。所谓教师培训运行机制创新，是指为进一步理顺和规范培训关系与流程，而探索和构建的一个体系完善、结构合理、内容科学的一体化教师培训运行模式。

一体化背景下教师培训运行机制创新具有十分重要的价值。从宏观上看，在中小学教师培养与职后发展多元化的今天，尤其是经济社会转型升级倒逼大学转型发展与教师教育改革的时代背景下，加强教师培训运行机制的改革与创新，是贯彻落实《国家中长期教育改革发展规划（2010—2020）》《教育部、财政部关于实施"中小学教师国家级培训计划"的通知》《教育部关于大力加强中小学教师培训工作的意见》及《教育部、国家发

---

① 刘捷.专业化：挑战21世纪的教师［M］.北京：教育科学出版社，2002：56.

改委、财政部印发关于引导部分地方普通本科高校向应用型转变的指导意见》等国家发展战略的方针、政策的必然要求，这对于实现国家教育治理体系与治理能力现代化、建立职前培养与职后培训一体化教师教育模式并切实增进教师培养培训实效具有积极价值。

从微观来看，"高水平的师范院校必须具备为其培养对象提供终身化职业能力培养服务的能力……将工作重点逐渐转向关注广大中小学教师的职后发展方面，为他们提供持续的专业化服务。"[①]以服务基础教育为主业的地方高师院校，必须加强教师培训运行机制的变革与创新，探索建立"导向某种特定结果的一步步程序"[②]的培训模式，积累凝练教师职后培训与专业成长的科学经验，反哺渗透到教师职前培养过程及人才培养方案修订工作中去，同时也将师范生培养过程中的专业素质教育与教育实践实习的成功做法，延伸融合到以"国培计划"为主要载体的教师培训项目实施中。只有积极建立一种与中小学教师培养深度对接的、灵活高效的"国培"有效模式与运行机制，才能算是真正意义上的教师教育一体化。

二、一体化背景下衡阳师范学院教师培训运行机制的创新性实践

衡阳师范学院是一所有着百年师范传统的地方本科院校，为国家教育事业尤其是湖南基础教育的发展做出了重要贡献，被誉为"潇湘大地上人民教师的摇篮"，积累了丰富的教师教育经验。自 21 世纪以来特别是近 6 年来，该校积极应对并实践教师教育一体化，师范生人才培养方案与教育实践实习制度应"国培计划"推进和教育转型发展的时代形势，分别开展了三次修订工作。教师培训工作也积极探索建立与师范生培养有效融合对接的教师培训新模式，尤其在教师培训运行机制创新上更是进行了多维度、多视角、且卓有成效的实践探索。

---

① 刘义兵，付光槐.教师教育一体化发展的体制机制创新［J］.教育研究，2014，35（01）：111–116.

② 高文.现代教学的模式化研究［M］.济南：山东教育出版社，1998：23.

（一）建立一体化的培训组织运行结构，实行首席专家负责制的培训模式

衡阳师范学院的教师教育工作是由主管教学的副校长担任组长，继续教育与教师培训学院、教务处、教育科学学院及承担师范生培养任务的各二级学院等多部门协同推进的一体化组织运行结构。职前培养主要是教务处组织统筹全校师范生人才培养方案的制定与实施工作，教育科学学院承担教师教育课程模块的必（选）修课的课程设置与教师安排，各二级学院具体担负师范生专业培养的学科基础课、专业课程模块及教育实践实习工作。为了贯彻教师教育一体化的目标并有效对接教师职前培养工作，该校加强制度变革与创新，于2010年成立了继续教育与教师培训学院（前身为衡阳师范学院合并升格为本科院校以前的衡阳教育学院）并将其作为教师培训的统筹部门，将承担师范生培养的二级学院作为各教师培训项目的具体实施部门，同时实行教师培训工作首席专家负责制。所谓首席专家负责制，就是每门学科由一位资深教授作为首席培训专家，并把首席专家所在系（二级学院）定为理论研修和实践培训的主要阵地。该首席专家一般为教学系主任（院长）或学科带头人，同时也是师范生人才培养方案制定及修订的负责人或审定人。在教师培训项目实施中，首席专家全权负责教师职后培训的一系列活动，包括培训项目的调研与申报、培训计划的制定与实施、培训经费的预算与使用、培训过程的考评与诊断、项目结项的跟踪与反馈等。这种培养与培训合二为一的首席专家制能极大地保证实现教师教育流程的完整性、系统性与连续性的一体化目标。

（二）实行一体化的培训课程运行机制，探索学、培、修三位一体的课程体系

教师职前、职后学习的专业知识与课程安排虽不太一样，但也有共同的特点，即传递知识经验永远是教育的本体功能之一。如果说，教师职前教育定位于"理论性知识"的习得与"学习下沉"，那么职后教育则侧重于"实践性知识"的管理与"研修上升"。基于此，该校在教师培训课程

安排上，借鉴教师职前培养的人才培养方案与课程设计，探索实行"学、培、修"三位一体有机衔接、层级递进的教师培训课程运行机制，即学习工作知识、培养履职能力及修养教师德行，并共同服从服务于一体化的教师培训课程实施。具体来讲，就是：第一，工作知识的学习。在培训中安排了"工作知识"课程的学习，这不仅包含涉及教育教学具体实施及过程管理的教育过程知识，还包含遵循工作实践逻辑的教育理论性知识与经验性知识。这种工作知识的学习，"是对不断变化的实践的理解和参与[①]"，也有利于受训教师看得更清更透、也更容易转化为行动，从而在行动中促成问题的解决；第二，发展能力的培养。美国心理学家波斯纳的教师成长公式（成长 = 经验 + 反思）认为，优秀教师的生成，当然需要教育经验的积累，但更需要持续反思与总结，进而形成自主发展的能力。该校在教师培训课程中也重点凸显一体化的能力要求，对新入职的教师侧重于岗位适应能力的课程内容、对熟练型教师侧重于优秀教师生成的教育教学能力与实践创新能力的课程安排、对专家型教师侧重于系统思维能力与理论建构能力的课程设置、对中老年资深教师侧重于"养生、养心、养教"的课程主题。这种衔接职前、按需开课的一体化课程安排，切实服务参训教师的专业发展能力与实践反思能力的提升；第三，教师德行的修养。嗨行知说："为师之道，重在学养，贵在师德。"教师的德行既是一种职业品性，也是一种道德要求，更是一种教育智慧。可以说，师德与教育智慧的形成是伴随着教师职业生涯的始终，在教师职业生活中一以贯之的予以高度重视都是应该的。为了对接职前培养的教师伦理学课程，教师培训也安排了师德与教育智慧的培训课程，通过创新教育叙事、沉浸式研讨等教学方式，来不断修养教师德行、提升教育智慧。

---

① ［美］J·莱夫，E·温格.情景学习：合法的边缘性参与［M］.王文静，译.上海：华东师范大学出版社，2004：67.

　　（三）打造一体化的教师培训专家团队，建构"导、习、用"有序运转的操作模式

　　运行机制的本质就是一种有效展开与有序推进的操作逻辑，教师培训运行机制当然依赖组织结构与课程体系的设定，但更依赖于教师培训者的课程实施与执行。该校在教师培训运行机制创新上，重点立足于打造一体化的教师培训团队，建构"导、习、用"三个环节有效展开与有序推进的课程操作模式。所谓"导"，一是"应导"，二是"可导"，即教师培训者首先应定位于诱导者、引导者与指导者的角色，然后是强调培训团队建设的合理性与科学性；所谓"习"，即"习得"与"习惯"之意；所谓"用"，即指培训成效的应用性。具体来讲，也就是：第一，在"导"字环节，积极选派专业教师外出学习和接受培训，努力培育一批能胜任乡村中小学教师职后培训的培训名师，如法学院的凌云志老师、文学院的邓水平老师现已成为国内有名的教师培训师。从培训实施操作来看，要求教师培训者在授课中以"问题诱导""理论引导"和"实践指导"来呈现；第二，在"习"字环节，强调习得与习惯。培训中"观课评课"环节的安排，让其在身临其境中重温、反思相关经验并形成"案例性知识"。设置"探究行动"环节，如作业研讨、微课设计及片段教学等形式，充分激发调动受训学员的主动性与主体性，促其收获知识、理解意义和自主建构，并养成终身学习与自主学习的良好习惯；第三，在"用"字环节，强调实用与实效。"自我审视"与"拓展延伸"教学方式的采用，就在于争取教师培训的最大实用性与时效性。"自我审视"，就是要求受训教师通过成败得失的经验总结与系统梳理，以完成训后回顾和审视的作业。"拓展延伸"，是侧重于训后学员的"返岗实践"，让培训成效最终反映在其返岗后的教学改进和创新实践中。

三、总结与思考

　　宋人李觏在《广潜论》中说："善之本在教，教之本在师。"一语道出了教师之于教育的根本性地位。可以说，教师职前培养与职后培训一体化

改革建设，既是当今世界教师教育发展的时代潮流与客观趋势，也是我国当前教师教育改革发展的重要任务与攻坚方向。衡阳师范学院积极顺应和把握教师教育一体化的世界航向，勇立时代潮头，秉承历史担当，积极应对经济社会转型倒逼高等教育改革的现实任务，以教师培训运行机制改革创新为契机，全面整合教师教育资源，不断推进教师教育一体化的创新实践：如尝试规划 UGS 教师培训模式（即加强高校与地方教育行政部门及中小学合作）的愿景与行动。我们于 2014 年 5 月成立了教师教育联盟（涉及我校与省内 7 个地市州教育局及 11 所省内名优特中小学的合作伙伴关系框架），同时也举办了职前职后双向渗透式师范生教育实践改革研讨会。此外，还重视培训理论研究与教育资源开发，我们于 2012 年出版了一套由教育部许涛司长亲自作序、高校与中小学教师协同完成的国培资源丛书。由于成绩显著，近五年来，《中国教育报》《光明网》等国家级媒体先后多次对我校的教师培训模式改革与运行机制创新等进行过专题报道。另外，在对接服务教师职前培养上，我们也积累了一些可复制可推广的成功经验。如在教师教育通识课中安排从教信念教育课程，在技能环节突出了教师语言与三笔字的技能课程、以及延长教育实践实习时间等都已经在该校人才培养方案（2015 修订版）中得到了体现。学校还于 2016 年开展了"一个师范专业对接一所示范中学"的基地建设活动，以共同提升我校师范生的人才培养质量。2015 年 12 月，湖南省中小学语数外和初中思想品德四个学科培训基地成功落户衡阳师范学院，这也是该校致力于打造一体化教师培训模式与服务地方基础教育的可喜成果。然而，改革从来不是一件容易的事情，创新路途上总是充满各种艰难险阻。正如美国学者盖伊·彼得斯所说："变革与其说是一种特例，不如说是一种惯例，任何改革的尝试都意味着人们对变革的期望，每一个新的模式本身就说明了人们对现存问题的根源有一个清晰的认识，这种认识又会促进新一轮的改革。"① 教师教育改

---

① ［美］G·彼得斯.政府未来的治理模式［M］.吴爱明等，译.北京：中国人民大学出版社，2001.

革也不意味着一劳永逸，它没有完成时，只有进行时。衡阳师范学院教师教育一体化改革尽管取得了阶段性的可喜成绩，但教师培训运行机制的良性运作与协调发展还将依赖于一代又一代衡师人的创新实践与持续探索。因此说，一体化背景的教师培训运行机制改革创新与实践探索永远在路上。

第三节　秉承百年师范传统，做专业化精细化教师培训 ①

衡阳师范学院（以下简称"我院"）是湖南省直属的普通全日制公办本科院校，学院前身可追溯到 1904 年在"振兴教育，首重师范"口号声中建立的湖南官立南路师范学堂。百年历程，我院始终以培养培训教师为己任，已经成为人民教师的培养基地和摇篮。

一、以培训质量为核心，不断提升项目实施的专业化、精细化水平

质量是培训的生命。科学设置培训课程，是确保培训质量的关键，而其精心有效的实施是提升质量的基本保证。

课程设置过程中，我们注意课程与课程之间的内在逻辑，整体课程设置从现代教育理论提升入手，到专业水平、课堂教学艺术的提升，课堂实际问题、多媒体运用中的问题的解答，听优秀中小学教师示范课、优质课、教学实践，到现代教育理论、专业水平再提升，教学再实践，注重提升学员整体素质，使他们成长为优秀的"种子"教师。整个培训课程体系依照循序渐进的原则，科学设置，精心实施。

一是注重培训内容的针对性。建立教师培训需求尤其是农村中小学教师培训需求深度调研制度，与教育行政部门、中小学及教育科研机构开展

①　本节原载于《教师》2014 年第 7 期。涂昊，蒋瀚洋 . 秉承百年师范传统，走专业化精细化教师培训之路 [J]. 教师，2014（07）：7-9.

深度合作，采取考察听课、座谈会、问卷调查等多种形式调研培训需求，各学科每年完成培训需求调研报告。研究如何以"国培计划"课程标准、新课程标准、新教师专业标准为依据设置个性化课程、结构化课程和"课程超市"，尤其是重点研究 50% 的实践性课程如何设置。

二是注重培训形式的创新性、可操作性和有效性。学校鼓励专家团队依据不同项目类别、不同学科类型研究并实践不同的培训形式。鼓励采用"三带四步"研修模式，即"带课题、带课例、带资源"三个研修任务，"发现、研讨、展示、提升"四个研修步骤。"带课题"指向"在研究中学"，"带课例"指向"做中学"，"带资源"指向"在反思和积累中学"，以任务驱动学员，引领学员积极思考问题、提出问题、回答问题、交流思想，给学员一个快乐、对话、开放、感性和探究的课堂，推动学员乐于研究、善于研究、勤于研究，努力培养学习型、研究型的农村"种子"教师，以起引领示范作用。

三是严格按照"以模块专题定专家"的原则组建高水平培训专家团队。学校依据"以模块专题定专家"的原则，以国培专家库和省培专家库为基础，吸纳优秀一线教师和教研员，各学科不断充实各模块专家队伍，不断优化各学科模块培训专家库。鼓励各学科充分吸纳校外专家资源，同时注重培养自己优秀的专家团队，鼓励学术水平高、教学能力强的优秀教师从事高等师范教育和基础教育的对接研究。学校制定相关政策，积极支持学科教学论教师深入中小学和幼儿园进行半年以上的教学实践，精心打造一支深入研究基础教育、实践经验丰富的"双师型"专家团队，学校涌现出了凌云志、邓水平、贺利燕等一批年轻的优秀"双师型"教师。

四是实行精细化管理。实行首席专家听课制度，加强培训教学管理和督导，首席专家听课常态化，学校领导多次深入课堂听课，课后深入学生中了解学员的学习和生活情况。推行课前反思常态化，积极引导学员勤于思考、善于思考。注重发挥班级作用，各培训班成立班委会，班导师由富有责任感、教学管理经验丰富、学科专业知识扎实的专家担任，班主任带领班委会积极开展班级讨论，认真组织教学观摩点评。培训期间，实行大班教学、小班研讨互动，班导师严格考勤，并将学员出勤率作为优秀学员评选和结业考核的依据。还邀请教育行政部门参与学员的结业考核，将考核细化成绩及具体情况向教育行政部门和送培学校反馈。

五是打造学员沟通和交流平台。开辟"国培论坛"，为学员提供互动交流、表达心声的平台。编辑出版的《国培简报》，成为学员国培交流的窗口，激发了学员撰写研修心得、教研论文、宣传报道和抒情写意的热情。学员坚持写学习心得成为一种习惯，2010年初中思想品德学科学员黄房生，学习期间撰写了20多万字，我院帮助其出版个人专著《向着阳光走》，小学语文学科2012年和2013年每位学员均编辑《花开的声音》个人成果集。培训手册扉页一句"培训是机会培训是缘分培训是享受"不断地警醒和激励学员，业余生活安排也丰富多彩，"国培晚会"等活动，寓教于乐，学员深感师院大家庭的温暖。

六是加强训后跟踪指导。培训院校的跟踪指导，可以促进学员训后继续学习和深入思考，帮助学员运用所学知识改进教学行动，提升教学效果，指导学员巩固培训成果，深化培训实效。我们通过学校的中小学教师培训网络平台、各学科培训网络平台、培训班级公共邮箱、QQ群和微信群等通信平台，学员在通信平台中进行交流，讨论，问候。同时，我院的每个学科均安排了学科指导专家加入这些通信平台，及时对学员提出的问题进行点拨、分享和指导。另外，我们还通过信访和现场指导的方式，了解学员训后发展和成长情况，给予指导和帮助。通过后续的跟踪指导，我们发现和培养了黄房生、张璟、廖海燕、谭雪娥、朱龙春、余红英等一批农村基础教育种子教师，推动了农村"种子教师"的培养，促进了农村基础教育的改革。

二、抢抓"国培计划"机遇，深入开展高等师范教育和基础教育的对接研究，积极推进师范院校培养培训一体化

"国培计划"给了师范院校一个紧密对接基础教育的机会，一个发展

自己、服务社会的良好平台。培养推动培训，培训反哺培养，两者之间的良性互动推动双方内涵发展。

我们依托教师教育研究中心、继续教育与教师培训学院，充分挖掘我院百年师范所沉淀的丰富和成熟的基础教育经验，以实施"国培计划"为契机，引导和鼓励教师潜心研发国培课程资源。

我们要求新的课程资源必须体现最新教学理念、最优思维流程和教学艺术，它既是科学，也是艺术。科学是要求课程资源遵循基础教育教学规律、教师成长规律和培训学员的特点，反映培训目标，切合学员实际，指导学员开展有效教学；艺术是要求课程资源设计精致完善、行之有效且富有创造性。课程资源始终以培训农村中小学骨干教师为中心，坚持依照新课程标准进行课堂教学，体现人文性、开放性和实践性，为农村骨干教师的终身发展服务。培训课程资源的研发在于系统地、科学地、有效地总结培训经验，立足长远，力争在全国大规模教师全员培训开展中有所作为。学校专门成立"国培计划"课程资源丛书编委会，深入开发"国培"课程资源，鼓励将教师培训与学科建设、课程建设、师资队伍建设和人才培养结合起来，推动培训、培养、培研和服务之间的深度融合。2012年9月湖南人民出版社出版衡阳师范学院国培计划课程资源丛书第一辑，有《向着阳光走——一个基层教师的"国培"心路历程》《良心的事业——教师培训对话录》《田野的烛光——顶岗实习指导老师随笔》《特色专业建设与语文教师培育》《新课程标准初中思想品德教育理念与教学技巧》《当前农村学前教育热点问题研讨》《初中生物教学的有效实施与创新》等著作八部，教育部教师工作司司长许涛亲自作序，向全国从事教师培养和培训的同行们推荐。

课程资源开发推动各师范专业重新思考人才培养方案的科学性和有效性，推动师范专业课堂教学更有效地实施。目前，我院各师范专业大量聘请中学名师担任讲座教师，情景式教学、小组合作讨论广泛推行，实行参训教师与本科生"一对一渗透式培训模式"，建立培训学员与本科生互动教学和经验交流平台，即一个国培学员在教学上全程指导一个本科生，一个本科生在生活、学习和工作中联系和帮助一个国培学员，两者互相渗透式提升。培训学员参与本科生教学活动，"双师型"老师课堂活跃而有效，师范生培养的吸引力和有效性大大提升。

尤其是师范生顶岗实习，它对农村骨干教师培训机制创新、师范生培养改革、城乡教师交流机制建设、教师培养培训一体化实践都有重大意义，这是湖南省"国培计划"工作的一个重要组成部分和鲜明特色。我们把顶岗实习作为传承百年师范特色和教师培养培训改革的突破点之一，积极探索，认真研究，多次召开"师范生顶岗实习工作协调会"，2012年9月学院出台了《衡阳师范学院"国培计划"师范生顶岗实习工作实施方案》，明确各部门工作职责，全校统一管理，分工负责。为加强顶岗实习生的业务和安全培训，采用中学名师示范、历届实习汇报课视频材料展示、微格教学训练、教学法教师指导等，走"模仿学习—亲身实践—诊断指导"的路子，逐步提高学生备课、授课的能力和中学教育教学的适应能力。

顶岗实习为师范生提供了一个把所学知识运用于实践的平台，学生提前适应教师岗位，体验教师角色，毕业后能很快适应并融入教学中去，就业竞争力增强；同时推动高师院校调整完善与顶岗实习模式相适应的人才培养方案和教学计划，大幅度强化对师范生的教师技能培养，在课程设置上更突出师范专业的实践性、专业性和学术性；顶岗实习在一定程度上缓解农村中小学师资紧缺的矛盾，弥补农村教师队伍的结构性缺陷，此外让实习生到贫困地区乡镇中学实习支教，可以把教育教学的新理念、新知识、新方法送到农村教育最需要的地方去，为当地的基础教育发展注入新鲜血液。

三、以"国培计划"为平台，强化实践性培训，与培训实践基地全过程全方位开展深度合作

实践能力的提升是教师培训的核心内容。坚持理论和实践相结合，才能切实提升培训实效，推动培训内涵发展。

　　"影子教师"是实践培训的一个重要环节，是指参训教师与"原型教师"如影随形，在真实的现场环境中，细致观察"原型教师"的日常教学行为和教研科研行为，并充分发挥自身的主动性，把"听、看、问、议、思、写"等自主学习行为整合为一体，以深刻感受与领悟"原型教师"的学科教学和教研科研理念、策略和行为的一种培训方式。"影子教师"具有实践性、研究性、自主性和互助性，有利于促进学员自身教学实践能力的迅速提升。

　　为了有效推行"影子教师"实践培训，2010年我们制定了《衡阳师范学院"国培计划"教学实践基地遴选方案》《影子教师实践培训实施办法》《原型教师遴选条件和遴选方式》等制度，遴选了一批优质城市和农村中小学作为"影子教师"实践培训基地，同时对遴选的一批优质原型教师组织集中培训，掌握跟班研修的目标、内容和方法，以"结对研修"为手段，促进对话交流和情感沟通，为"原型教师"对"影子教师"进行有效的实践研修指导奠定基础。

　　2013年，湖南省置换脱产研修项目实行高校集中研修、"影子教师"、返岗实践、再集中研修、后期跟踪五阶段交叉培训模式，螺旋式提升学员实践教学能力和水平，切实增强培训的吸引力和实效性。"影子教师"阶段，我们配备指导教师带队，全程陪同学员参与备课、观课、评课，参与所在学校的校本研究活动；返岗实践阶段，利用网络平台、班级QQ群、微信和电话等多种形式进行远程指导与实时监控，要求学员完成"六个一"，即上一堂汇报课、写一篇教学论文、写一篇培训反思、指导顶岗师范生上一堂课、主持一次教研活动、填好一张返岗实践回执表；第二轮高校集中研修阶段针对学员"影子教师"和返岗实践的情况对培训课程进行再设计和论证，采取说课评课、教研活动心得交流、论文答辩、小组互助合作、培训研修成果系统总结等方式确保学员最关心的、急需解决的问题在实践中有效解决。

　　实践能力的有效提升，与培训实践基地的合作非常重要。2013年，湖南省教育厅遴选了128所优质中小学、幼儿园作为省级教师培训基地校

（园），我院从中遴选了岳阳许市中学、株洲景弘中学、永州马坪学校、岳阳华容宋市中学、衡阳常宁水口山中心学校、衡阳市二十三中学等学校作为培训实践基地，并和他们开展全过程全方位的合作。全过程指前期调研、集中培训、返岗实践、影子实践各阶段开展合作。全方位指在基础教育一线需求调研报告、教师之间互访互派、影子教师阶段教学教研合作、培训课程资源的合作开发、种子教师的打造和引领示范作用的发挥以及师范生人才培养、教师教育科学研究等多方面深度合作，实现了资源共享、合作共赢、共同发展。

四、以"国培计划"为契机，加强培训研究，打造培训特色和培训品牌

我院党委书记刘沛林多次提出要把"国培计划"作为衡阳师院的一项事业来做。继续教育与教师培训学院作为培训机构，不仅是管理协调，也不仅是服务，更多的是专业引领，着意打造培训特色和培训品牌。

一是加强培训制度化建设，规范培训工作。建立培训需求调研分析制度，进一步细化培训日常工作流程，加强项目实施过程、全程监控、科学考核制度化建设。

二是加强培训理论研究。2013年我院获教育部教师队伍建设"国培计划改革创新类"示范项目"基于'国培'目标的地方高师院校教师培训模式创新研究与实践"，以此为基础，根据地方高师院校国培工作实际，对农村中小学和幼儿园教师培训的机制体制障碍和培训工作的具体矛盾及问题进行深入研究与实践，探索具有针对性、科学性、实效性、示范性的农村种子教师培训模式，积极推进培训、培养、培研和服务一体化，不断提高培训理论研究和实践操作的能力和水平。

三是形成课程特色和专家团队优势。建设我院特色课程，如王船山教育思想解读、数学史与数学文化、石鼓书院的历史与教育文化等；创设有效的培训形式，如"三带四步"研修模式、一对一渗透式培训模式等，

注重教师核心能力的培养；打造"双师型"团队，专家团队与学员朝夕相处，不仅仅在生活，更在专业上引领学员成长。建设各学科教师培训网站，使之成为学员交流的窗口，也成为我们专家团队服务学员成长发展的平台。

四是营造培训文化氛围。我们始终相信教师不仅仅是知识的传授者，也不能仅仅停留于知识的传授，更是文化的传承者。文化培训是我们追求的一种境界，一种品位，学员在文化培训的氛围体验中无形提升。

高质量完成后续国培项目，我们任重道远。基础教育教师培养和培训是衡阳师范学院的义务和责任，全力打造衡阳师范学院基础教育教师培训品牌，走专业化、精细化教师培训之路，是我们始终不渝的追求。我们将进一步增强紧迫感和责任感，全力打造一支素质优良、结构合理的教师培训专家团队，积极创新培训模式，切实提升培训质量，为推进湖南省基础教育教师队伍现代化做出应有的贡献！

第四节　抢抓国培机遇，探寻教师培训发展道路[①]

衡阳师范学院是湖南省最早承担"国培计划"中西部项目的院校，从2009 起，我校原人文社会科学系（现法学院）、生物系（现生命科学与环境学院）率先承办初中思想品德和初中生物学科的农村骨干教师培训项目，并在当年就取得了较好的成绩。2009 年以来衡阳师范学院承担了"国培计划"教育部"示范性项目"和湖南省"中西部项目""幼师国培项目"84 项，培训中小学、幼儿园骨干教师、校（园）长数万人。2011 年开始，文学院、数学与统计学院、外国语学院、教育科学学院、城市与旅游学院等院系相继承办相关学科的"国培""省培"项目，成为省内教师培训的一支不可

---

① 本节原载于《衡阳师范学院报》2016 年 4 月 30 日第二版，原标题为"秉承师范传统，打造特色国培"（记者姚映如），编入本书时略有删改。

忽视的重要力量。

近十年来，学校累计已承担了教育部示范性项目（包括初中思想品德和小学语文等学科一线优秀教师技能提升研修项目、农村校长助力工程项目、高等学校思想品德培训团队研修项目）、国培中西部项目、省培项目共 104 项，共培训全国 31 个省（市）教师和校长（园长）12542 人，为湖南省及广大中西部地区农村基础教育发展和改革注入了生力军。近十年来，学校各院系承办"国培、省培计划"代表性项目情况如下表所示。

表 1：衡阳师范学院承办"国培""省培"项目情况表

承办学院	代表性培训项目
法学院	教育部示范性初中思想品德教师技能提升研修项目（2012—2015） "国培计划"中西部置换脱产研修项目（初中思想品德）（2010—2014） "国培计划"中西部短期集中培训项目（初中思想品德）（2010—2014） "国培计划"乡村学校班主任培训项目（2015—2017） "国培计划"乡村教师培训团队技能提升研修项目（2016—2017） "省培计划"乡村学校德育校长培训项目（2016）
文学院	教育部示范性一线小学语文教师技能提升研修项目（2016） "国培计划"中西部小学语文教师置换脱产研修项目（2011—2014） "国培计划"中西部小学语文教师短期集中培训项目（2011—2014） "国培计划"项目县教师培训团队技能提升研修项目（2016—2017） "国培计划"校县联合立项项目（2016）
教育科学学院	"国培计划"中西部置换脱产研修项目幼儿园园长／骨干教师（2011—2015） "国培计划"中西部短期集中培训幼儿园园长／骨干教师（2011—2015） "国培计划"初中心理健康教育教师置换脱产项目（2011—2015） "国培计划"初中心理健康教育教师短期集中项目（2011—2015） "国培计划"乡村学校留守儿童关爱骨干教师培训项目（2015—2017） "国培计划"乡村幼儿园安全教育骨干教师培训项目（2015—2017）
数学与统计学院	"国培计划"中西部置换脱产研修项目（初中数学）（2011—2014） "国培计划"中西部短期集中培训项目（初中数学）（2011—2014） "国培计划"中西部置换脱产培训项目（小学数学）（2014） "国培计划"项目县乡村教师培训团队技能提升研修项目研修（2016）

续表

承办学院	代表性培训项目
外国语 学院	"国培计划"中西部置换脱产研修项目（初中英语）（2014） "国培计划"中西部短期集中培训（初中英语）（2013、2014）
生命科学 与环境 学院	"国培计划"中西部置换脱产研修项目（初中生物）（2010） "国培计划"中西部短期集中培训（初中生物）（2010） "国培计划"中小学生命与健康短期培训项目（2014）
继续教育 与培训 学院	教育部边远地区农村校长助力工程项目（2013） "国培计划"乡村学校资深教师关爱培训项目（2014—2017） "国培计划"送培到县（区）示范性培训项目（2013、2016）

衡阳师范学院还是教育部示范性培训项目资质单位，也是湖南省最早承办教育部示范性教师培训项目的院校之一。衡阳师范学院还承担教育部教师队伍建设示范项目"'国培计划'改革创新"项目（全国仅东北师范大学、华南师范大学、西华师范大学、衡阳师范学院四个单位承办此项目）。从2012—2016年，该校人文社会科学学院（现法学院）和文学院连续承办了五年教育部的示范性集中培训一线优秀教师培训技能提升研修项目。该校在承办初中思想品德学科示范性集中培训项目时，认真领会教育部的相关精神，优化组织实施流程，及时总结提炼，形成稳定模式，发生辐射效应，在省内外起到了较好的示范引领作用，并得到时任教育部刘利民副部长的充分肯定。在学校领导和各相关职能部门的大力支持与关心下，在继续教育与教师培训学院的精心组织下，2010—2018年我校连续多年被评为湖南省国培计划项目实施工作先进单位，2013—2014年共有8个子项目在各类子项目年度绩效考评中获得单项第一名。同时我院国培项目实施经验曾在2010年教育部"国培计划"培训总结工作郑州会议上交流。

一、抢抓"国培计划"机遇

"国培计划"给了师范院校一个紧密对接基础教育的机会，一个发展自己、服务社会的良好平台。学校专门成立"国培计划"课程资源丛书编委会，深入开发"国培"课程资源，鼓励将教师培训与学科建设、课程建设、师资队伍建设和人才培养结合起来，推动培训、培养、培研和服务之间的深度融合。

目前，我校各师范专业大量聘请中学名师担任讲座教师，情景式教学、小组合作讨论广泛推行，实行参训教师与本科生"一对一渗透式培训模式"，建立培训学员与本科生互动教学和经验交流平台。师范生顶岗实习更是湖南省"国培计划"工作的一个重要组成部分和鲜明特色。我们把顶岗实习作为传承百年师范特色和教师培养培训改革的突破点之一，积极探索，认真研究，多次召开"师范生顶岗实习工作协调会"，并于 2012 年 9 月我校正式出台了《衡阳师范学院"国培计划"师范生顶岗实习工作实施方案》，明确各部门工作职责，全校统一管理，分工负责。

人文社会科学学院（现法学院）——培训是点燃、激励和唤醒

人文社会科学学院从 2010 年开始申报并实施"国培计划"初中思想品德教师培训项目以来，一直高度重视培训工作，始终坚持以具有高度责任感的教师担任国培培训工作和管理工作，力求把"国培计划"培训项目做到最好。在培训中，人文学院注重以"国内一流"与"本土培育"相结合的原则组建高质量的培训师团队；以"能力导向"为核心追求，坚持"开放共享"和"个性化培养"相结合的要求，科学设置培训课程；积极倡导"参与""互动""体验""反思"等培训方式，点燃、激励、唤醒学员；以"注重过程"与"成果生成"相结合的方式，对学员的培训绩效进行科学评价；坚持"精细化"与"人性化"兼顾的管理模式。

2012 年，初中思想品德学科获得教育部示范性项目承办资质；2013 年，承办了初中思想品德学科高校团队研修项目，培训了来自全国 50 所高校的思想品德学科的教师培训者；2014—2015 年连续两年在教育部的培训效果测评中排名学科第一。

人文社会科学学院以教师培训为平台，积极帮助促进学员的专业发展。永州马坪学校校长周大战是 2012 年示范班学员，在接受培训期间将自己的课改实践与专家的理论指导对接，深化了对教育的认知，完善了课改模式。2016 年 4 月，教育部领航校长周大战工作室正式成立，是全国唯一的农村校长工作室。郴州汝城的黄房生，是 2010 年置换班的学员，在培训期间撰写了近 20 万字的培训日志，并结集出版为《向着阳光走》一书。目前，黄房生担任汝城外沙学校校长，并被湖南省教育厅遴选为湖南省青年精英教师高端培训班学员。一大批的优秀教师，在培训中被点燃、激励和唤醒，通过自己的积极改变，引领和推动农村学校教育教学的变革。

国培计划的实施过程，对教师教育事实上也产生了巨大的推动作用。国培计划的实施中，人文社会科学院组织教师考察了山东杜郎口中学、株洲景弘中学、岳阳许市中学，对基础教育的新课改有了全新的认识，部分教师参与国培计划的教师培训工作，促进了他们的教学观念的转变，认识到了"以学定教，以学论教，先学后教"的精髓。

除此之外，学生也被安排到新课改学校观摩，并按照培训的模式组织学生活动。从而使学院部分学生参与了国培工作，他们对国培的培训方式有相当深入的掌握，所以，新生入学时，学生干部已经能按照国培方式，组织学生开展破冰活动，迅速融入大学、适应大学生活。而且，学院还组织在"国培计划"中为参训教师进行过培训的优秀教师对毕业班所有学生开课，用国培课程中的精华对学生进行培训。在教师培训中，学院也始终注意并加强对当地基础教育的服务工作。

培训工作始终在路上，如何与教师教育结合起来，如何让国培成果为教师培养服务，学院负责人表示，面对这些问题，他们也将尽力探求。

文学院——培训是机会、缘分和享受

文学院自 2011 年以来一直承担着"国培计划"中西部项目小学语文学科的培训任务。其国培工作有三大特色：一是培训与培养相结合的培训理念，二是"三带四步"的研修模式，三是培训充满文化韵味。培训与培养相结合，表现有二：一是在向国培学员传递知识和技能的同时，传递一种责任、一种信念、一种精神、一种文化、一种作风，一种快乐、一种幸福。二是在加强国培工作研究和实践的同时，注重将国培成果嫁接、渗透到汉语言文学师范专业本科人才培养的过程中，国培工作客观上倒逼和推动了文学院教师教育的发展。这种推动具体体现在以下 9 个方面：国培课程设置的亮点进入修订的人才培养方案之中；国培的参与式培训催生本科生的体验式课堂；国培组建的专家团队拓展了外聘教师队伍的阵容；国培的影子实践推动了教育实习的改革；国培导师制的实施推动本科生导师制的完善；国培的网络研修社区延伸了师范生的网络学习平台；国培的评价机制推动教师教育质量监控的创新；培训文化的创造推动课室文化的建设；国培资源的开发促进教师教育的研究。

"三带四步"研修模式，即以课例研修为主线，以专家讲授、观摩研讨、参与体验、案例分析、训后跟踪指导等多种培训方式为推手，指导学员"带课题、带课例、带资源"参加培训，引导学员自主完成"发现、研讨、展示、提升"四个研修步骤，使学员成为培训的真正参与者和学习者。

培训充满文化韵味，就是将"培训是机会、培训是缘分、培训是享受"的培训文化理念，具化到培训过程的各个细节之中。如培训手册上的"船山语录"，教室两边的"文化墙"，简报封面上的"衡阳八景"，课间播放的"颈椎操"，网络社区的人文通识课程，营造出"处处是文化之地、天天是文化之时、人人是文化之人"的浓厚氛围。

教育科学学院——培训是培养、研究和服务

教育科学学院从 2011 年起连续五年承担了"国培计划"幼师国培项目的培训任务。五年来，教育科学院以承担"幼师国培"为契机，以学前教育本科专业发展为切入点，加强了校内教师教育资源的整合和有效利用，初步构建了"培养、培训、研究、服务"四位一体的教师教育新模式。

首先，是以实施"幼师国培"为契机，教育科学院适时改革了学前教育本科专业人才培养模式，构建了融"师德养成教育、学科专业教学和幼师技能培养"的"三位一体"的教育教学体系，加强了实践教学环节和教师养成教育，进一步提高了师范生培养质量。

其次是以实施"幼师国培"为契机，着力整合校内外资源，凝聚了优质学前教育师资，从而进一步加强学前教师教育研究。在承担"幼师国培"项目过程中，通过需求调研、培训实施、跟踪指导等，加深对我省学前教育改革和发展及迫切需要解决的问题的了解，增强学院服务地方幼儿教育、研究幼儿教育、引领幼儿教育的意识和能力，实现师范教育与基础教育的无缝隙对接。"国培计划"的专家团队有三分之一是来自幼儿园教育教学一线，一线专家通过参与培训、指导学前教育学生实习等方式，与教育科学院教师加强协作；通过建立幼儿教师培训基地，与幼儿园共同实施师范生实践课程，进一步加强学院与一线幼儿园的合作。

数学与统计学院——培训是定位、更新和改革

数学与统计学院自 2012 年开始举办"国培计划"，这一计划的执行使我院进一步更新了教育理念，明确了办学目标定位，促进了培养培训一体化，有效贯彻了 UGS（大学、政府、中学）教师培养综合改革模式，推进了专业、课程建设，提升了学生综合素质和师范技能，提高了教学教研水平，优化了师资结构，产生了良好的社会影响，推动了我院数学教师教育的发展。

数学与统计学院国培计划一直以促进农村中小学数学骨干教师专业发展，切实提高其实施新课改的能力为己任，加强培养培训一体化建设。创新性地采用学员与本科生"一对一结对子的影子学生"计划，取得非常好的培训效果，受到教育部国培办的好评。实施大学习共同体计划：通过网络研修社区，学员、高校教师、一线名师、教研员、基地校教师、师范生，往届学员和校友共同建立的大学习共同体，互相启发和研讨。"国培计划"同时也促进该院师范专业由封闭的办学模式走向以服务为宗旨，以就业为导向的开放办学模式，由培养知识型人才向应用型转变，追求内涵发展。

数学与统计学院一直坚持改革与创新，采用中学教师和高校教师同堂授课评课，同堂培训，创新教学方法，如师范生与学员同课异构，进行说题比赛。和衡阳市、郴州市与邵阳市的教科所、重点中学联合，有效贯彻了 UGS 教师培养综合改革模式。

　　"国培计划"推动了数统学院数学教师教育的发展，师资队伍得以优化，形成了结构合理素质突出的数学教育学科梯队。教师教育成果丰富，获得省教育厅教研课题 3 项，省教育规划课题 1 项，校级教学成果一等奖 1 项，省教学成果奖三等奖 1 项，发表 CSSCI 教研论文 1 篇，时刻为申硕做好准备。

　　外国语学院——培训是科学、艺术和信念

　　2013—2015 年，外国语学院承办了"国培计划"——湖南省初中英语骨干教师短期集中培训项目。国培团队秉承"培训是科学、培训是艺术、培训是事业"信念，努力耕耘着初中英语教师培训和培养的这一亩三分地，其人才培养模式、课程设置、人性化管理也为学院的教学、科研带来了新气象；国培团队在培训中探索的几种特色教学活动推动了我系教师教育教学工作的进展。

　　"微课堂"教研是以"微型课堂"为载体，以体验式、参与式调动学员的积极性进行课堂十分钟的教学和并展开研讨和交流的一种教研形式。它的开展和培训模式对我们的本科师范教育意义也很大。在摸索了这一培训模式的实际效果后，培训团队总结经验，探讨该培训方式与我校师范生课堂教学、校外实习、备赛参赛、师范生专业技能训练等各方面的培养和培训新模式。

　　在国培中，通过与一线教师的接触，让外国语学院师生更好地了解了初中英语教学的现状。为了更好地培养国培教师和教学法方向的教师，将教育理论与初中英语课堂教学实际相结合，学院选派老师深入到湖南各地州市的联盟学校进行教学指导和教改调研。实践证明，这种举措既有利于高校教师深入熟悉中学英语教材、课堂、学生和教法，从中学老师那学习到丰富的中学英语教学与管理经验，又有利于培养满足中学英语教学需求的师范生，同时，高校教师又为中学英语教学注入了新的活力和血液，提供了最新的教学理念和方法，起到很好的引领示范作用。此举为师范院校和基层中学创造了一个相互借鉴、学习、沟通与互动的机会，对提高不同层面老师的教学水平和教研能力都具有积极意义。

为了切实了解培训效果，真正为学员的可持续发展服务，学院对各地联盟学校进行了回访。在回访中，国培团队与学校领导及学员深入交流，听取国培学员的公开课，了解学员在培训后的教育理念、工作态度、教学方法等各方面的情况，了解一线教师的需求和基础教育的培训反馈。同时，国培学员对学院的工作也提出了中肯的意见和建议。比如如何让国培课程更加切合初中的教学现状，怎样让老师在国培的过程中更多地实践及演练，如何加强指导老师们的小教改课题的研究等。回访组对这些意见和建议进行了详细记录，并与培训教师和学员进行了更多沟通和调研，提高服务质量。

美术学院——培训是合作、学技和交流

2014 年美术学院承担了国培计划中的初中美术教师短期集中培训与置换研修两个项目的实施工作，整个过程进展顺利，成果丰硕，对美术学院教师教育团队建设来说更是影响深远。

美术学院利用国培这一平台，就我国及我省基础美术教育方针政策以及改革的方向与举措同国培学员和教师教育工作者进行了详细介绍，并进行了深入的交流，使学院教育教学团队成员对美术教育在素质教育中的重要地位以及青少年发展中的重要作用有了进一步的认识，也是头一次了解到美术学科分数将纳入高考评测范围这一重要信息。

美术学院国培计划所有的学员来自全省 14 个地市州，呈现分布范围广，成员所在学校条件层次变化大，加深了学院对全省基础美术教育的了解，并与具有典型特征的农村及城镇中学建立长久的交流合作机制。国培计划的学员虽然从事的是基础美术教育，但是他们身在教学一线，成员知识结构、年龄结构、地域结构等都具有多样性的特点，因而，他们的教学方法与教学手段也呈现出多样性特征，相较于高校美术教育工作者专业结构与知识结构较为单一的现状，多样性的学员给他们带来了多样性的教学方法与教学技能。

通过国培计划，美术学院的教师教育团队积累了丰富的教师培训经验、形成了合理的教育教学梯队，加深了对基础美术教育标准的理解，获得了多个良好的交流平台，同时提升了自身的教育教学技能与水平，对学院今后的教育教学产生了良好而深远的影响。

生命科学与环境学院——培训是系统、完整和强化

自从 2010 年"国培计划"实施以来，生命科学与环境学院作为衡阳师范学院最早接受国培任务首批学院之一，先后开展了四次培训活动。每一次培训，都是为了更好地适应生物课程标准的要求和生物学教学改革的需要，也更是为了体现专业知识的系统性和完整性。此外，学院每一次的人才培训，都认真听取了来自中学生物学教师、特别是国培学员的意见和建议，尽可能注重对学生基本知识、基本理论、应用能力，特别是师范技能的培养。

在国培过程当中，学院都设置有专门的实验教学和实验操作技能方面的讲座，并且得到了学员极好的反响。学院实验室经常组织教师探讨如何建立适应当前不同层次中学实践教学实际需求的实践教学体系。初步形成以学校生物科学实验室与实践教学基地为依托，按照生命科学的认知规律，遵循从宏观到微观的原则，以培养基本素质为目标，着重培养学生的基本实验技能。

在教师道德观教育方面，不管是已经为人师的国培学员，还是将要为人师的准大学生，职业道德始终是应放在首位。为此，学院在每一期的国培当中，都将教师道德素质的提升讲座作为培训的必讲内容，并收到了很好的效果。

在全面提升师范生素质方面，为了使师范类专业学生师范素质得到更好的培养，学院开展了一系列的高校师范教育与基础教育对接课程和活动。如成章中学、博雅学校、市八中、市二十三中等众多作为学院国培培训的实践学校，同时也是师范生教育的一大资源。根据生物科学专业师范方向培养方案师范课程的安排，有相当比例的师范教学课程直接邀请周边中学的知名一线生物教师前来任教。这些一线的优秀教师不但把实用的教学手段和方法直接传授给学生，也拉近了高等师范教育与基础教育之间的距离，使学生在高校学习阶段就可以接受岗前教育。

另一方面，学院生物科学专业的高年级学生，也以多种形式如实习、见习、顶岗或代课等方式进入中学进行实际教学锻炼，既加强了对学生的实践训练，同时也解除了国培学员因接受培训而造成的教师空缺。

在实施国培过程中，最关键的是培训资源的开发和合理利用。学院针对不同的培训对象和群体，安排合理的培训课程，而且建立了省外专家与省内专家、中学生物教学课程标准制定者与中学一线优秀生物教师相结合的培训团队，使得培训学员能够全方位地接收到中学生物教改的动态，以及基础教育学校实施情况。同时，学院还提供机会，邀请国培专家学者为在校师范生讲课，从而可以在高校课堂上对师范类学生提前传授一些中学生物学教育教学的知识和教改动态。许多专家不仅作为培训教师给国培学员讲课，还作为生命科学院辅导专家对师范学生进行指导。

续国培计划　创品牌特色

校党委书记刘沛林多次提出要把"国培计划"作为衡阳师院的一项事业来做，要以实施"国培、省培计划"为契机实现教师培养培训一体化，推动高师教育与基础教育对接，提升学校服务地方能力。继续教育与教师培训学院作为培训机构，不仅仅是管理协调，也不仅仅是服务，更多的是专业引领，着意打造培训特色和培训品牌。

高质量完成后续国培项目，我们任重道远。基础教育教师培养和培训是我们衡阳师范学院的义务和责任，全力打造衡阳师范学院基础教育教师培训品牌，走专业化、精细化教师培训之路，是我校始终不渝的追求。我校将进一步增强紧迫感和责任感，全力打造一支素质优良、结构合理的教师培训专家团队，积极创新培训模式，切实提升培训质量，为推进湖南省基础教育教师队伍现代化做出应有的贡献！

第三章　创新教师培训模式，打造教师培训品牌

教育部"国培计划"一线优秀教师培训技能提升研修项目，主要面向实施"国培计划"的各地教师培训的省级培训专家团队成员，采取集中面授和网络研修相结合的方式，进行培训能力提升专项培训，旨在为"国培计划"——中西部项目和幼师国培项目、"能力提升工程"和各地教师培训工作的开展，培养和打造专兼结合的高水平教师培训团队。申报单位原则上应具备"国培计划"——示范性集中培训项目培训机构资质，各单位申报的学科（领域）应具备相应资质。教育部要求各承办单位精心研制培训实施方案，科学设定培训主题与目标，优选培训课程内容，创新培训方式方法，完善组织保障，确保培训质量。要将返岗实践作为培训的组成部分，做好教师返岗实践的指导和管理工作。

衡阳师范学院在项目管理中以继续教育与教师培训学院为统筹，以各二级学院为具体项目负责单位，以首席专家为总负责人，遴选优秀的专职教师担任学术班主任和生活班主任，形成了成熟而富有战斗力的项目管理团队。其中首席专家均为本专业资深教授或学科负责人，团队成员具有较为厚实的理论基础和丰富的培训实践经验，如多名成员均具备多年的教师培训工作经历和中学教学经历。项目组通过遴选，聘请国内知名培训专家和学科专家组建结构合理、层次丰富、满足需求的专家团队。

根据教育部项目办的通知要求，学校认真贯彻落实"国培计划"改革实施总体要求，遵循教师专业成长规律，紧密围绕各项目参训学员的

需求，参照"国培计划"课程标准进行设计。要加强实践性培训，实践性课程原则上不少于 50%，确保培训针对性。要创新教师培训模式，采取参与式、研讨式、案例式、情境式、体验式等多种方式，大力推进实践性培训，强化基于现场的培训环节。如何落实"实践性课程"，如何"创新教师培训模式"，如何"推行混合式培训"等。为此，学校鼓励各项目承办二级学院在教师培训实践中积极创新和大胆探索，形成了各具特色的项目实施模式。

第一节　混合学习环境下的"3+1+1"教师培训模式 ①

在当今知识经济和"互联网＋"经济的时代，知识更新和技术手段快速加快，在这样一个特殊的时代，我国需要持续地培养大量的创业创新人才，需要持续不断地提高教师能力与素质，因为教师的知识、观念及其技能的补充与拓展，既关系到一线教师自身的能力和素质，也关系到中国教育的发展与繁荣，但目前教师培训却存在着培训层次低、培训需求的调查不足、培训方式与内容问题突出、培训理念落后和专业素质欠缺等问题，② "知识更新太快与教师教法变化太慢"是现在基础教育最大的一对矛盾。在当今"互联网＋"经济的大背景下，农村教师面临如下四个专业发展问题：第一，缺失专业发展平台，专业发展动力不足；第二，缺失信息技术应用能力，专业能力不足；第三，缺失专业引领，教育理论研究滞后；第四，优质学习资源缺失，教师专业知识水平低。③ 那么，在当

---

① 本节原载于《衡阳师范学院学报》2015 年第 6 期。刘沛林，申秀英，卜华白. 混合学习环境下的"国培计划""3+1+1"教师培训模式研究——基于项目驱动的专业化、精细化研究视角 [J]. 衡阳师范学院学报，2015，36（06）：146–151.

② 王建，冯静. 教师培训管理者培训需求的调查分析与培训建议——以某"国培计划"管理者班为例［J］. 成人教育，2014，34（07）：93–95.

③ 丁蕊，冯宪彬，李红. 农村教师专业发展研究——基于网络信息技术的视角［J］. 教育探索，2015（05）：141–143.

今"互联网+"的大背景下，如何创新农村教师培训模式，提升农村教师培训质量就是摆在我们面前急需解决的问题。衡阳师范学院将基于项目驱动的专业化、精细化视角，探索研究了混合学习环境下的"国培计划"教师培训模式。

一、理论基础与文献综述

查看相关的文献资料可以发现，研究培训模式的文献很多，这些文献都从不同的角度对培训模式进行了广泛的研究。如李源田，王正青[①]通过对教师培训的调研，针对教师专业发展的实际情况和现有教师培训存在的不足，提出了"四阶段"教师培训模式，即理论研修、影子研修、反思研修和实践研修教师培训模式。王道福，蔡其勇[②]提出了中小学教师培训的"知识—能力—实践—体验"四要素培训模式，该模式是一种基于问题、突出学术、注重实践的教师培训新模式，对于提升教师的能力和素质有较大的帮助。邵晓霞[③]提出了一种基于翻转课堂"国培计划"培训模式，该模式主要依托现代信息技术，通过"准备阶段""理解阶段""应用阶段"和"评价阶段"四阶段实现课堂的高效教学。王北生，任青华[④]认为"国培计划"置换脱产研修培训模式存在各阶段培训模式固定单一、阶段与阶段之间缺乏有机结合等问题，他们认为农村教师培训模式应从"固校制"到"走校制"，从"顶岗置换"到"三角置换"，从"固定单一"到"多环组合"等方面进行全方位优化与创新，只有这样才能提高教师培训质量。

---

① 李源田，王正青．"四阶段"教师培训模式设计与实践——以重庆市组织实施"国培计划"为例［J］．中国教育学刊，2012（01）：71–75．

② 王道福，蔡其勇．"国培计划"教师培训"知识—能力—实践—体验"模式建构［J］．课程·教材·教法，2013，33（07）：116–121．

③ 邵晓霞．基于翻转课堂的"国培计划"培训模式探究——以天水师院"国培计划"中西部农村英语骨干教师培训项目为例［J］．中小学教师培训，2015（01）：20–24．

④ 王北生，任青华．"国培计划"教师培训模式的优化及创新［J］．中国教育学刊，2014（09）：91–93．

宋海英，陈睿[①]认为，教师培训应以教师需求为导向，要让"土专家"唱主角，多用体验式教学，针对这一要求，他们提出了"三段式"教师培训模式。张雁[②]通过对幼儿骨干教师的主要工作内容和成长规律进行分析，建构了针对不同年龄段教师发展需求的教师分层培训课程模式，这一培训模式较好地解决了不同年龄段教师知识结构的差异问题，使得培训的针对性加强。李念文[③]提出了"影子教师"研修培训模式，该模式实际上是校本研修的一种延伸和创新，该模式能够充分利用优质中小学校和名师课堂作为教师培训资源，能让"影子教师"置身于真实的教育情境中，在"听中学"，在"做中学"，从而有利于形成一个较好的"教师学习和实践活动"的共同体。但松健[④]以重庆市"国培计划"中小学教师远程培训为研究案例，总结并提炼出了一种中小学教师远程混合培训模式。李文昊[⑤]提出一种基于案例的学习支持框架——CBLSF，这个框架可为学习者创设以案例为中心的学习环境，在这一模式中，教师可以通过对案例的学习提升自身的能力。张思，刘清堂[⑥]等从提升教学效能感和教师实践性知识的视角提出同侪互助教师混合式培训模式，该模式为同类型教师研修活动的开展提供了方法借鉴。刘清堂，张思[⑦]基于混合学习理论构建了一种教师混合式培训的主题研修模式，该模式纵向以教师研修主题为活动序列，横向按构成主

---

① 宋海英，陈睿.关于提高农村教师培训实效性的思考——以吉林省实施"国培计划"为例［J］.教育探索，2011（10）：127-129.

② 张雁.农村幼儿园教师分层培训课程模式的建构——以"国培计划"山西省农村幼儿园骨干教师培训为例［J］.教育理论与实践，2015，35（02）：35-37.

③ 李念文."影子教师"研修模式的探究与实践——以"国培计划"-湖北省农村骨干教师跟岗学习项目为例［J］.湖北第二师范学院学报，2011，28（10）：106-108.

④ 但松健.中小学教师远程混合培训模式的建构与实践——重庆市"国培计划"中小学教师远程培训案例剖析［J］.重庆教育学院学报，2012，25（03）：43-45+77.

⑤ 李文昊.面向教师专业发展的案例学习支持框架［D］.南京：南京师范大学，2006.

⑥ 张思，刘清堂，熊久明，朱姣姣，刘双.教师混合式培训中的同侪互助模式与支持策略研究［J］.电化教育研究，2015，36（06）：107-113.

⑦ 刘清堂，张思.教师混合式培训中主题研修活动设计模型研究［J］.中国电化教育，2015（01）：111-117.

题研修活动成分构建，这种构建使要素之间形成了相应的层级关系，增加了主题研修活动设计的规范性和系统性，从而大大地提升了培训的效果。杨卉，王陆，张敏霞[①] 基于现代远程教育理论和活动理论构建的教师网络实践共同体研修活动培训模式，解决了教师网络研修活动设计复杂、重用与共享难、实践性弱等问题，极大地提高了教师培训的效果。刘萱，王保华[②] 借助于 Moodle 平台，从协同学的视角，设计开发了由分析教师个体学习特征、确定协同培训目标、协同培训设计和多元培训评价四部分组成的"国培计划"中小学教师短期培训的协同培训模式。陈昌发，方维绪[③] 探索和实践了远程培训"混合模式"，认为该模式增强了远程培训的感染力和吸引力，培训时空灵活，受训人群广，这种培训模式在很大程度上提高了培训教师学习的积极性和主动性。纵观以上所有的教师培训模式，他们或从教师培训的过程，或从教师培训的主体、手段等对教师培训效果的提升进行了卓有成效的研究，但是，我们也可以看到，没有文献基于项目驱动，从"三线"（"混合市场线""混合教学线"和"混合服务线"）"一数据库""一平台"对教师培训进行研究的，本课题组将从这些方面对如何提升教师培训质量进行探索。

二、模式构建

（一）项目驱动教师培训模式与政府驱动教师培训模式的比较

"项目"是现代管理学理论中的一个核心术语，但管理学派不同，对其理解也不同。约翰宾是著名项目管理学家，认为在规定的时间和预算的

---

①　杨卉，王陆，张敏霞.教师网络实践共同体研修活动设计模型研究［J］.现代远程教育研究，2012（02）：44-49.

②　刘萱，王保华.Moodle 平台下"国培计划"协同培训模式探索［J］.教育与职业，2011（29）：190-191.

③　陈昌发.《国培计划"置换脱产研修有效课程模式探索——重庆市"国培计划"置换脱产研修的实践与创新［J］.中国教育学刊，2014（10）：79-82.

约束下，实现了预定质量水平意向的一次任务就是一个项目。有的管理学家认为，项目是指在一定时间约束下，为了实现组织或机构特定的目标而对组织或机构所拥有的各种资源所进行的组合，是一系列为了取得特定成果所进行的活动。美国项目管理学会认为，项目是组织或机构为了创造特定的产品（包括服务）所进行有时限的一项任务。尽管目前理论界和实业界对项目的定义没有一个统一的界定，但只要是项目，就都具有如下四个明显的特征：（1）目标的确定性；（2）一次性；（3）组织的临时性和开放型；（4）独特性。依据项目的理解，项目驱动教师培训模式可理解为以教师培训项目为核心，以教师培训效益为目标，以培训学校招标竞争为手段，以政府部门、培训机构和受训对象之间协调为基础，在一定的规定时间内所进行的教师培训模式，这一模式的有效实施，需要政府职能观念转变，需要政府为各教师培训主体（高校）提供公平竞争的环境和平台。政府驱动下的教师培训模式是指以师范学院（或师范大学或具有师范专业的其他本科院校）为主体，按照课程标准和国家统一规划的要求，有组织有计划的多元化、多层次的教师培训模式。由于该培训模式是按政府指令驱动的，所以对受训教师和培训机构内在的需求差异关注度不高，使得受训教师和培训主体的培训积极性都不高，教师培训实效性也就受到了很大的影响，不仅如此，该培训模式还会导致教师培训机会、待遇等方面的不公平，如条件好的中小学教师不仅受训机会多，培训费用也大多由学校全部承担，可能还会发给受训教师各种培训补贴，而对于许多农村中小学教师则很难享受这种待遇，从而会进一步扩大城乡之间教育发展水平的差距。从以上分析可以看到，项目驱动教师培训模式与政府教师培训模式的主要区别表现，就在于项目驱动教师培训模式是以教师培训项目的可行性论证为前提，并且在教师培训过程中主要是根据教师培训项目进展情况和教师培训实施效果以及教师培训需求情况来决定教师培训的规模和方向，而很少采用行政性干预的手段，另外项目驱动教师培训模式还高度关注教育公平的问题，如统筹赞助等渠道和培训经费等。通过上面的比较分析可以看到，项目驱动教师培训模式比政府驱动教师培训模式更有利于我国教育发展战略的实现。

（二）"国培计划""3+1+1"教师培训模式构建

基于政府驱动的"国培计划"教师培训模式在日益成熟的市场经济背景和"互联网＋"社会经济时代有着特别明显的培训局限，而在混合学习环境下基于项目驱动的"国培计划"教师模式确能有效地改善混合学习环境下基于政府驱动的"国培计划"教师培训模式的局限性，本课题组改变了传统的"政府驱动视角"，而从基于"项目驱动"这一崭新的视角，对混合学习环境下的"国培计划""3+1+1"教师培训模式问题进行了研究，其研究思路如图1。

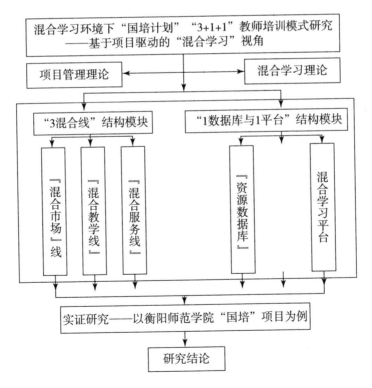

图1 研究思路图

1. "国培计划""3+1+1"教师培训模式的"3 线"模块

"国培计划""3+1+1"教师培训模式的"3 线"模块，主要包括"混合市场线"、"混合教学线"和"混合服务线"。

（1）项目"混合市场线"

项目"混合市场线"由主管教育培训机构（教育部、财政部、教育厅等）、培训学校（想获得培训项目的所有学校）和受训地区教育局和农村中小学（也包括受训教师）及培训专家讲师团（包括外聘和内聘）等组成。由于该培训模式是基于项目，所以，培训学校必须通过竞争才能获取，这样，作为培训学校就必须对教师培训市场的现状进行分析，如受训教师的年龄、地域、教育水平等，同时，还必须对培训主体市场的竞争状况进行分析，如竞争对手的培训优势和劣势在哪，自己的培训优势和劣势又在哪，以及受训地区教育局的教师派送状况和培训专家讲师团的聘请等都需要认真分析，只有这样才能获取更多的教师培训项目，才能更好地提高教师培训质量。

（2）项目"混合教学线"

项目"混合教学线"主要由授课专家、实践教育培训基地学校、培训学校的培训网络站点等四部分混合互补而成。"一线授课专家线"。一线授课专家主要进行相关学科前沿知识和理念的培训，是一种直接的面对面的教学，他们能站在国际视野，为农村中小学教师传授学科前沿知识和先进的教育教学理念。"实践教育培训基地学校线"。该"线"主要是利用这些教学水平较高、教学设施较好的学校为教师相关培训课程提供实践场地，是"培训种子教师"重要的培训场地。"网络站点（如培训教师网等）线"。该"线"提供一个"生—生"互学，"师—生"互学和"师—师"互学的一个交互式网络学习平台，也同时是"国培""省培"教师培训中"前移后拓"的重要手段与培训途径。

（3）项目"混合服务线"

项目"混合服务线"是指项目从获取以后，为了做好教师培训所进行的所有服务活动的总称。具体而言，主要包括三个模块即全过程教师培训服务（培训前的组织与关系协调服务、培训时的现场管理服务、培训后的跟踪服务）、网络平台学习管理服务、基础保障服务等。项目"混合服务线"为项目的有效实施提供了最基础的保障作用，所有培训主体与受训教师都必须密切配合。

2."国培计划""3+1+1"教师培训模式的"1数据库+1平台"模块

（1）"资源数据库"模块

"资源数据库"模块主要包括视频案例资源数据库、培训专家数据库、优秀受训教师数据库及其他培训资料数据库。视频案例资源数据库一方面可以为培训教师提供不同类别的案例资源，另一方面，可以为案例的应用提供在线学习、上传、评价、归类、审核、修改、检索、删除、下载等多种服务支持功能以及动态案例的修改与更新。作为培训教师，他们还可以通过案例资源库自主学习、自我反思，还为可为培训教师提供广阔的共同研修、共同学习与共同交流的平台和环境，支持培训教师的非实时和实时的交流讨论和评价。

培训专家数据库主要为培训提供多组选择专家，同时也可以为培训专家提供一个交互平台，而优秀受训教师数据库则可以为后续的培训提供更多的案例和更多更好的后续培养。其他培训资料数据库，如针对各学科的经典文献、前沿理论及国际教育比较研究等，这些资料主要用于拓展、深化教师的理论水平与素质，更好地满足受训教师个性化的需要。

（2）"教师培训系统平台"模块

许多研究的结论显示，基于互联网的远程教师培训，因为其信息量大、交互性强、传输速度快等特点，受到受训教师的一致好评。该平台模块主要是要构建一个"混合学习"培训环境。在实际的"国培计划"培训中，在这一平台上，可以通过"学习活动"搭建"培训老师"之间，"受训学生"之间及"培训老师"和"受训学生"之间的互动混合学习环境，从而可以确保培训效果。对于该平台的开发，可以基于 Dreamweaver+Jsp 技术，开发教师培训系统平台和主要教育培训的功能模块，从而为教师培训建构一个理想的教师学习和实践活动共同体（这一共同体主要包括学科共同体、学段共同体、地缘共同体和目标共同体）。对于这一平台使用的原则，课题组认为至少遵循以下五个原则：（1）教师之间的"互动互助与知识共享"原则；（2）平台的"全方位开放与众人参与"原则；（3）讨论问题观点表达的"自主与民主"原则；（4）讨论问题结果的"即时评价与自我评价"原则。（4）讨论主题确定的"当前问题与教学情境"原则。

三、提升培训模式绩效的对策———以衡阳师范学院为例

"国培计划"是一个多要素的系统工程，涉及行政管理部门（教育部、财政部、教育厅、地方教育局）、培训机构（各类高校）、培训专家（包括中学一线优秀教师）、培训管理人员、送培学校、参训教师等，其执行和实施效果与各要素之间的支持和协作密不可分。为把"国培计划"做专、做细、做实，衡阳师范学院成立了"国培计划"工作领导小组，工作领导小组办公室设在学校的继续教育与培训学院，领导小组下设培训管理组、培训专家组、后勤保障组，各组成员协调配合，按照"国培计划""3+1+1"教师培训模式共同完成教师培训工作。

在"国培计划"的实践中，衡阳师范学院做了许多有益的探索，如衡阳师范学院文学院朱迪光教授总结出了教师培训的"三带四步"模式，罗李平教授则提出了基于 UGS 协同培养数学教师的模式与策略等等，这些培训体系、培训理念都是基于项目驱动的专业化、精细化研究视角对培训模式的具体应用，为混合学习环境下"国培计划""3+1+1"教师培训模式的研究提供了有价值的实证基础。由于衡阳师范学院自上而下的高度重视，国培、省培项目取得了系列成绩，如 2010—2012 年连续三年获得湖南省国培计划实施工作先进单位；2013 年湖南省绩效考评中我校小学语文置换、小学语文短期、幼儿骨干短期、初中数学置换分别获得四个单项第一名；

2014 年湖南省绩效考评中我校高中数学短期、初中数学置换、资深教师关爱项目、初中校长分别获得四个单项第一名；2014 年我校初中思想品德示范性项目在全国 53 个高校中名列第四名、思想品德类学科第一名等。同时，我们课题组研究发现，要保障"3+1+1"教师培训模式有效运行，在培训过程中还必须注意以下三个方面的工作：

（一）在"混合市场线"层面，做好"3 个市场分析"，提升培训项目的针对性、时效性及项目培训能力

在"混合市场线"层面，必须做好"参训教师市场""培训机构市场"和"培训专家市场"三个市场分析：（1）在项目实施前，认真分析"参训教师市场"，优化培训内容，提升培训的针对性、时效性；（2）在项目竞标时，认真分析"培训机构市场"，做到"知己知彼"，提升项目的获取率，扩大项目培训的规模效应；（3）项目专家选定时，认真分析"培训专家市场"，在有限培训资源的约束下，优化培训专家团队，提升自我项目培训能力。

（二）在"混合教学线"层面，强化"3 个有效结合"，提升培训绩效

1. 基于"数据库 + 平台"，强化"授课教师有效组织知识传授"与"受训教师自主学习"有效结合

培训方法和培训手段在很大的程度上影响着培训的绩效。在"混合学习"的环境下，培训教师必须有效组织知识传授，把自我角色从"扮演单一的知识传授者"转向"解决问题的指导者"和"教师自主学习的伙伴、合作者"。同时，在"混合学习"环境下，受训教师的学习不受空间与时间的限制，他们可以依据自己方便的地点和时间进行学习，这就需要受训教师有更好的自我学习支持能力，需要授课教师对受训教师进行科学引导与科学管理。所以，本课题组认为，在"混合学习"环境下，培训机构必须基于"数据库 + 平台"，强化"培训教师有效组织知识传授"与"培训教师自主学习"有效结合，通过授课教师个人感染力创造群体学习气氛，

积极引导受训教师自主学习，提高"国培计划"教师的培训绩效。

2. 基于"数据库＋平台"，强化"非正式学习渠道"与"正式学习渠道"有效结合

在"数据库＋平台"的教师培训模式下，基于平台的网络学习社群除了"正式学习渠道"外，还必须充分利用非正式学习渠道，如散步时受训教师间的学习交流、网上闲聊及随意间的某些资料阅读等，因为这些方式会在无意识的状态下相互提供各自的教育教学经验，从而将学习群体的行为内化到受训教师自己的认知结构之中，使得受训教师自己的认知能力被不断优化与提升。因此，在"混合学习"环境下，基于"数据库＋平台"，强化"非正式学习渠道"与"正式学习渠道"有效结合，充分利用非正式学习渠道，提高"国培计划"教师的培训绩效。

3. 基于"数据库＋平台"，强化"个人学习"与"群体学习"有效结合

在"数据库＋平台"的教师培训模式下，要提高培训教师的学习积极性，必须注意运用科学的激励与约束机制，不断促进受训教师之间相互激励和相互督促，确保培训绩效的不断提高。就课题组探索的"混合学习"环境下"国培计划"教师培训模式而言，其评价导向不是以往以促进受训教师个人竞争为目的，而是通过目标激励、发展激励、经济激励、消极强化等方式，以鼓励受训教师在资源数据库平台上相互督促、相互激励，使受训教师的学习动机和学习态度都得到培养，使受训教师的学习兴趣得到激发，从而在一定程度上确保了受训教师主动参与学习过程，使得受训教师的"个人学习"与"群体学习"得到了有效结合，培训绩效也就随之提高。

第三，在"混合服务线"层面，强化"3个有序保障"，确保培训高效完成

教育培训项目就其本质而言属于服务项目，所以其服务质量和服务水平的高低就直接决定了其培训绩效的高低，因此，为了提高教师培训的绩效水平，培训机构在"混合服务线"层面，就必须强化"3个有序保障"，即（1）高素质的培训过程管理保障。要实现这一保障，必须要有一个高素质的投身培训事业管理团队；（2）运行良好的平台服务管理保障。平台是培训者

和受训者交流的主要场地，其管理水平直接决定了其交流质量和培训质量；
（3）高质高效的后勤基础服务保障。如食堂服务、医疗服务等，这些服务
一旦出现问题，有效的教师培训便失去了基础。

　　总之，在当今知识经济和"互联网经济+"的时代，知识更新和技术
手段快速加快，在这样一个特殊的时代，需要持续不断地提高教师能力与
素质，为此，我们必须不断创新教师培训模式，提升教师培训质量，实现
我国教育发展战略。

第二节　行动导向的骨干教师短期培训模式 [①]

　　教育的关键是教师，教育发展的关键是教师队伍稳定和质量改善。只
有教师优秀，教育系统才能卓越。[②] 基于提升教师培训实效性和针对性的
需要，衡阳师范学院在承办教育部示范性教师培训项目的实施过程中，以
行动学习为主要工具，创新教师培训的方式方法，驱动参训教师积极行动，
在行动中反思，在反思中改变，在改变中提升，探索优化了行动学习模式
的流程设计，创新了教师培训的思路，夯实了教师培训的效果。

一、项目概况

（一）项目由来

　　"国培计划"———一线优秀教师培训技能提升研修项目，主要面向实

　　① 本节系湖南省普通高等学校教学改革项目"行动导向的乡村教师培训模式建构研究"（湘
教通［2018］436号第535项）的阶段性研究成果。主体内容曾以"行动学习导向的乡村教师培训
模式研究——基于湖南省送教下乡实践的探索"为题发表于《教育科学研究》2017年第8期。凌云
志，邬志辉，黄佑生.行动学习导向的乡村教师培训模式研究——基于湖南省送教下乡培训的实践
探索[J].教育科学研究，2017（08）：78-82+86.
　　② 联合国教育科学及文化组织.全民教育全球检测报告2013-2014：教学与学习：实现
高质量全民教育［M］.北京：教育科学出版社，2014：2（序言）.

施"国培计划"的各地教师培训的省级培训专家团队成员，采取集中面授和网络研修相结合的方式，进行培训能力提升专项培训，旨在为"国培计划"——中西部项目和幼师国培项目、"能力提升工程"和各地教师培训工作的开展，打造专兼结合的高水平教师培训团队。申报单位原则上应具备"国培计划"——示范性集中培训项目培训机构资质，各单位申报的学科（领域）应具备相应资质。教育部要求各承办单位精心研制培训实施方案，科学设定培训主题与目标，优选培训课程内容，创新培训方式方法，完善组织保障，确保培训质量。要将返岗实践作为培训的组成部分，做好教师返岗实践的指导和管理工作。

衡阳师范学院是教育部示范性培训项目资质单位，也是湖南省最早承办教育部示范性教师培训项目的院校之一。衡阳师范学院还承担教育部教师队伍建设示范项目"'国培计划'改革创新"项目（全国仅东北师范大学、华南师范大学、西华师范大学、衡阳师范学院四个单位承办此项目）。从2012—2016年，该校人文社会科学学院（现法学院）和文学院连续承办了五年教育部的示范性集中培训—线优秀教师培训技能提升研修项目。该校在承办初中思想品德学科示范性集中培训项目时，认真领会教育部的相关精神，优化组织实施流程，及时总结提炼，形成稳定模式，发生辐射效应，在省内外起到了较好的示范引领作用，并得到时任教育部刘利民副部长的充分肯定。

（二）学情分析

一线优秀教师培训技能提升研修项目初中思想品德学科人数为每年50人，来自全国数十个省市区，其中以四川、重庆、贵州、云南、广西、海南、安徽、湖北、湖南、江西、福建等中西部地区的教师为主。根据教育部的遴选要求，学员为入选或拟入选省级及以上教师培训专家库的一线优秀骨干教师，教学工作业绩突出，具有较丰富的培训经验，承担过地市级以上教师培训任务，具有高级职务（职称），原则上年龄不超过50岁。从学员的职称结构和年龄结构来看，这批学员属于中青年成熟型教师，具有较为丰富的教学实践经验；根据训前问卷调研和个别访谈的数据分析来看，这批学员虽然从事过一些教师培训活动，但整体上而言，他们对于教师培训政策、成人学习理论等方面的知识缺乏，专业的教师培训技能和方法有待提升，对教师培训者的身份认同度较低。

（三）管理团队

衡阳师范学院在项目管理中以继续教育与教师培训学院为统筹，以原人文社会科学学院为具体项目负责单位，以首席专家为总负责人，遴选优秀的专职教师担任学术班主任和生活班主任，形成了成熟而富有战斗力的项目管理团队。其中首席专家为衡阳师范学院三级教授，在伦理学、思想政治教育等方面具有较深的造诣，团队成员具有较为厚实的理论基础和丰富的培训实践经验，如多名成员均具备多年的教师培训工作经历和中学教学经历。项目组通过遴选，聘请国内知名培训专家和学科专家组建结构合理、层次丰富、满足需求的专家团队，既有余新、华林飞、黄佑生、李庆忠、唐良平等"国培计划"教育部专家库成员，也有胡田庚、邝丽湛等思想政治教育学科知名专家，以及刘兴国、邓婷等优秀一线教师团队。

二、培训思想

（一）传统培训的弊端

教师培训是推动教师专业发展的重要途径。依据有关学者的结论，教师"自身的教学经验和反思"及"和同事的日常交流"对他们发展自身的教学知识是两个最为重要的来源；"在职培训"和"有组织的专业活动"也是相对重要的来源。①2009 年以来的"国培计划"实施，贯彻"雪中送炭、

---

① 范良火.教师教学知识发展研究（第二版）[M].上海：华东师范大学出版社，2013：211.

示范引领、促进改革"的方针，对于我国教师素质提升和结构改善都起到了重要的助推作用。然而，与教育发展需求、国家宏观战略期待相比，与我国教育发展需求、国家宏观战略期待相比，当前教师培训仍然呈现出整体无序、低效的局面，主要体现在：首先，教师培训内容、目标偏离教师实际需求。在教师培训实施中，培训者要么过于重视理论知识的讲授，忽视实践经验的转化和操作训练，要么屈从实践经验，缺乏必要的理论提升和引导。同时，培训设计中还存在培训内容城市化倾向严重、培训目标与参培教师的水平和层次不相符合等弊病。其次，培训方式、方法多"输送"与"传递"，少"建构"与"生成"。过多的"输送"和"传递"，其实质是教师培训的主体性迷失。在事关教师自身成长和学校发展的事务中，教师被剥夺了话语权，成为培训实施中的"他者"。再次，培训者队伍重外在资源引入，忽视本土力量和资源的建设。"输血"型的教师培训最多只能解决教师的一时之需，却无法提供常态指导服务，容易导致学校"内生"力量越发薄弱，并由此形成恶性循环。最后，培训更多关注教师个体成长，难以撬动组织变革。

（二）行动学习的理论渊源与实践空间

行动学习是在 20 世纪 40 年代由英国的管理思想家雷格·瑞文斯提出来的，其提倡"用真实的人，在真实的时间，解决真实的问题并取得真实的结果"[1]。他将行动学习用方程式表示为：L（学习）=P（程序性知识）+Q（洞察性提问）。其中，L 是指 1earning，意为学习；P 是指 programmed knowledge，意为程序性知识；Q 是指 questioning insight，意为洞察性提问。[2] 马奎特等人将行动学习方程式改造为：L=P+Q+R，即在瑞文斯行动学习方

---

① ［美］迈克尔·马奎特，罗兰 K·杨.行动学习应用：全球最佳实践精粹［M］.王云，等，译.北京：机械工业出版社，2016：8.

② ［英］雷格·瑞文斯.行动学习的本质［M］.郝君帅，等译.北京：机械工业出版社，2016：4–5.

程式的基础上添加了批判性反思（reflection）流程。在行动学习的倡导者看来，它作为组织解决重要、复杂问题的工具，对于领导力开发、团队建设和组织能力提升有着重要的作用。

行动学习的主要理论基础是学习经验圈理论。经验学习理论主要有库伯的经验学习圈理论、戴尔的"经验之塔"研究等。20世纪80年代初期，美国组织行为学教授库伯在总结杜威、勒温、皮亚杰关于经验学习研究理论的基础上提出了经验学习圈理论。库伯将经验学习模式描述为四个阶段：（1）具体经验；（2）反思与观察；（3）抽象概念化；（4）积极实践。库伯认为学习者应在这四个阶段中往复循环，从而产生不断上升的复杂体的学习螺旋。[①]20世纪上半叶，戴尔等提出了关于视听教育的"经验之塔"理论，并在20世纪60年代末进一步完善了该理论。著名心理学家布鲁纳把戴尔的"经验之塔"中十多个不同层次的学习经验进一步浓缩为三个类别，并从教学活动的角度设计了一个与戴尔"经验之塔"平行的说明性图解。

在教师培训中应用行动学习模式，我们还必须要回应教师发展的"实践—反思"的行动逻辑。为此，我们倡导教师培训回到教师实践中去，形成在实践中反思、反思中行动的教师实践发展观。实践也可以有自己的理论形态，以实践为取向的理论与认识取向的理论突出的区别，就在于它需要保有实践的充盈、丰富和生动，而绝不仅仅去寻找一个被"压瘪了的存在"。舍恩的"反映的实践者"这一核心概念为教师作为专业工作者如何在行动中思考提供了很好的理论和实践指导。按照舍恩的说法，"反映"，有映照的意思，认同一面锃亮的镜子，或一波清澈的湖水般"映照"出"我的实践"，这种映照不仅指涉思维，而且涵括了思想、情感与行动的对话活动；这种映照也不单指事后的思考、总结，也蕴含了在行动现场的双向

---

① 仲秀英，宋乃庆.经验学习理论对数学活动经验教学的启示［J］.西南大学学报（社会科学版），2009，35（06）：129-132.

建构过程之中。① 依据舍恩的理论，"反映的实践者"最终的表征是成为"实践脉络的研究者"，而为了成为"实践脉络的研究者"，意外经验的刺激和辅导教师的指导成为不可或缺的两大因素。②

行动学习的初衷就是通过帮助管理人员（包括参与管理的人员），借由小组模式解决尚未有答案的实际问题，来提高他们提问的洞察力。基于教育问题解决的教师培训，不仅打破了单方面的知识接受，还将教师置于教育情境中，以情境性问题为培训的起点，在问题解决中建构教师知识，实现教师的真实发展。③ 行动学习主张程序性知识（P）、洞察性问题（Q）与批判性反思（R）相结合，提倡教师知识的情境性、生成性、建构性和社会性，有利于克服传统的教师知识观过于强调教师知识的客观性以及知识过程的传递性的缺陷。

三、行动学习在示范性培训项目中的应用实践

（一）示范性培训项目的内在要求

根据教育部项目办的通知要求，示范性培训项目要贯彻落实"国培计划"改革实施总体要求，遵循教师专业成长规律，紧密围绕各项目参训学员的需求，参照"国培计划"课程标准进行设计。要加强实践性培训，实践性课程原则上不少于50%，确保培训针对性。要创新教师培训模式，采取参与式、研讨式、案例式、情境式、体验式等多种方式，大力推进实践性培训，强化基于现场的培训环节。如何落实"实践性课程"，如何"创新教师培训模式"，

---

① 刘徽.思与行的纠结——舍恩《反映的实践者——专业工作者如何在行动中思考》评介［J］.全球教育展望，2007（11）：92-96.

② 汪明帅.成为"反映的实践者"——从舍恩的理论探寻教师成长的秘密［J］.教育发展研究，2015，35（04）：42-47.

③ 罗超，刘德华.论基于教育问题解决的教师培训模式［J］.教育理论与实践，2013，33（05）：36-38.

如何"推行混合式培训"等，这些都是需要各个承办单位在实践中大胆探索的重大议题。我们发现，基于行动学习的能为空间，在培训实施过程中根据项目需求优化流程设计，是破解以上难题的可行路径。

（二）行动学习模式的流程优化设计

行动学习最初在企业培训中得以大规模实践，形成了多样流程管理方式，但在教师培训中并没有成熟的可资借鉴的模式。经过充分的前期调研和需求诊断，我们在承办示范性一线优秀教师培训项目时，继续规范实施，将短期集中培训流程明确为"需求调研""团队组建""理论引领""课例研修""成果展示"和"拓展反馈"6个环节，其中"需求调研"为训前的环节，"拓展反馈"为训后的环节，其他4个环节为集中培训期间具体实施环节。并且，项目组在实际操作时以行动学习理念和方法优化设计了12个具体步骤的路线图以及数十个配套的应用工具，如表1：

表1：行动学习模式的流程优化设计

培训环节设计	行动学习路线图	应用工具箱
1.需求调研：培训团队通过深入学校现场、回访学员、电话邮件等途径，以课堂观察、师生访谈、工具测评等具体方式进行诊断，找准学科教学存在的突出问题。特别是对参训学员进行科学的训前测评，掌握学情，探寻其"最近发展区"。问题诊断后，确定培训主题、培训课程，遴选专家团队，制定研修方案等，做好培训实施准备工作。	1.项目筹备：开好启动会，获得行政资源支持；以首席专家为核心，建立项目管理团队，明晰分工职责，凝聚团队共识；建立并培训专兼职行动学习引导团队。	鱼缸会议 头脑风暴
	2.调研分析：深入学校采取多种方式进行调研，利用SPSS、结构方程模型、NVIVO等软件对调研的量化数据和质化数据进行科学分析，依据规范流程进行问题诊断，科学确定培训项目的愿景目标。邀请校长、教研主任、教师进行访谈，了解学校和教师真实情况，修订项目方案。	课堂观察 深度访谈 调研问卷 分析工具

培训环节设计	行动学习路线图	应用工具箱
2. 团队组建：组建富有充分自主性、行动力的学习型团队，是行动学习推进的关键。努力构建扁平化的管理结构，依托学习小组为主要的行动单位，凝聚团队共同愿景、制定团队发展规划、约定行动路线、规范行动准则等。	3. 小组建设：以"异质同组、同组异质"为原则组建学习小组，考虑年龄、地域、职位、性别、性格等各方面的差异性，进行团队建设活动，引导学员进行自我分析，对学习做出承诺，确定小组行动目标。	团队活动 SWOT 分析 学习承诺书
	4. 奖惩公约：分小组研讨，以众筹方式，汇集教师智慧，制定考评和奖惩公约，作为行动学习准则，带动激励学员自主学习、合作学习。	思维导图
3. 问题聚焦：通过头脑风暴等方式，聚焦学科教学和教师培训的真实问题，以小组为单位，优化团队组合，将研修任务具体化。发现问题是行动学习最核心的环节，问题必须是教育教学实践中的重要而紧迫的真实问题，并具有可改进的空间和研究价值。	5. 头脑风暴：在理论引领和示范教学基础上，以具体教育教学改进为任务，明晰小组学习主题，继续挖掘和聚焦真实问题，激发教师智慧，并对问题进行归类组合，提炼优化，形成小组共同的行动思路。	六顶思考帽
	6. 行动计划：在团队共创框架式思路的基础上，制定具体的行动路线，明确各小组成员的职责分工、确定小组行动策略和资源准备等。	群策群力 团队共创
4. 课例研修：以 2011 版课程标准为指导，对照"国培计划"课程实施标准，以课堂教学能力提升为基础，以课堂教学指导能力为重点，确定具体的研究课例，将研修任务分配到各个学习小组，组织学员研课磨课、观课议课，引领学员在实践中反思和提升。	7. 任务驱动：以研课磨课为任务，要确立每个学员的任务驱动，要撬动校本研修，同时，培训团队安排指导专家深入学习小组指导和督导；学员带着任务学习结合自己的工作实际来整合推进。	欣赏式探询 聚焦式会谈
	8. 反思沉淀：在行动中积极反思，引导教师透过现象看本质，及时对课堂教学经验进行归纳、总结和反思，努力提升理论素养，强化教研意识。	心智模式 思维导图 观课议课

续表

培训环节设计	行动学习路线图	应用工具箱
5.成果展示：专家团队指导下的学习小组开展集中培训阶段性研修成果展示，采取说课、上课、评课等方式展示教学改进成效，通过微海报、微课例、微案例、微故事等展示研修成果。	9.课例展示，分小组多个层次设计成果展示方案；鼓励多样化的特色成果展示方案；特别鼓励学员在成果展示过程中的提问、质疑和生成。	视觉呈现
	10.资源整合：物化行动学习成果，鼓励学员用心得、简报、课件、论文、演讲等方式将行动成果固化，建立资源库，提升学习共同体凝聚力。	知识管理
6.拓展支持：项目组对集中培训工作进行系统总结，梳理经验、反思问题、明确改进方向，生成代表性成果，指导学员制定下一年度研修计划和个人发展计划。通过组建线上学习共同体，构建混合式学习环境，做好跟踪指导工作，提供机会和舞台，为学员搭建良好的发展平台。	11.复盘提升：项目组及时总结提升，邀请学员积极参与，自主决策和评价学习过程，重视对整个行动学习的回顾和反思。	欣赏式探询 复盘技术
	12.跟踪指导：通过回访、学习共同体支持，发挥"种子教师"作用，增强辐射效果，提高教师的教育教学能力、科研能力和指导青年教师的能力。同时，通过线上学习共同体，引领学员探索未来发展空间，链接新的行动学习进程。	冰山模型 学习共同体

应该要说明的是，项目实施的 6 个环节与行动学习的 12 个步骤并非完全对应，在操作过程中，个别步骤与环节可能会有次序变动。提供的行动学习工具箱也需要培训者根据实际需要选用。如图 1 所示，在行动学习的支撑下，集中研修的任务与行动学习的流程设计构成一个不断循环的双回路进程。

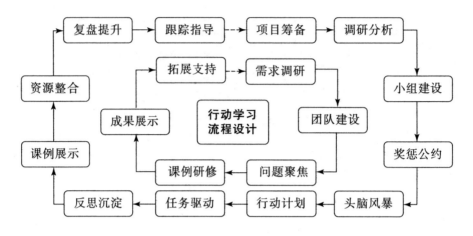

图1 行动学习流程优化设计图示

四、实施效果

在教师培训中应用行动学习是一种新的尝试。近年来，衡阳师范学院在承办的教育部示范性项目和中西部置换脱产研修、短期集中培训、送培到县等各类项目中创新应用行动学习方案，均取得了不错的效果。

因为行动学习的启动，参训教师得到了丰富多样的参与、体验、展示的机会，他们将学习与自己的工作紧密联系起来，通过合作探究解决教育教学的难题，在培训中我们能明显听到学员生长拔节的声音。

云南怒江的杨海兰老师第一次走出家乡参加培训，在培训后感言："从教十四年以来我确实体会到老师们所说的'高原反应'所带来的备受折磨的滋味——身心疲惫、情感压抑，甚至迁怒与身边的亲人，总是用挑剔眼光来看待周围的一切……人最大的敌人不是别人而是自己，（在培训期间）我以一个全新的自我回去面对我的那群孩子们，我决定放开自己，自己走出来。说实话连我自己都不敢相信在国培的课堂上我会变得如此轻松、如此积极那么大胆，面对我们的贫穷是如此坦然没有自卑。在课堂上认真听专家们传授知识和方法技巧并记下自己的收获和所得。短短十天与专家老师们的合作探究学习交流分享，我认清了我是谁？我应该是一个什么样的老师？我在哪里？我要以什么样的方式和状态去从事教育，能够更幸福的更快乐地生活着？不枉此行，我感谢国培感谢专家老师们，是你们让我得到蜕变，让我教育事业得到重生！我立志要做一个迷恋孩子成长的老师，做一个有自己风格的老师，要做一个有思想—有更高思想的老师，这样我才能走得更远！"

福建厦门的张丽芬老师在培训结束的那天写下这些文字："这时候从头回忆起的话，我不知道要从哪里开始说了，那么多的点，那么多的震撼……第一天的破冰活动，互相认识，互相支持，互相信任，瞬间瓦解了主持人的阴谋，虽不是十八，却胜似十八，于是，接下来的几天里，我，忘记了我和我们是几岁了。培训的内容也许可以是满汉全席，但是，设计者精心选择了我们需要而且我们能践行的当代教师素质、师德、如何上好一堂课、PPT制作、培训师的气场等内容。因为共鸣，我们争锋，上课过程中，班级有了麦霸，有了'毫无素质'地打断；因为投入，我们忘记时间，借用凌老师的一句话'都六点多了，还专心听课的学员，了不得'；因为参与，我们成长，感谢我们的培训老师们，感谢我们那些勇于分享的学员们，你们注意到了吗，就在今天，即使无比害羞的乐景文老师，也拿起了麦克风……"

更重要的是，一大批学员在接受培训后，在培训团队的专业引领下，继续依托学习共同体支持，夯实和拓展自我专业发展的路径，在当地起到了极好的引领示范作用。其中四川宜宾的思想品德学科教师李敏在2012年参加培训之后，及时将研修行动方案应用到所在的学校课堂教学改革中，并在当地积极进行宣讲和示范，产生了良好的社会效应。李敏老师个人的成长也突飞猛进，从一名默默无闻的乡村教师，成长为珙县的思想品德学科首席名师，并在2017年被评为四川省特级教师。

随着行动学习培训模式不断优化，衡阳师范学院承办的示范性一线优秀教师培训能力提升项目也连续在教育部的学员匿名测评中取得好成绩。

2014 年，初中思想品德学科在教育部组织的学员匿名测评中位列同类项目全国第四名，本学科排名第一；2015 年，初中思想品德学科在教育部组织的学员匿名测评中位列同类项目全国第六名，本学科排名第一；2016 年，小学语文学科在教育部组织的学员匿名测评中位列同类项目全国第三名。

五、培训反思

在教师培训中应用行动学习工具，具有极强的实践意义，但也存在较大的优化和改进空间。

（一）行动学习的实践意义

行动学习推动了教师经验与行动实践的双向链接。行动学习的突出特点是在过程中把个人的直接工作体验与学习结合在一起，而不像传统做法把教育中的学习与工作中的体验截然分开。[①] 行动学习的应用，倡导教师"做中学""学中思""思中行"，将教师培训嵌入到教师的工作中去，有助于帮助打通教师隐性知识显性化的通道，有助于教师的专业发展和学校复杂问题的解决，有助于提升教师的主体积极性，显示出了比传统教师培训更强大的力量。行动学习确立了教师培训的"以师为本"的理念，[②] 打破了原本固化的教育行政的科层组织关系，倡导人际关系的民主、自主，鼓励培训者践行陪伴者、服务者、引领者的角色，推动管理团队与学员的平等交流，营造尊重、信任的文化氛围，增强了乡村教师的存在感、归属感和获得感。具体而言，其实践意义如下：

1. 有利于"众筹集智"，聚焦教育教学真实问题

教师的真实需求是培训者要努力找到教师的"最近发展区"。这是教

---

① 秦旭芳，庞丽娟.行动学习法在教师培训中的价值与作用［J］.学前教育研究，2004（11）：51-52.

② 王冬凌."以师为本"的教师培训模式：内涵与策略［J］.现代教育管理，2010（10）：69-71.

师专业发展的现有水平和应对教育教学的需求水平之间的距离，特别是其独立问题解决能力的实际发展水平，与在成人指导下或其他更有能力伙伴的合作下进行问题解决的潜能发展水平之间的距离。在培训实践中，特定的培训管理者往往武断地决定了对于教师而言特定的最近发展区是什么？就像克努兹·伊列雷斯批评的一样，"应用维果茨基的学习概念，教学就很容易成为一种同质性的教师导向型方式，这样就容易获得最接近所谓最近发展区的结果，而这个最近发展区的概念只能在学术体系的视角中构想的"。① 由此，在特定情境中被界定的"最近发展区"往往掺杂了管理者个人的专业认知和技术判断，远离了教师真实的实践问题。而行动学习则可以通过"头脑风暴""深度会谈"等方式，发动教师联系自身实际工作，将紧迫的、重要的、可行的工作难题变成研修课题，并通过在行动中将这些真实问题融入真实的教育情境中，依靠合作共研来解决。教师培训聚焦解决教师的真实问题，有助于改变单方面知识接受式的培训样态，将教师置于教育情境中，以情境性问题为起点，帮助教师知识构建的顺利进行。

2. 有利于"群策群力"，拓宽教师知识转化途径

知识是教师学习中的核心议题。教师知识观是教师主体性建构和教师创造性活动的认识论基础。如何理解知识，获取何种知识，何时、何地使用这些知识，如何使用这些知识是个人成长和社会发展的基本问题。② 就教师知识而言，理论性知识与实践性知识，或者说显性知识与缄默知识并非截然相互分离，而是彼此互补的。竹内弘高和野中郁次郎提出的知识转换的"SECI"模型（四种知识转换的方式，即 Socialization 社会化；

① ［丹］克努兹·伊列雷斯.我们如何学习：全视角学习理论［M］.孙玫璐，等，译.北京：教育科学出版社，2016：61-62.

② 联合国教科文组织.反思教育：向"全球共同利益"的理念转变？［M］.联合国教科文组织，2015：16.

Externalization 外化；Combination 综合化；Internalization 内化）[①]，对于我们理解教师学习大有裨益。行动学习主张程序性知识（P）、洞察性问题（Q）与批判性反思（R）相结合，提倡教师知识的情境性、生成性、建构性和社会性，有利于克服传统的教师知识观过于强调教师知识的客观性以及知识过程的传递性的缺陷。行动学习通过变革教师学习的传统方式，点燃、激励和唤醒教师来深度体验和参与，学、行、思三者密切结合，从而促进学校组织知识创造的螺旋升级，拓宽教师知识转化途径。

3. 有利于"造血强体"，培育本土教育培训力量

行动学习的培训者被称为"催化师"或"教练"，主要担任"助产士"角色来启动行动学习，成为"团队引导者"来实施行动学习，也作为"组织学习顾问"来深化行动学习，更时刻以"批判者"身份来推动教师反思。"催化师"或"教练"并不会代替教师的行动，而是充分尊重和肯定教师的主体地位，通过流程规范、学习发动、鼓励推动学员"内化""分享""应用"，并把这些成果与本地实践紧密联系起来。在学校的行动学习实践中，通过培训共建，可以在内部产生大批"催化师"或"教练"，他们可能是学校的校长、教导主任，也可能是优秀的专职教师。他们在实践中熟悉角色、提升促动和引导能力，事实上成为学校非常重要的本土教育资源。由此，未来的教师培训，就不再过于依赖外部"输血"式的培训资源，而是依靠自身的"造血强体"来建立可靠的本土教育培训力量。

4. 有利于"团队共创"，撬动学校组织文化变革

学校的组织不力，可能是教师学习难以深入推动的一个重要原因。行动学习通过小组建设、任务驱动和成果倒推，深度对接学校校本研修，这就为原本组织固化的基层学校注入了一股清泉，倒逼学校组织文化重构。以培训项目为核心的驱动力量，通过学习小组的多轮推动，用网络研修平

---

① ［日］竹内弘高，野中郁次郎.知识创造的螺旋：知识管理理论与案例研究［M］.李萌，译.北京：知识产权出版社，2016：51–52.朱旭东.教师专业发展理论研究［M］.北京：北京师范大学，2011：61.

台作为交流空间，依托基地学校，帮助一个个的"学习型组织"和"学习型社区"孵化。在行动学习的推动过程中，教师学会了合作、分享、批判、反思、共赢，新的学校文化通过正式的、非正式的学习场合得以渐次形成。因此，行动学习有助于推动教师专业发展从"个人学习"到"组织学习"，从"个体成长"到"组织变革"的重大转变。

（二）行动学习的局限性和改进空间

但同时，我们也清醒地认识到行动学习有其自身局限，需要培训实践者在真实场景中灵活应对。我们要清醒地认识到行动不是万能的。安德烈·焦尔当就曾经警告说，我们必须承认，仅以行动为基础的教育法往往是没有什么效果的。行动无疑是个必经阶段，但我们不能把它看作万灵药，哪怕是对于低幼儿童。这种方法很快就显现出它的局限。一方面，行动必须充分地境脉化（为了行动而行动甚至是有害的、让人气馁的）；另一方面，行动必须和学习特有的其他形式（表达、倾听、交换）联接在一起，并且要经过对质阶段。① 在这个过程中，传统培训者向行动学习教练的角色转变并非理想设计中那么轻松。一些培训的管理者习惯于在行动学习进程中过多干预，习惯于过去的指导者乃至领导者的角色，这样实际上并不利于行动学习的推进。

此外，试图通过行动学习来撬动学校的组织变革需要更多社会力量的支持和内生力量的努力。学校改进的"本土化"就是内生化，就是学校实践者主体之实践能力和理论思维能力提升的过程！只有实践主体能力获得发展，学校变革才是扎根式的，才能形成具有本土特色的学校改进！② 然而，要打通实践与理论的通道，不仅需要培训者提升理论修养，还有积累

---

① ［法］安德烈·焦尔当.学习的本质［M］.杭零，译.上海：华东师范大学出版社，2016：81.

② 邬志辉.学校改进的"本土化"与内生模式探索——大学与中小学合作伙伴关系的维度［J］.教育发展研究，2010，30（04）：1-5.

实践经验，以此才可能引导行动学习不致出现理论和行动的脱节。同时，也需要更多的教师树立终身学习理念，更加主动、积极地将学习与行动对接起来，以行动来促进心智模式的改善，真正做到"由内打破"，实现个人生长与学校改进的双重目标。

第三节　基于"三养"的乡村学校资深教师培训模式

乡村教育是民族振兴、社会进步的重要基石，乡村教师是乡村教育的基础和根本。根据党的十七大关于"加强教师队伍建设，重点提高农村教师素质"的要求和《国家中长期教育改革和发展规划纲要（2010—2020）》的精神，教育部、财政部决定从 2010 年起实施"中小学教师国家培训计划"（简称"国培计划"）政策，在全国范围内开始大规模地对农村中小学教师进行培训。时至今日，"国培计划"已经走到第九个年头，它对于提高中小学教师特别是农村教师整体素质、推进义务教育均衡发展、促进乡村基础教育改革、提高乡村教育质量等具有十分重大的意义，也取得了阶段性的卓著成果。但在逐渐深入的教师培训中，也普遍性地出现了一些或多或少问题。曾有学者概括为：一是培训内容的针对性不强，与教师成长和课堂教学实际联系不够紧密，理论性较强，可操作性不够；二是培训方式不够灵活，形式单一，未充分利用现代教育技术和网络资源；三是培训的实效性不强，相当一部分教师参训积极性不高。[①] 为此，衡阳师范学院在省国培办的指导下，一直致力于提升乡村教师培训的科学性、针对性与实效性，不断推动乡村学校教师培训模式创新与变革。在加强培训经费的规范化管理情况下，积极开展校地、校校合作，主动对接市（州）和区（县）教育行政部门，深入农村中小学校开展培训需求调研和教师对话，了解到

---

① 闫建璋、王宁. 四阶段中小学教师培训模式探析［J］. 内蒙古师范大学学报（教育科学版），2017（11）.

广大乡村学校的资深教师不仅关注教育教学能力与研究能力的培训，也了解到他们需要接受党和国家政策阳光的关怀、需要掌握身心关爱技巧技能。在系统总结我校历年来所承担的乡村学校资深教师关爱培训项目实施经验和教训的基础上，逐渐确立和构建了以"养生、养心、养教"为关爱主题，以及将"关爱"贯穿到训前需求调研与学员通知、训中教学管理与日常服务、训后学员跟踪与回访座谈的全部过程的教师培训模式，为我省乡村学校资深教师（以下简称学员）的职业发展与专业成长搭建了有效平台。

一、概念内涵

要确立和建构一种教师培训模式，必须先要清楚何谓教师培训模式，由于教师培训模式上位概念是"模式"，所以必须对模式有一定的明确的概念界定。一般而言，模式（模式方法）作为现代科学方法论中一种重要的研究方法，是一个系统学概念，是理论与应用之间的桥梁。所谓模式，是"可以作为范本、摹本、变本的样式"[①]。一个有用模式的建立，必须满足四个条件：一是模式应当包含结构关系而不是联想关系；二是模式能够预示由观察者来检验的结果；三是模式的结构要求揭示包含在被调查的主题中的某种因果机制；四是在解释新概念时，它应有助于想象，成为探究的扩展部分。[②] 作为教师教育的重要构成部分，教师培训模式是指教师培训的构成要素及其相互影响和运行方式，即从事教师培训的培训主体、受训主体、管理主体之间为培训教师而构建的培训理念、目标、培训中介物等之间形成的交互复杂的关系及其运行方式。进而言之，有学者将教师培训模式的基本构成要素概括为："培训主体、培训理念、培训对象、培训目标、培训内容、培训手段与培训管理等。"[③] 培训主体包括培训机构和培训

---

① 林存华 . 教学策略、教学模式等概念辨析［J］. 上海教育科研，2001（10）.

② 靳希斌 . 教师教育模式研究［M］. 北京：北京师范大学出版社，2009：2.

③ 余新 . 有效教师培训的七个关键环节：以国培计划研修班为例［J］. 教育研究，2010（2）.

者，培训理念即指培训主体进行培训遵循的培训观念，也指培训活动所遵循的基本规律和观念，是对培训实践活动的理论升华；培训对象是接受培训的人，与培训主体中的培训者具有主体间性；培训目标是指培训要解决的问题和应该达到的程度，一般包括培训学员的收获及其程度和培训机构的培训绩效两个方面；培训内容指培训过程中，培训对象学习的课程资源；培训手段是指为完成培训采取的培训方式、方法和媒体的综合；培训管理是保障培训工作顺利进行的各种规章制度与管理措施。

基于关爱主题的乡村学校资深教师培训模式，是指在关怀教育理论观照下的乡村资深教师三养培训模式。即该模式是一种围绕"养生、养心、养教"的关爱主题的乡村学校资深教师关爱培训主、客体之间交互复杂的结构化图式及其运行方式。整个乡村学校资深教师关爱培训项目从设计与实施都是聚焦以"养生、养心、养教"为主题目标，通过将"三养"和"关爱"贯穿到训前需求调研与学员通知、训中教学管理与日常服务、训后学员跟踪与回访座谈的全部过程当中，积极为边远地区乡村学校资深教师的职业发展与专业成长搭建有效平台的教师培训模式。

二、主要做法

衡阳师范学院乡村学校资深教师关爱培训模式的确立或构建，主要是从培训主体、理念、对象、目标、内容、手段与管理等诸要素和环节来予以探索研究和打造构建起来的。

（一）培训主体

作为承担乡村学校资深教师关爱培训的地方高师院校，我们主要是致力于打造一支能适应和胜任乡村学校资深教师"有效培训"的培训者和专家团队。所谓"有效培训"，是指能使契合和满足乡村资深教师培训需求（包括显性需求和隐性需求）的一种教师培训工作。"有效培训的成功之处就在于能使这些隐形性需求在培训过程中逐渐转化为显性需求，成为学员的意外收获。"① 通过多年的探索与总结，不断地加强校地与校校合作，深入乡村中小学，利用问卷调查、个别访谈与集中座谈等方式，把握乡村学校资深教师的显性需求，认真研究和科学分析他们的隐性需求，最终确立了以"养生、养心、养教"为目标和主题的关爱类培训专家团队，既有高校理论专家、又有一线教学名师；既有名医院医生、又有心理咨询师，既有师德宣讲者，还有现身说法者等省内外培训名师共同构成的培训主体。

（二）培训理念

理念是行动的原则先导和价值指南，关系到举什么旗、定什么向的问题。作为一所有着百年师范传统的地方高师院校，我们始终秉承"不忘师范初心，牢记教育使命"的培训理念，将教师职前培养与职后培训有机对接起来，以"培养带动培训，以培训反哺培养"，将教师培训当作全体师院人的一项事业来经营，将培训当作全体师院人的一种境界来追求。全校上下都能以高度的责任感和使命感对待培训。坚持举办有温度的培训、坚持做"走心"的培训。百余年来，师范二字始终不变，立德树人弦歌不断。

（三）培训对象

主要定位于湖南内各市（州）、县（区）的年龄达到 45 岁及以上的乡村学校尤其是地处偏远的乡村教学点和村小学校的从没外出参加或接受过培训的资深教师。《国家中长期教育改革和发展规划纲要（2010—2020 年）》提出到 2020 年"基本实现教育现代化"的战略目标。中国实现教育现代化战略目标的重点和难点在乡村和乡村教育。乡村教育是民族振兴、社会进步的重要基石，乡村教师是乡村教育的基础和根本。但受城乡发展不平衡、交通地理条件不便、学校办学条件欠账多等因素影响，当前乡村教师队伍仍面临职业吸引力不强、补充渠道不畅、优质资源配置不足、结构不

---

① 许丽娟.员工培训与发展（第 2 版）[M].上海：华东理工大学出版社，2012：42.

尽合理、整体素质不高等突出问题。可以说，我们乡村教师队伍中有很大一部分是中老年教师，因为年轻老师不想去不愿去，或者去了一段时间后又调到城镇中小学任教了。"宁要都市一张床，不要乡村一套房"就形象地说明了乡村教师的教学与生活条件是比较艰苦的。而常年处在艰苦环境中乡村资深教师需要得到党和国家的阳光普照，需要得到社会各界的关注关心，需要在得到身心健康的关爱培训，需要得到职业发展的技能培训等。

（四）培训目标

教师培训目标主要确定教师培训到底要解决什么问题，并达到什么程度。培训目标是否科学、可行，是教师培训活动是否顺利实施的前提与保障。"培训目标若与学员的生活经验和任知背景相符，并与其个人兴趣和专业发展密切相关，被培训者就会由此产生足够的动力，愿意在朝着目标奋斗，其预期的目标也就越容易在实践中实现。"[①] 在培训目标定位上主要聚焦"养生、养心、养教"的三养目标。通过师德理论与师德故事的专题讲座，达到以德养生的目标；通过开展生命健康与中医养生等方面的专题讲座，让培训目标人群了解老年养生保健知识；通过开展心理健康维护与调适的专题讲座与研讨，让培训目标人群了解心理健康的重要性及养心之道；通过介绍新课改背景下的教学新理念、课改新趋势、教育新技术等，让培训对象或者受训对象人群坚定教育初心、站好最后一班岗；针对乡村留守儿童现状，就如何关爱这个特殊群体、提升留守儿童的关爱智慧与技能等展开专题研讨。

（五）培训内容

由于乡村学校的地处偏远与师资紧缺，所以外出接受培训的机会相对较少、培训时间相对短暂。他们也比较珍惜这十分难得的培训机会，对培

---

① 康丽、冯永亮、高影 . "国培计划"：百万教师参培、改变中国教师［N］.中国教师报，2011-02-28.

训活动期望往往比较高。因此，"培训不能讲空道理，也不能纠缠概念，重要的是务实，从培训的针对性入手，突出围绕解决一线教师最容易碰到、最困惑的问题，共同研讨解决的出路。"① 我们的培训主要是定位于"养生、养心、养教"的三养目标，因此整个培训内容都是围绕三养而展开培训资源开发、培训课程体系、具体内容设置而安排与推进的。具体图式如下：

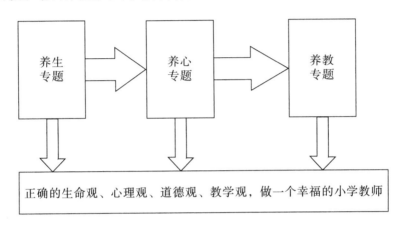

（六）培训手段

在培训过程中合理安排课程专家的理论讲座、案例教学、现场教学、任务驱动以及教育专题报告会、教育论坛等相结合的方式，摒弃了纯理论性较强，可操作性不够，且传授途径单一的传统教法，采取"规定动作＋自选动作"相结合的方式，即既实行目标指定内容集中教学与专业特长自选内容或创新内容相结合；灵活、有效地开展"专题讲座＋互动交流＋案例分析＋教学实践＋任务驱动"等多种形式培训研修。聚焦三养目标及其相应课程体系，通过有关专家的专题讲座，对资料的阅读自学等方式让学员深入了解教育教学思想、教育教学政策法规等，从中获得启示，开拓视野，提高认识，掌握方法。养教环节，以案例为主要载体，尽可能通过案例回应一线教师的困惑，聚焦新课程实施过程中的疑点、难点与重点，学

---

① 靳晓燕．"国培"：引领中国教师［N］．光明日报，2012-09-06．（第15版，教育时空）.

员通过案例的学习与研究，内化案例中隐含着的先进的教育教学理念，提升教师教育实践的合理性。

（七）培训管理

我们立足以学员为本的原则，在细节上精心策划，树立服务意识，精心选择培训场所。在培训的前期准备阶段就着力对学员的需求调研，以期对各学员基本情况与理想远景的全面掌握；在开班通知发布与学员联络上，坚持关爱原则。由于本项目的培训对象是扎根地处偏远的乡村教学点和村小的资深老教师，因此在提前发放开班通知并通知学员按时参训时，必须坚持人文关怀，做足功夫，每个学员都要做到至少一个电话和一条短信，甚至有些老同志还要多通电话或多条短信，详细告知其参训事项与相关政策，目的是让学员放心，学的安心，按时报到参训；在培训的组织实施过程中，我们主打真情牌与人文牌，坚持做走心的、有温度的培训，积极营造良好的人文氛围。全体项目组成员每天和学员一起围桌就餐，随时收集学员意见，立行立改，学员很满意。培训课间休息时，我们给学员准备了水果、茶、点心，学员感到非常贴心。有不少学员年龄大不会电脑，有些眼睛也不好，上课抄笔记困难，我们就把每天专家上课的资料发到微信群和 QQ 群，并打印成册发给每个学员。为加强人文关怀，在课余时间带领学员做健康养生操、开展羽毛球比赛、学员联谊活动；在研修学习基地的设置与选择上，我们安排了衡阳市实验小学和人民路小学和供学员校园文化参观、跟班观课议课，便于学员在感受名校文化、与名师交流互动、实践参与当中达到有效学习的目标。

三、总结反思

自 2014 年我校首次承办乡村学校资深教师关爱培训项目以来，已连续成功地举办过四届。一方面，通过教师培训项目的成功举办，凡是参加过乡村学校资深教师关爱培训项目学员的"三养"理论与知识得到了明显的提高，这对我省偏远农村和贫困山区乡村基础教育质量的提高将起到积极推动作用。另一方面，学员们也对我校的教师培训工作给予了高度的肯定与点赞，每一年的学员满意度都达到了95%以上。然而，正如美国心理学家波斯纳认为：经验＋反思＝成长，说的是如果一个教师仅仅满足于获得经验而不对经验进行深入的思考，那么即使他有20年的教学经验，也许只是一年工作的20次重复。① 对于教师培训工作模式而言，同样如此，模式的形成与构建是经验积累的结果，但仅仅为经验而经验，那么也就无所谓模式的形成，更谈不上模式创新。显而易见的是，一旦某种教师培训模式已经构建完成，当然会具有比较稳定的结构。但是，如果构成模式诸多要素的其中某一个要素发生变化的话，整个教师培训模式的空间场域中的各要素之间的作用力也会相应地发生变化，各种力之间经过博弈达到新的平衡，形成一种新的教育培训模式。所以，对我们这个作为乡村学校资深教师关爱培训项目的承办方而言，过去多年来成功经验不断积累与学员对我校教师培训工作的高度认可与肯定，并不代表这个模式是一成不变的、完美无缺的通用模式。这些年下来，我们其实也逐渐发现这个模式本身也可能存在一些问题，其实也是教师培训工作模式普遍性存在的共性问题。如，第一，要从乡村小学教育的实际情况出发，继续完善培训课程设置，如继续加强学员对现代教育技术的操作与使用的力度，事实也证明他们尽管年龄普遍偏大，但向学善学之心不止，他们对手机微课程制作等相关课程非常感兴趣；第二，处理好培训时间短与培训任务重的矛盾，为避免出现"集中培训结束，学习即结束"和"培训时激动感动，培训后一动不动"的情况，需要考虑如何从培训顶层思考与设计方面探索建立培训长效机制，为教师的教育教学改革提供保障性措施与政策环境；第三，如何打造为培训主、客体间建立一个远程化、立体化、持续性的交流平台，努力实现长期指导、全程培训。

---

① 成学江.关于教师专业化发展的断想［J］.北京教育（普教版），2007（3）.

认真反思，直面问题，我们清晰认识到，教师培训的目的是为了实现教师专业发展、教师培训工作是一个探索与提炼的过程，也是一个实践提高的过程，这将有助于我们在今后的培训工作中需要持续不断地反思和总结、探索与革新，使教师培训工作更具针对性和实效性，以求乡村资深教师关爱培训模式的不断完善与创新，并达到最佳的培训效果。（衡阳师范学院继续教育与教师培训学院　王敏　申秀英）

第四节　乡村教师专业发展需求与高校研培一体化发展模式 ①

农村教育发展的首要任务是加强农村教师队伍建设工作。"国培计划"要发挥雪中送炭、示范引领和促进改革的作用，必须将教师专业发展作为培训的目标。所谓教师专业发展是指教师作为专业人员，在专业思想、专业知识、专业能力等方面不断发展和完善的过程，即是专业新手到专家型教师的过程。② 当前英语学科新课程改革能否取得成功在很大程度上取决于从事农村英语教学的教师队伍的整体素质。

"国培计划"初中英语教师培训课程标准对中西部短期集中培训的总体目标是提高农村骨干教师的师德修养，激发教师专业发展的动力和热情。③ 然而，农村初中英语教师队伍的建设无论在理论上还是实践上都还在探索和研究阶段，外语教师教育与专业发展研究还处于起步阶段。农村初中英语教师队伍整体年龄偏高、素质偏低、优秀教师流失严重的现状影响了教师队伍结构优化、教师队伍整体素质和教学质量的提高，影响了教

---

① 2017 年衡阳师范学院优质课程《英语教师职业技能训练》阶段性研究成果。

② 何声钟.教师专业发展的概念、历程与目标取向［J］.江西教育学院学报（社会科学版），2012，（1）：34-39.

③ 中华人民共和国教育部."国培计划"课程标准（试行）［M］.北京：高等教育出版社，2012：56.

育均衡发展的推进。① 同时，高校的转型发展应兼顾地方基础教育与经济发展的实际需求，在当前中学英语新课程改革大背景下，高校（尤其是高师院校）通过承担"国培计划"工作，变被动转型为主动转型，以应对农村学校课改要求和新的教育信息技术发展的挑战，真正实现研究培训一体化，切实加强农村英语教师培训的针对性和实效性，服务于于农村英语教师专业发展的需求，为农村学校英语学科的教育教学改进奠定良好的基础。

一、需求研究——农村英语教师培训有效性的起点

培训需求分析就是在规划与设计培训之前确定是否需要培训、谁需要培训及需要什么培训的一种活动。② 每个培训都应该是从需求调研开始。在教师日常工作中，这个需求集中体现在教师需要而自身缺乏的理念、知识、方法技能。所以，培训绝对不是培训者有什么，就培训什么，而是学员缺什么，培训者做有意义的补充。从另一个意义上讲，每一个教师培训不仅要看到学员的需要，还要看到国家、社会需要和时代发展、教育现代化的需要。所以，教师培训一定不只是满足需要，更要引领需要。学员有时候要什么，都不一定了解清楚，而是要求高校培训者用更高的境界、更宽的视野、更远的眼光来帮助学员认知到自己的不足和找到教师职业发展方向，并因此激发学员继续前行的动力和勇气。

1. 对农村初中英语教师培训需求的针对性调研

2013 年至 2015 年春季，在湖南省教育厅部署下，衡阳师范学院外国语学院承办的"国培计划"初中英语项目组成员调研了湖南省 9 个市州、15 个县市区教育行政部门及乡镇中学，并根据所在地区的地域特点、文化特色、乡土风情等方面设计了有针对性的调查问卷。对调查区域内的 140 多名农村

---

① 王淑霞．教师专业发展的概念、历程与目标取向［J］．教育实践与研究，2011，（7）：25-27.

② 赵德成、梁永正．培训需求分析：内涵、模式与推进［J］．教师教育研究，2010，（6）：9-14.

初中英语教师开展了广覆盖、深层面、高质量的多种形式调研，通过乡村走访座谈，与广大乡村一线教师开展面对面交流，获得了第一手资料，记录并研究了湖南省乡镇英语教育的实际情况和乡村英语教师的真实经历。

2. 农村初中英语教师培训需求初步分析

根据调研统计，在培训形式上，我们了解到87%的农村英语教师希望培训项目的设置需进一步优化，多设置贴近一线教学工作实际需要的项目，他们对"送教下乡""名校观摩"和"外出考察学习"等需求较大，因长期扎根农村地区，在教育新理念、教学新方法等方面比较滞后，想开阔视野，亲身感受前沿的教学理念和先进的课堂教学方式方法。农村英语教师身处偏远农村地区，再加上教学任务较为繁重，要脱产完成一次质量较高的完整培训实属不易，所以在培训项目设计中，他们希望加强教学实践内容，注重专业知识培训与教学技能培训相结合，减少通识培训的学时量。

通过收集教师教案、课件、教研文章和调查问卷，我们发现农村英语教师在培训内容上的需求直接而且实际。初中英语教师在语法、词汇方面的知识都比较扎实，但高达73%的教师认为自己的语音是短板；现代信息技术应用也是很多农村英语教师的迫切需求。因此，衡阳师范学院的英语短训班在2013年"国培计划"课程设置的基础上，2014年又增加了语音课程的培训和教学研讨，增设了语音诊断、语音与模仿、语音教学等实践课程，安排了"微课堂"教学研讨、世界咖啡等中学课堂实践展示、对话与研讨。针对国培学员急迫想学习和掌握的教师职业技能之一——现代信息技术应用，改进了2013年该课程重理论、轻实践的做法，2014年参训前发通知要求学员们带电脑，上课时主讲教师就初中英语课件的制作技术分专题进行手把手教学，效果良好。

二、良性互动——构建高校与农村中小学合作的有效模式

要构建高效与农村中小学合作的有效模式，我们就必须切实加强高校

与农村中小学的良性互动，特别是承办了"国培计划"培训项目的高校应该主动通过学员回访等方式来深入到农村中小学一线，切实了解培训效果，服务学员可持续性发展。

1. 重视学员训后回访：打通学员专业发展最后一公里

衡阳师范学院的初中英语国培项目不仅重视培训前期调研，后期的回访和跟踪指导也是敦促学员继续推进自身教师专业化发展的力量。2013 至 2014 年，培训者深入调查、走访了分散在全省 6 州市的学员所在学校，与学校领导及学员深入交流，听取国培学员的公开课，重点了解学员在培训后这一个学期在教育理念、工作态度、教学方法等各方面的变化；听取学员以及相关校领导老师对于培训的建议和看法；了解学员训后发展情况和实际工作中面临的具体困难；就国培方式的改进、顶岗实习生的派遣等问题进行了深入的探讨等。

在回访过程中，国培学员对高校的培训也提出了中肯的意见和建议。比如如何让国培课程更加切合初中的教学现状，加强培训学员的自身参与与实践，如何帮助中老年教师提高现代教育技术水平，如何更能针对乡镇中学的留守儿童的实际问题进行课堂教学和人文关怀等。从效果来看，训后回访不仅密切了培训者与学员的关系，巩固了国培的培训成果，更在此过程中了解到了教学一线的需要，从而有利于新一轮的国培工作的开展也为高校的师范生教育不断思索新的路径，尝试探索教师培训培养一体化的发展道路。

2. "引进来，走出去"：构建双向渗透的师范生培养培训一体化新路径

为了更好地培养我们的国培教师和教学法方向的教师，将教育理论与初中英语课堂教学实际相结合，衡阳师范学院外国语学院进行了卓有成效的积极探索。2013 年 9 月开学伊始，衡阳师范学院外国语学院选派了教学法教研室的贺利燕老师到衡阳市成章实验中学的 C230 班进行为期一个学期的初中英语教学实践，并于 2014 年 6 月喜获湖南省普通高校教师课堂

教学竞赛一等奖；2014年2月，尹彬老师到鄱湖中学92班开展教学实践活动；2014年9月，委任邹俊飞老师为教师联盟学校的秋季顶岗实习指导老师，深入到湖南各地州市的联盟学校进行教学指导和教改调研；2015年3月，李梅老师带领90名顶岗实习学生到耒阳26所各级乡镇中学进行教学指导和调研。实践证明，这种举措既有利于高校教师深入熟悉中学英语教材、课堂、学生和教法，从中学老师那儿学习到丰富的中学英语教学与管理经验，又有利于培养满足中学英语教学需求的师范生；同时，高校教师又为中学英语教学注入了新的活力和血液，提供了最新的教学理念和方法，起到很好的引领示范作用。此举为师范院校和基层中学创造了一个相互借鉴、学习、沟通与互动的机会，对提高不同层面老师的教学水平和教研能力都具有积极意义。

与此同时，也邀请经验丰富的国培学员回校传授自己的教学和管理经验，是国培跟踪指导工作的一种延伸，也是教师教育培养和培训相结合的一种新举措，其目的是在促进国培学员自我学习成长的同时，培养高师院校的学生，让师范生在步入社会前对中学教学和学生管理工作有清晰的认识和了解，为最终走向教书育人的岗位打下良好的基础。2013年10月8日，"国培计划（2013）"初中英语短期集中培训班学员、华容县六中高级教师刘明铎应邀为外国语学院大四学生做了题为《班主任工作要三心二意》和《自主、探究、合作——英语教学原来如此快乐》的讲座。近三个小时的讲座贴近现实、内容丰富、案例翔实，体现了中学英语新课改以生为本的思想，帮助我院学生拓展了思维，开阔了视野。

三、提炼升华——研培一体化的探索与实践

高校在对中学英语教师进行继续教育时，应该坚持目标明确性、内容科学性、方式多元性、成效可持续性的原则。[1] 每一次培训其实都是一个

---

① 王雪梅.新课程改革背景下高校与中学英语教师教育的契合［J］.外语界，2006，（5）：57-67.

系统的工程，它的系统性不仅包括课程设计的系统性和组织实施的系统性，还包括文化构建的系统性，这些显性或隐性的课程共同推动和引领学员的成长和进步。从农村英语教师培训而言，学员们除了学习到新的教育理念、知识和方法技能以外，还要通过亲身参与来体验到培训的组织实施、管理，更重要的是因心灵受到冲击、观念受到碰撞而产生的精神气质的重大改变，从而在未来促进学员教育教学行为的改变，最终实现其自身专业发展的可持续性。

同时，"国培计划"也推动了高校英语教师培训的工作者反思、提高自己的教学教研能力，使之与基础教育衔接更紧密，研究更有针对性，促进了高校的转型发展。把感性的实践经验抽象为系统的理性思考，这实际上就是在努力构建一条研培一体化的科学研训之路。以衡阳师范学院外国语学院为例，自承担2013年"国培计划"项目以来，从事"国培"工作的培训者，主动将研究的目光投射到基础教育领域，申请并获准立项了多个相关研究性课题，如"高等教育与基础教育对接实践：本科英语专业师范生培养改革探究""广泛阅读项目在英语专业教学实施的可行性探索""E时代背景下的信息化翻译教学模式的构建研究""湖南省初中英语教师专业发展问题及对策研究——基于国培计划初中英语项目""衡阳市民办中学英语教师专业发展研究"等课题，不仅指向培训的针对性和有效性，更延伸了研究的视野，开拓了思考的宽度，从大教育的视角对培训和初中英语学科这一基础教育有了更加深入的理解。

推动农村英语教师的专业发展，对于我国老少边穷岛等边远贫困地区乡村教师队伍建设有显著的作用，有利于缩小城乡师资水平差距，让农村孩子接受公平、有质量的教育，对于进一步推动城乡教育的均衡发展有着积极的意义。（衡阳师范学院外国语学院　尹彬）

第五节　"二段四级"多元互动式教师培训模式 ①

在深入推进乡村教师培训模式创新的进程中，打造区域教师培训团队是当务之急。对于这样的重大培训项目，该培训什么？为什么培训？谁来培训？怎样培训？这是教师培训管理工作者不得不深入思考的问题。自2010年以来郴州市教育局决定与省内外市高校联合举办郴州市教师培训管理者培训班，在实施过程中，郴州市特聘衡阳师范学院凌云志、邓水平等人为项目顾问，在高校的智力支持下创新开始培训工作，以此为契机带动全市教师培训模式创新和转型。

一、项目概况

郴州市教师培训管理者培训班（以下简称该班），参培对象为教师培训工作的具体责任人，他们承担着全面贯彻落实党的教育方针，落实教育教学改革任务，促进教师专业化成长的重任，并肩负着策划、组织、管理、实施职能，对全市各级各类教师培训工作进行指导。可以说教师培训管理者的综合素质、管理能力、管理水平在一定程度上决定了一个地方的教师队伍发展情况。

该班自2010年开始举办，最初为市级培训项目，开始探索了"二段四级"多元互动式教师培训模式。2016年以来在湖南省教育厅国培办的大力支持下纳入"国培计划"，参培对象确定为70人，由四类人员组成：一是市、县教师培训管理者，二是教师进修学校校长及学校教师培训部门负责人，三是一线学校（幼儿园）的校（园）长和市县级教学名师，四是本地高校负责教师培训工作的管理者及授课教师。参培对象来自郴州市11个县市区和市直学校（幼儿园），多为本地的培训组织管理者，他们的学

---

①　本文系湖南省普通高等学校教学改革项目"行动导向的乡村教师培训模式建构研究"（湘教通［2018］436号第535项）的阶段性研究成果。

科不同专业不同，教育管理能力水平不一。年龄多集中在40岁—55岁之间，部分学员虽长期从事教育工作，但对教师培训事业的认知不同，专业素养有待提高。

"二段四级"多元互动式教师培训模式将培训项目分两个阶段实施。第一阶段异地培训，项目管理队伍以异地高校为主，本地项目管理人员起到协助管理作用。第二阶段本地培训，项目管理团队由郴州市教育局教师培训中心与湖南高校联合组成。项目团队负责制定培训课程并组织实施。该班根据培训需求，制定了理论课程不超过50%，一线实践课程不少于50%的培训课程。授课专家由国家级、省内外名师以及本地教师培训管理佼佼者担任。一个培训项目由两个管理团队共同打造，旨在强化培训管理，树立科学、规范的培训模板，打造出"高规格、高水平、高质量"的培训班。

二、"二段四级"多元互动式教师培训模式的设计与实施

（一）"二段四级"多元互动式教师培训模式的基本内涵

二段是指把培训分为两个阶段：第一阶段是省外研修阶段，共7天，在异地高校举办。该阶段培训课程为培训理念、培训者能力建设、校本研修、营造育人文化和交流观摩五个维度的培训，集中研修突出专业引领和问题诊断。采取综合应用案例式、探究式、情景式、讨论式、参与互动、专题讲座、案例分析与点评、现场教学观摩等培训形式，对学员进行理论培训与技能提升的培训。目的是加强学员对教育教学工作的领悟与认识，改善师德修养，唤醒激发学员的工作激情，提升培训能力，革新教育理念，改进教学方式，充实学科知识，在积累、比较和鉴别中明确前进方向，为方法变革和能力发展奠定基础，为培训团队建设打下坚实的基础。第二阶段是省内研修阶段，共5天，在本地高校进行。该阶段主要对省外培训阶段中学到的新知识、新方法、新理念进行实践的过程，通过成人学习理论及其对教师培训管理的启示学习，加深对教育教学规律和方法的认识，切

实提高培训者培训团队本身的教育教学技能与专业化水平。四级是指省市教育行政主管部门、高等学校、县级教师发展中心和优质中小学基地学校协同培养。其中省市教育行政主管部门宏观把握培训政策与理念、培训需求、培训方案设计和培训反思，高等学校负责实施培训政策与理念、学科教学与研究、教师培训能力、方案设计、课程开发和培训管理，县级教师发展中心侧重课程研修、问题研究、教材研究、课例研究和反思与提炼的任务，优质中小学基地学校提供示范引领、校本研修和课堂观察的现场。

（二）"二段四级"多元互动式教师培训模式的实施策略

1. 制定工作流程，把好"三关"，落实"二个一"工程。

"二段四级"多元互动教师培训模式的实施，注重以问题为导向，解决问题；以学员为中心，注重理论与实践相结合，加大了省市教育行政部门、高校、县级教师发展中心、基地校（园）的四级多元互动，不断促教师自我发展，事业发展。在培训实施中需把好"三关"，落实"二个一"工程。

（1）把好"三关"，即把好"关键人物"，充分"关注当地实情""关心团队建设"。

基于对成人学习六条假设的认识，探索"二段四级"多元互动式教师培训模式，我们制定的工作流程为：①开展训前调研。以问题为导向，以学定培。采取问卷调研、召开会议、实地调查等方式精准制定科学合理的培训实施方案。根据学员的实际情况及学习个体的发展确定培训主题，明确培训目标，设计培训课程，注重将教育理论与实践有效结合。②开展二段集中培训。培训中注意加强省市、高校、县区、校园的紧密沟通，选择多元互动的培训课程。异地培训结束后，及时回到本地复盘提炼，针对教师的掌握情况进行及时的疏导、消化，为教师个性化发展搭建平台，帮助教师间、教师与专家间搭建多元互动桥梁，③返岗实践。将培训所获用于本地教育实际，有效促进郴州市教师培训管理者的专业成长。

实施中需把好"三关"。关键人物是指我市教育行政部门教师培训工作具体负责人和项目决策则以及高校的培训负责人。他们是本项目的关键领航人物，他们的身份、学识决定了培训方向。作为关键人物，多年来他们一直与教师培训管理者共同成长。如郴州市教育局教师培训部门分管领导曹青云督学，8年来积极倡导并全程参加该班学习。特别在2016年实施的"国培计划"清华大学郴州市教师培训管理者培训班中，他与参培学员同学习同生活，每日提前10分钟到达培训班，坚持晨读，培训中学习主动，与专家、学员互动积极，用人格魅力影响者了全体学员。因他的影响学习中全体参培人员按时守纪，无人迟到早退，学习热情高涨，交流互动热烈，好学上进的领导带出积极奋进的团队，培训卓有成效，获得清华大学继续教育学院的高度赞扬。

关注当地实情是充分关注本地教育发展的实际情况。郴州地处罗霄山脉，森林面积达70%，在经济文化与湘北比较相对落后。由于受经济及地理位置等多种因素影响，存在招不到教师、教师缺编严重等问题，由此教师参培工学矛盾突出，部分管理者、校领导把教师参培当作工作负担。我们探索的"二段四级"多元互动教师培训模式能立足本地实际，以解决问题为导向，并放眼世界，能给一线教师"走出去机会"受教师喜爱，让管理者不断更新理念，开阔视野，培训更有针对性，凸显实效性。

关心团队建设是指努力建设"二支"拥有共同愿景的教师培训团队。本项目实施以来打造了二个团队，一是培训管理者队伍，一是培训管理者兼专家教师队伍。根据参培对象的现实身份我们将参培对象进行归类，分别设定相应的培训目标。对培训管理者团队的要求是全方位的，即要了解当前教育的发展形势，又要掌握专业的培训技能，同时对部门管理者还提出了授课要求。而对培训管理者兼专家教师队伍则提出在了解当前教育的发展大背景下，学习的重点应在掌握专业的培训技能，能策划对本地、本校的培训课程，并能承担项目首席专家任务的目标。

（2）落实"两个一工程"，暖心打造每一个培训班，唤醒每一个参培学员。

　　教育培训是爱的事业，是专业的人用心做专业的事。该班举办多年来，始终以助力教师成长为中心，建设好两支团队，做好四级多元互动，匠心打造每一个培训课堂，影响每一个参培学员（简称两个一工程）。

　　2017年该班在风景如画的杭州如期举行。为期7天的培训学习，班主任汤剑文老师和他的团队，以工匠精神为我们打造了一个暖心课堂，影响了每一个参培学员。汤老师身兼担任班主任、主持、"服务员"、项目策划员、"导游"、专家助手等职务，从早到晚都可见到汤老师的身影。培训中常见汤老师和他的服务团队：上课时我们坐着他们站着；就餐时我们吃着他们招呼着，就寝室时我们睡了，他们还在忙着。汤老师说上课时站着是要随时看看老师和学员有什么要求，尽可能去满足大家。如此周到的服务让参培学员感动，体会到"暖心"打造培训班的实质——"热情、周到、专业"。所有学员在汤老师的感染下不用项目管理者催促，自觉完成培训学业，培训过程按时守纪，学习劲头高涨，测评满意度100%。教师培训管理者的言行可以打造每一个培训班，唤醒一批人，凝聚一批人。

　　（三）暖心培训课程，为办出高质量培训树立标杆

　　培训是一种学习方式的改变，是唤醒，是一种精神传递。在该班多年的实施中，我们认识到：

　　1.注重过程管理，展现育人风采。

　　做专业的教师培训应提供专业的课程（满足培训需求，培训内容即贴近实际又有理论高度），专业的引领（能调动参训者的主动参与、多维互动），能有效促进参培学员自身观念、态度和行为的改变。专业的教室（能根据培训培训需要随机变换的桌椅）、专业的服务（温暖细致周到），打造匠心培训，展现育人风采，如春风化雨润物细无声。

　　2016年该班由清华大学承办，报到时学员才知道住在拥挤的3人间里。起初大家都有很大的意见，经过项目组与四类学员沟通后（期间市教育局

负责人充分发挥了协调作用），培训如期进行。有趣的是当大家看见项目组为学员精心准备的厚厚一大本培训手册时，手册中放入了清华大学的校训、历史沿革、学院介绍、培训中心简介、班级文化建设、专家讲义、清华风物、学员分组名单、学习任务清单等内容，资料的翔实厚重让参培学员明白了项目组的精心准备工作。在互通后，学员的焦躁情绪渐渐缓解下来。接下来的培训课程奏国歌、佩戴清华大学校徽，全国名师展现的精彩智慧课堂，学员学习热情被唤醒、激活，渐渐地大家忽略了生活上的不便，不再有不满情绪，每日快乐地提前 10 分钟来到教室参加晨读，积极投入各项学习中。班主任张阳老师每节课都坐在教室后面，随时为专家、学员提供服务，当整个培训结束时，又立即为大家奉献了精美专业的结业短篇。这种敬业精神、专业素养震撼了全体学员。在随后的第二阶段本地培训中，参培学员制作了精美的 PPT 进行反思，原本该有的不满都被化作趣事，成为一段美好的回忆，并多次谈到本次培训让人敬仰，将激励自己不断前行。可见培训中的组织管理过程也是育人的过程。

2. 满足学员需求，让学习真正发生。

好的培训课程是办出高质量培训班的前提。为做好培训项目，两地项目团队精心设计了专业的培训课程，提供围绕主题、明确目标、丰富内容、形式多样的多元化课程资源。

通过调查问卷，项目组了解到大家希望学习的课程有：当前教育发展形势分析、教师发展专题、学校管理专题、教师培训理论、培训的专项技能（班级管理、项目策划）、培训课程的设计、教师培训的组织与管理、校本研训、信息技术与教育教学的变革等。普遍希望的培训方式是异地 + 本地，即"二段四级"多元互动式教师培训模式，希望培训能激发、调动教师主动参与培训的热情，让教师从"被动接受收"走向"主动参与"。

该班为参培学员提供的课程即有理论讲座，也有参与式培训课程，如钱志亮的"从人性的善与恶说起"，汪志广的"新环境下的教师专业成长"，刘艳萍的"行动学习—主题研讨"，李更生的"教师需要什么样的培训？"；

在实践课程中，有一线教师的典型案例分享，如王建宗的"教育的现代性
与管理者的职责"，有参观北京一〇一中学、北京海淀教师进修学校参观，
有参观杭州实验中学参观、杭州上城区教师进修学院等。还在本地培训中
专门开设了本地培训案例分析、经验交流、培训论坛等，通过这些课程的
开设，让四级多元互动发生，为学员、专家、学校教师提供面对面沟通的
机会，让培训课程暖心、鲜活，确保了培训角度多元，形式新颖，内涵丰
富既高大上，又接地气。

（四）训后返岗实践，提高培训实效。

为了避免教师培训中常有"听着激动、看着心动，回来不动"的现象，
郴州市教育局狠抓教师培训工作改革，丰富培训形式，提高专业能力，不
断提高培训质量。近两年来，教师培训工作逐年迈上新的台阶，受到省市
领导的大力赞扬。

2016年郴州市教育局开创的教育精准扶贫《"暖心"送培到校培训》
被推荐到全国教师培训机构培训班上作经验介绍；2017年《教育精准扶贫
"5+1"乡村教师跟岗实践培训班》在湖南省首批培训师班上作典型案例分
享。汝城县、宜章县举办的《郴州市中小学信息技术与教育教学融合培训
班》、资兴市开创的《蹲点式送培到校模式》、北湖区和郴州市一完小分别
举办的《教育精准扶贫送培到校》广受好评，并在全市做典型发言。

四、模式实施效果与反思

"二段四级多元互动式教师培训模式"是基于教师培训工作者实际需
求繁衍出的培训行动，见证了教师培训管理者自我成长的过程。教师培训
管理者在参培行动中研究教师教育，并将学习收获转化为教师培训行动，
是将培训体验与教师专业成长紧密结合的过程，使培训行动源于生活又高
于生活。回顾这些年的培训行动，"二段四级多元互动式教师培训模式"
探索，拓宽了郴州教师培训工作者的视野，帮助教师寻找到自身的价值，

提高了教师的获得感、幸福感、荣誉感。但在多年的实施中我们也发现，尽管教师培训工作这些年逐步得到重视，由于现行体制所限，教育行政培训管理者队伍流动大，培训部门人员新旧接替不到位，专业素养有待提升。教师进修学校成为"进休"学校的问题虽有改善，但仍然没有得到有效解决。一线教师培训师由于教学任务繁重，很多时候分身乏术，无法全身心投入教师培训事业，加上教师外出参培受某些条件制约等，众多因素在一定程度上影响到教师培训事业的健康发展。（郴州市教师培训中心　罗海娟；衡阳师范学院　凌云志）

第六节　"三带四步"教师培训研修模式

"三带四步"是衡阳师范学院中文系独创的中小学教师置换脱产研修模式。该模式是衡阳师范中文系是自 2009 年承担中西部中小学语文骨干教师"国培项目"以来培训工作的思考与实践的结晶。该模式具体由邓水平、朱迪光等人提出，经过培训团队反复讨论和三年的培训实践检验而逐步完善。

一、模式阐释

"三带"指的是贯穿每个学员研修过程中的三个任务，即"带课题、带课例、带资源"。"带课题"指学员从自身的教学实践中寻找研究选题，可以是在研的课题，也可以是教学工作思考，重点是"在研究中学"。"带课例"指学员带来自己的教学课例，在研修中与指导老师和学员研讨，重点是围绕自身的教学研修。"带资源"指学员带来平时积累的教学资源共享。

"四步"指的是我们引领学员进行研修的四个步骤，即"发现、研讨、展示、提升"。"发现"指的是引导学员去发现语文教学过程中遭遇的困惑和有价值的问题，这些问题一般内嵌在学员所选的课例中；"研讨"指的是引导学员带着自己发现的问题，在讲学专家、本组同伴的帮助下，通过反复研讨和个人反思，去分析自己所选课例的优劣，并自己动手对所选课题进行教学设计，通过共同备课和磨课，继续对自己的教学设计进行修改和完善；"展示"指的是学员在影子教学阶段，把自己的教学设计用于实际教学中，在真正的讲台上呈现和展示，并及时反思；"提升"指的是通过以上几个过程，学员在专家引领、同伴互助、自己实践、个人反思的过程中教育教学能力得到了提升。让每个学员在自己的基础上，通过研修得到不同程度的提升，这是我们培训的出发点和归宿。

二、实施步骤

首先，开班时我们引导学员对研修方案进行细致深入的解读，重点对"三带四步"模式进行阐释。我们要求学员在规定的时间内选好课题，搜集并积累有关该课题的所有课例。同时，还向学员强调要把"三带"任务贯穿整个研修始终，并以此作为结业考核的重要内容。

其次，在集中培训的前阶段，我们开设的讲座专题就侧重对课例研究的指导。如，长沙雨花区教研员辛晓明就小学教研的方法和策略对学员进行了集中辅导。另外，学术班主任邓水平也利用各种机会对学员进行课例研究指导。在后续的集中培训过程中，我们不断要求学员带着自己的课题课例听课，与专家商讨，与同伴切磋，学会评析他人课例的优劣，以此提升自己教学设计的能力。

再次，在影子教学阶段，学员通过小组磨课、和原型教师商议等方式，继续完善自己的教学设计，然后在影子学校进行展示与研讨，最终形成自己满意的教学设计。

最后，学员把研修过程围绕课例研究和实践的成果进行整理，编辑成册，用来展示和交流。

三、实施效果

"三带"任务的贯穿，让三个月的置换脱产研修有了主线，有了目标；"四步"的环环相扣，使研修有了指导，有了考核，从而克服了以往长训容易导致的随意、倦怠和低效。

学员有了课例搜集、评析、设计、实践的任务，他们对专家的专题讲座就特别用心，他们就会注重同伴之间的互助和交流。在这个过程中，学员的自我反思和科研能力得到了不同程度的提升。

研修结束时，学员们上交的沉甸甸的个人成果专辑——《花开的声音》就是这种研修模式的结晶，其中课例评析文章、教学设计、观课评课实录及其分析等都是原创性和研究性很强的文章。

"三带四步"研修模式，把专题讲座、影子教学、课例研究、专业成长巧妙地融合在一起，给参训学员带来了实实在在的研修收获。

当然，这种模式毕竟还处在尝试阶段，很多方面还需要在实践中进一步完善。

附：《"三带四步"研修模式实施与成果集》目录

（衡阳师范学院文学院　邓水平）

第七节 乡村教师短期培训案例教学模式 [①]

案例教学法是一种以案例为基础内容和形式的教学法，在 1870 年由哈佛大学法学院院长兰德尔首创的。而近年来"案例教学"在二语教学领域，特别是教师培训领域也得到了越来越多的重视，因为案例教学既能理论联系实际，又能有效的解决学员教育教学中的实际问题，互动性强，对于调动学员的积极性增强成就感都起到了非常积极的作用。笔者在 2013 年"国培计划"培训项目中实施的案例教学主要分为四个阶段。

一、调查学员，预设案例

此次国培项目的受训对象是湖南省农村中小学英语骨干教师共计 70 名英语教师，在实施培训前一周，我们发放了学员需求问卷调查表，其中包括"希望组织者提供的培训课程"，以及"自己的课堂教学存在的疑惑和困难等内容，统计表明词汇教学的巩固和运用是学员反映比较棘手的一项，基于此，笔者设计了一个词语教学呈现和巩固的两个的教学案例。（详见教案）在实施教学案例的前一天，笔者将案例复印发给了每位学员，并要求学员思考如下问题：

1. 词汇教学的呈现和巩固方法有哪些？

2. 词汇教学要教什么？

3. 教师的活动开展是否多样化？

4. 教师是如何运用任务型教学法的？

5. 如何提高学生的词汇学习策略？

---

① 2017 年衡阳师范学院优质课程《英语教师职业技能训练》阶段性研究成果。

二、周密组织，轮流施教

许多成功的案例教学经验证明，如果没有高质量的案例呈现，案例教学的效果并不会取得比其他教法更好。所以我提前邀请了周庆春、李丹和刘明铎三位老师为其他学员做教学示范，并且鼓励他们做大胆的改进，最后三位老师上各自上出了不同风格的词汇课，并得到了学员的一致好评，引起了诸多思考。

三、学员反思，专家点评

案例教学的最后一个环节为学员反思，专家点评。这个环节也是专家帮助学员提炼教学方法，引领教学理念的关键环节，通常能起到画龙点睛的作用。笔者还特意邀请了衡阳市八中特级教师王成兰老师作为点评嘉宾和学员一起讨论，增加了讨论的开放性。通过学员和专家的共同探讨和总结，笔者对初中英语阅读教学做出如下总结

1. 词汇教学重在教，更重在用，重在巩固。

2. 教师可以尝试多种词汇教学活动，增加上课的趣味性。

3. 教师课尝试任务型教学法适当替代或者补充语法翻译教学法。

4. 了解斯宾浩斯遗忘曲线有利于科学教学和巩固词汇的学习。要培养学生良好的习惯，鼓励学生从阅读、写作、交流中巩固词汇和使用所学词汇中。

5. 教师需要设计符合学生实际能力的个性化的词汇练习，而非机械死板的完成课本上的习题。

四、自创案例

本次案例式教学实施活动持续了大约 3 个小时，结业作业就是自创一个词汇课的教学案例，并且要求培训后回到原学校作为组织者在英语教研室活动中开展一次案例教学的活动。

启示：项目结束后，从学员的反馈中了解到这次词汇课的案例教学的

效果明显好于一些传统的讲授式的课程，其主要原因有三：首先，由于案例是基于学员的实际需求设计的，能解决学员教育教学的实际问题，做到了理论联系实际，非常具有针对性。其次，案例的真实性和情景性吸引学员，比枯燥的理论更加接地气。最后，案例教学法课堂互动性强和创新性较强，学员自创案例能够调动其积极性，增强成就感，符合教师职业可持续专业化发展的需求。

但同时，笔者案例教学法在实施过程中也遇到了两个突出的困难。第一，学员们的批判主义思维和创造性思维不够，固有的惯性思维太强，教学理念单一并且十分固化，不易改变。第二，学员对英语教学法方面的理论知识了解的太少，通过案例提炼方法和理论时明显力不从。（衡阳师范学院外国语学院　尹彬）

第八节　聚焦任务驱动的行动学习培训模式

一、简要背景

培训实施中，参培者习惯于等待培训者来传授知识，这种被动的学习方式容易导致参培者思维的惰性，导致对培训现象的肤浅思考，导致对培训问题解决的袖手旁观。根据学习主体理论，没有体验与参与的培训是低效的。为充分发挥参培者培训的主体参与性，挖掘学员潜能，引导他们自主发现培训中的问题，自主探讨问题的解决办法，我们在此次培训中尝试把省中小学教师发展中心重庆高研班上的行动学习法迁移过来。

二、主要做法及成效

（一）主要做法

第一、开班前——预热：在班级 QQ 群里发布信息，要求大家带着对教师培训中的问题与思考来参训。

第二、开班后——行动学习一次课：聚焦问题

聚焦问题课安排在开班后第二天某个半天，以保证迅速聚焦问题，供学员在培训期间思考与探究。这次课的教学流程如下：

第一环节：个人思考，填写清单

联系自己的经历，在教师培训工作中，您认为要解决的有价值的核心问题有哪些？请把这些问题及其情境写在下面的"问题单"上。

第二环节：组内交流，确定问题

小组长主持，每个老师轮流对自己的"问题"进行"叙述"，其他老师注意倾听，讨论后对组员的问题进行汇总合并，每组形成三个关注度最高、最有价值的基本问题，并将其写在大白纸上。

第三环节：小组展示，全班交流

小组向全班展示本组的三个"基本问题"，重在"问题是什么""出现问题的情境怎样"。选好展示者（最好是行动学习负责人）。

第四环节：确定问题，进行公示（课外进行）

学术班主任对各个组提出的"基本问题"进行诊断、提炼、总结，根据小组的个数确定本次培训班需要解决的"基本问题"个数（原则上一个小组解决一个问题）。通过以上环节，我们对各个组的问题进行了聚焦，并用大白纸予以公示：

第一组：如何从培训内容的角度和培训者专长的角度增强培训的有效性？

第二组：如何调动学员参培的积极性？

第三组：如何精准地把握学员需求，确定培训主题和内容？

第四组：如何改变满堂灌的教学模式，以减少培训课堂的枯燥，提高培训课堂的魅力？

第五组：培训统筹管理与培训课程设置如何做到培训的系统性与计划性？

同时，班主任把各组聚焦问题发在群里，设法引起专家注意，并提醒专家，希望专家在上课的时候适当回应。

在接下来的几天，项目组必须从以下几方面对学员进行帮助：一是时常提醒；二是提供一些文献资料；三是专门安排研讨时间，把小组探究落实下去。

第三、开班后——行动学习二次课：展示成果

成果展示课安排在在培训班结束前一天。我们借鉴六项思考帽的方式组织课堂，具体做法如下：

第一环节、选好专家、分配角色

每小组选拔一名对教师培训有深入思考和实践的学员，担任小组行动学习的点评专家。六名点评专家分为两个小组，对视而坐在会场的最前面。六名专家自主选择自己的角色，根据自身角色要求进行发言。

各小组选派代表，向全班展示本小组突破性解决"核心问题"的路径和方法（写在大白纸上）。展示要求：直奔主题，言简意赅，实用有效。

第三环节、学友支持，合理取舍

小组展示汇报后，其他组的学友可以对该"核心问题"的解决路径和方法，贡献自己的意见和建议。组员倾听并快速记下有价值的内容。

第四环节、专家质疑，学员反思

六名专家根据自身角色要求进行发言。其他学友也可以质疑反思。

第五环节、总结评析，归纳提升

主持人对各组问题进行总结性评析，并对本次行动学习进行总结提升。

第六环节、课后整理，共享践行

各组专干继续完善行动学习报告方案，填好报告（电子稿）发到群里。其他组员认真阅读每组的行动学习成果，学会把成果迁移到自己的培训实践中。

（二）效果与反响

1. 每个小组探讨问题的积极性空前高涨。在房间，在餐厅，我们也能发现学员研讨问题的场景。

2.把专家的力量和学员的力量有机整合起来，共同面对真实问题。

3.返岗实践阶段，项目县宁远县在今年的送教下乡项目小学语文课程培训中运用了行动学习法。据宁远县教师发展中心副校长蒋志平说："今年的送教下乡，学员参与积极性非常高，效果非常好！"

三、主要经验或学员感受

1.良好的研修气氛是关键。开班伊始，项目组必须把小组团队建设的意义、考核办法、职责和做法告知学员并获得学员的广泛认同。

2.课程主持人必须对研讨的问题领域有一定的积累和思考，否则，无法"接招"。

3.各个环节的前期准备工作和后期落实工作都要到位，避免实施时的捉襟见肘和实施后的虎头蛇尾。

（衡阳师范学院文学院　邓水平）

第九节 "五段三环、两基三化"综合培训模式

一、主要经验

（一）民主推荐、分组管理

为了加强对国培项目进行科学管理，在开班第一周内把50位学员按地区均匀搭配的方式分成了5个国培小组，并通过民主选举的方式选出了5个小组的小组长，实行分组管理，综合考核。

首先，为了加强每个小组的凝聚力，我们举行了小组风采展示，通过展示，具体把握每个小组的特点，然后针对不同的小组成员特点由小组长制定具体的小组管理方法，我们只需要对每个小组进行综合考核，对于考核优秀的小组，实行评优评先优先考虑的奖励。

其次，为了能够全面管理班级，我们设了班委会，规定了班委会成员的责任和权力，班委会成员主要由小组长民主选出，班长全权负责班级活动安排；学习委员主要负责学习交流、学习观摩、返岗实践、影子实践等活动的具体操作；生活委员主要负责各种实践活动中的住宿生活安排、住宿生活意见反馈收集；文娱委员主要分组班级文化活动安排；体育委员主要负责课余体育活动安排。

总之，为了调动学员的学习积极性，需要调动学员的参与意识，实行民主推荐、分组管理在很大的程度上可以实现这个目标。

（二）合作学习、分类考核

学习管理中主要加强团队合作精神的培养，在整过培训过程中，我们设计了"精彩一课新设计""指导本科生学习互助计划""最佳元旦文艺演出团队奖"等多个合作学习环节。同时为了激发合作学习动力，我们采取了利用合作学习成绩综合考核权重计算指标，如：各个小组分别指导一个本科生参加衡阳师范学院教育实习比赛，最后学生的比赛成绩作为每个小组影子实习成绩权重的参考指标。

考核要求中，我们设计了分类考核指标，主要从理论学习考核、影子实践考核、指导定岗实习学生能力考核、常规考核等四个方面进行分类考核，且所有指标都进行量化计分，通过具体量化考核指标，加强目标管理，实现预期项目管理目标。

（三）人文关怀激发学习动力

一个学期的培训时间虽然不算很长，但是对于有家有口的乡村教师来说，家庭的责任，工作的牵挂无时无刻不在牵动学员的心，因此要想让学员安心地投入到培训的工作中来，合理的人文关怀是很必要的，也是项目顺利实施和完成的根本经验。在培训的过程中，我们始终坚持以人为本、坚持人文关怀与严格管理并举，做到让学员学得轻松、学得开心、学得有价值；做到处处以人文关怀为中心的管理模式，在整个培训过程中，我们处处在感动学员，同时也时时被学员所感动。记得在项目结束的最后离别时刻，很多学员都情不自禁地流下了眼泪，泪水中包含了深情；包含了真情；包含了感激，人文关怀是我们顺利完成项目的根本经验，可以激发学员的学习动力，使学员在感激中学习，在学习中感动，周而复始，形成良性循环。

二、培训特色与亮点

（一）按需施训，注重实效

我们在前期国培调研和分析的基础上，精心设计调查问卷，准确把握学员需求，及时收集、整理、分析调研数据；深入衡阳市教科所了解本地学员的情况和需求；加强与我院从事基础教育工作的校友联系。经过多方面调研，获得第一手资料，按需培训。只有针对需求，解决骨干教师平时工作遇到的问题，才能取得实效；我们采取了"一个中心，三环节"的课程设计，以"精彩一课新设计"为中心，在工作中以此为抓手，配以新课改理念、教学技能实践和反思诊断三个环节，让学员在适当的压力下学习，收缴学员的培训心得、反思与总结、教案与课件、返岗实践心得、指导定岗实习学生记录等。

（二）有序推进"五段三环、两基三化"综合培训模式

五段式主要指前位需求调研、次位按需施训、中位影子实践、末次位总结提高、末位训后跟踪。

三环指的是培训过程中注意扣住理论—实践—理论的三环培训主线，第一个环节主要进行"课标、课改、课堂教学新理念"等理论内容的培训；第二个环节主要进行"教学交流、教学观摩、返岗实践、影子实践"等实践能力的培训；第三个环节主要进行"理论成果总结、理论成果分享"等

理论内容的培训。三环中的培训成果主要以月培训心得、月考核记录、专家授课实录、培训手册等有效载体详细记载各个环节的培训内容。

两基指的是培训中注意培养学员"演、说"两种基本教学技能，所谓"演"就是在培训过程中注意培养学员的教学仪态表演能力；所谓"说"就是在培训过程中注意培养学员说课表达能力；而要完成这些任务的主要载体就是"精彩一课"内容设计。

三化：所谓"三化"培训模式指的是在培训过程注重基础教育和高等教育一体化；注重培训教育与本科教育一体化；注重短训与长训一体化。而完成基础教育和高等教育一体化的主要载体是实行学员与本科生"一对一"互助计划；通过互助计划既提升了学员的理论指导实践应用能力，又可以提高师范本科生的实践教学能力。

培训教育与本科教育一体化主要是通过学员指导学生，把培训中的思想理念通过学员传递给未来的基础教育工作者—高校师范毕业生，从而实现基础教育和高等教育有机结合，形成综合一体化培训体系。

短训与长训一体化主要是指短训与长训互通互融、资源共享；训后跟踪与专家团队组建与遴选形成良性循环体系，在前期项目培养的基础上，筛选优秀储备专家团队成员：如我们邀请了肖红、朱礼华、刘国政三位短训学员为"国培计划（2013）"置换脱产项目授课，这既是前期项目成果的具体体现，同时也是训后跟踪具体实施。

教师教育与培训一体化的主要载体是实行国培学员与本科师范生"一对一"互助计划；通过互助计划既提升了学员的理论指导实践应用能力和作为种子教师培养青年教师的能力，又可以提高师范本科生的实践教学能力。本期培训期间，学员指导实习生50多人次，听评师范生的课达10次以上，特别指导了师范生参加衡阳师范学院实习比武大赛，获得第一和第三名的好成绩。师范生为学员尽快熟悉高校生活与学习提供了大量帮助，并发挥动手能力强特点，教会很多学员一些网络和媒体技术。紧密的合作使得他们建立了深厚的友谊，取得了专业发展的共赢。

（三）着力开创送培到县与影子实践相结合的二元培训体系

在"国培计划（2012）"总结与反思的基础上，结合暑假短期项目培训经验，经过衡阳师范学院初中数学班国培管理小组认真思考和研讨，对于"国培计划（2013）"长期培训项目，我们扎实有效地推进了送培到县与影子实践相结合的二元培训体系，通过把培训专家理论授课课堂开设在影子实践基地学校，（如：我们邀请了湖南省教科院副院长赵雄辉教研员到影子实践基地学校常宁市水口山中学），一方面，我们充分地挖掘了国培专家的理论研究价值，最大限度提高了专家授课效率，另一方面帮助了影子实践基地学校快速提升实践教学能力，从而有效提高了国培项目实施效果。

开创送培到县与影子实践相结合的二元培训体系是我们此次培训的重要尝试与探索。通过具体实践检验，我们发现这种模式不仅可以使培训与指导实现双赢，而且可以切实提高培训质量，学员普遍反映良好，正是基于"基础教育与高等教育、培训实践教育与基地学校指导能力提升"有机结合的思想才探索出这种二元培训体系。这样，通过培训带动培训，通过实践提升实践，真正实现了国培计划的实施目的，使影子教师的辐射能力无限放大。

（四）精品打造优秀专家团队，合力推进跨地区综合交流平台

好的培训需要好的专家团队，好的专家团队不是自然而然形成的，它需要经过长期发现与打造才能形成。为了打造本次培训专家团队，一方面，我们对专家库专家在调研和实践分析的基础上进行了多次遴选与优化，建立了稳定的专家库专家（如顾沛教授、章建跃博士、刘永东博士、吴伦敦教授、赵雄辉副院长是我们国培计划专家团队常邀"五常客"），在一线教师专家方面我们邀请了全国课改成果显著的名校名师（岳阳市许市中学的肖必胜、株洲市景泓中学的詹艳平、衡阳市成长实验中学的刘金花）作为

一线教师专家团队。

在建立优秀专家团队的基础上，我们借助衡阳市教科所数学教研室，与邵阳、永州、郴州三地区形成四区经验交流协调机制，同时邀请了四个地区的数学教研员曾红斌、对"国培计划（2013）"置换脱产学员进行了授课和交流，合力推进了跨地区综合交流平台。我们通过四地区学员、教研员在教学理念、教学方法的深度融合与交流，从而提升"国培计划（2013）"置换脱产项目的培训效果。从培训需求调研与学员反映来看，合力推进跨地区综合交流深受学员欢迎，可以长期开展与执行。

（五）强力跟进训后跟踪计划，有效助推学员成长

训后跟踪是培训项目实施的最后一个环节，同时也是项目实施效果的具体体现，是反映项目实施效果好坏的显示器。

培训只是一个过程，成长需要更多的时间。为了有效帮助学员快速成长，我们制定了强有力的训后跟踪计划，该计划主要包括"快速定位，合力打造、定期跟踪"等核心步骤，快速找到切入点、精心设计着力点、不停促使学员进步，从而快速高效助推学员成长。通过本计划，我们取得较为明显效果，如"国培计划（2013）"短训学员衡阳市三中教师朱礼华在本助推计划的实施下，2013年11月获得衡阳市教师教学能手比赛一等奖。

训后跟踪采用成果收购项目牵引，前届学员与后届学员网络和面对面交流，长训与短训结合，共同交流，与市教科所联合重点关注学员的训后表现以及到学员所在单位鼓励学员进步等方法，取得了很好的效果。例如，我们到"国培计划（2013）"短训学员朱礼华老师所在的衡阳市三中有5次之多，和他本人及校领导交流，请他来和长训的学员面对面交流一个上午，对长训学员开公开课一次。在本助推计划的实施下，2013年11月朱老师获得衡阳市教师教学能手比赛一等奖。

成功需要付出艰辛，我们只是走出这漫长过程的第一步，未来的路还需要在实践中探索，相信只要选择的路是正确的，制定的助推计划是可行

的，不久的将来我们还会看到更多的优秀学员在各自的岗位上进步、突出、绽放光芒。

（六）优质的硬件设备，数学文化浓厚的网络学习平台

为了国培老师的学习和交流，我们为国培老师单独准备了报告厅，单独教室，教室里每人一台电脑，多媒体设备先进，学员在这里上课，实践。每人一机，网络畅通，每机都安装了几何画板，MATLAB，SPSS 等先进的数学软件，学员通过软件进行了课件制作、个性展示制作等实践性学习，特别是几何画板，我们组织了专家授课、教师一对一辅导，学员互助练习等，尽量让想学的都能掌握。我们还建立了 QQ 交流平台、数学教师教育培训网等网络平台，通过平台 QQ 信息 1 万多条，发布培训报道 100 多条，培训简报 10 期，培训照片 200 多张，极大调动学员的积极性。

三、问题与反思

在培训的管理管理过程中，我们积累了一些经验，同时也看到了很多问题，有的值得琢磨；有的值得深思。概括起来主要体现在以下四个方面

（一）与地区教育部门需要建立多元互动平台

在项目的管理过程中，特别是深层次的管理问题往往都会触及到与地区教育部门的配合问题，特别是学员所在学校。任何一个管理离不开约束和制约，科学的管理应该是在合理的约束上规范行为，从而达到相应的预期目的。国培项目是国家层面上的培训，虽然组织基础是具有约束要求，但是由于项目培训机构与地区教育部门之间是平行关系，且相互之间缺乏公信力和逻辑必然联系，在一定程度上制约了项目的科学管理。因此怎样建立与地区教育部门的互动机制是项目培训承担机构和项目培训组织机构需要共同思考的问题。

（二）管理协调问题

管理的协调主要体现在三个方面，第一，项目培训组织机构与项目培训承担机构的协调问题；第二，项目培训承担机构与地区教育行政部门的协调问题；第三，同一培训承担机构子项目的协同问题。

（三）资源优化与配置需要建立长效对策

资源的优化与配置问题主要体现是如何样确定培训的优质资源能够得到最有效的配置，正因为我们是第一次承担这样的培训项目，因此对于遴选优秀的培训专家，我们缺少参考信息，对学员的需要，我们缺少认识和认知，对与理论课与实践课的最佳比例问题，我们只能僵化处理。如何样进行资源的优化与配置，我们建议上层组织机构能够提供一个优化平台。

（四）学习需求内驱力核心动力不足

项目开班之前，每一个项目都进行了需求调研，然而，所有调研问题的核心驱动力并不是问题的真正原因，而问题的真正原因应该是怎样驱使学员主动学习，怎样给学员施加适当压力，在合适的压力下迫使学员主动学习。因此，这里存在对学习需求内驱核心动力的探究问题，我们可以按照培训理念开展培训工作，可以根据需求调研开展培训内容设置，但是，所有的管理问题还是突出的表现在学员对学习认识不足，究其原因，主要缺乏一种核心驱动力。

四、意见与建议

"国培计划"项目是一种自上而下的教育行政活动，在一定程度上可以增强新教育理念的推广，然而，它毕竟是一种计划手段，缺乏市场调节，不能充分展示其活力。因此，为了发挥其活力，建议开放项目管理自主权，具体来讲有以下三点：

第一，建立国培与职称挂钩的长效机制，上层教育行政制定教师培训的具体方案。教育行政部门把国培结业证书作为职称评审的基本条件，规定项目承担机构在培训的具体任务和人数，由学员自由选择培训单位，通过这种模式增强学习需求核心动力。

第二，建议在培训过程中，适当增加教师技能操作培训，特别是农村中小学老师，很多的学员对现代教育技术缺乏正规的培训，因此建议在培训中增加一定教师技能考核。

第三，建议在培训中注意加强培训教育与师范教育一体化培养，可以适当增加学员指导顶岗实习学生的效果来衡量培训成绩的实践考核环节，让项目的培训真正引领中国教育向全面深化教育改革推进。（衡阳师范学院数学与计算科学学院　杨柳）

第十节　信息技术支持的"BYOD"培训模式

信息技术培训课程是当前教师培训，尤其是"国培计划"实施中的重要内容。教育部明确要求各级"国培计划"项目承担机构要将信息技术应用能力等作为培训的必修内容，并进一步加大信息技术与学科教学培训的深度融合，有针对性地提高乡村教师应用信息技术的能力。[①] 当前中小学一线教师对于信息技术课程的需求强烈，多数受调查教师明确提出希望将信息技术课程列为所参加培训项目的核心内容。政策要求、学校发展和教师需求的多维压力，都亟待将质量作为落实课程的重要保障。针对当前信

---

① 教育部，财政部.关于做好2017年中小学幼儿园教师国家级培训计划实施工作的通知（教师厅〔2017〕2号）.〔EB/OL〕.http：//www.moe.edu.cn/srcsite/A10/s7034/201703/t20170314_299563.html，2017-03-06.

息技术课程体验感不好、转化率不高、实效性不强的现状，研究成员利用教师培训的研究者和实践者的双重身份，在 H 省"国培计划"项目实施中创新和完善了"BYOD+"（Bring Your Own Device+）的培训模式，以此探寻有效的信息技术培训新路径。

一、何谓"BYOD+"培训模式？

所谓"BYOD+"的培训模式，即在教师自带设备（BYOD）的基础上，建立学习共同体，以翻转培训、任务驱动和个性指导等多种方式，丰富教师体验感，提升学习转化率，增强培训实效性的一种新的培训模式。BYOD，是教师自带设备实施培训，所谓"+"则是以学习共同体为中心，不局限于课堂体验，从服务于教师终身学习的目的出发，放宽教师培训服务的视野，延伸培训者指导的范围，营造一个培训者引领示范、教师互助共享的学习氛围。

从学员的视角来看，教师培训更应该看作是教师学习（Teacher Learning 或 Learning to Teach），是教师在其工作场域通过各种方式获得经验或使经验发生持续变化（Sustained Changes）的过程，以建构性、社会性、自主性、日常性、情境性、实践性和系统复杂性为核心特征。[1] 基于成人学习理论视角，教师学习的起点是基于个体经验形成独立自我概念，目标是教师积极持续的变化，动机是基于问题和现实需求的内部驱动，途径是与协作学习并联的自我指导学习。[2] 在当前信息技术加速发展的时代，教师培训必须应对并满足教师的泛在化学习场景和混合式学习需要。Frumos 考察了远程教育所面临的诸多困难[3]，当前国内（混合式研修）实践也普遍

---

① 朱旭东，裴淼等.教师学习模式研究：中国的经验［M］.北京：北京师范大学出版社，2017：05.

② 裴淼，李肖艳.成人学习理论视角下的"教师学习"解读：回归教师的成人身份［J］.教师教育研究，2014，26（06）：16-21.

③ 魏非，李树培.混合式研修：内涵、现状与改进策略［J］.教师教育研究，2017（09）：26-30.

存在着构成要素单一、研修设计封闭、团队构建不力、实践融合表浅等问题。[①]要克服并解决这些问题，教师培训要从根本上推动教师的高效学习、深度学习和个性化学习，即让教师在更短的时间内得到更好更快的发展，并让每位教师找到适合自己的发展路径。高效学习指的是提升教师在单位时间内的学习效率；"深度学习"是对当下"有意义学习""建构学习""自主学习""参与式学习"的进一步延伸发展[②]；个性化学习则关照每一位学习者既有经验和个性特征，提供适合其发展的个性化进阶学习和指导支持。

目前，全世界教育信息化发展趋势之一就是 BYOD（自带设备），学生和教师自带设备学习是一个社会发展的历史趋势，这是人类社会进入移动化的全球发展趋势的一个部分。[③]从教师培训的实践来看，教师作为成年人具有最为便捷的移动终端设备——手机或 iPad，培训者大可引导教师用好这些移动终端设备，让教师在参加培训时通过自主学习、合作学习、深度思考、自我管理，以此拓展培训时空，丰富培训形式，深化培训生成，提升培训效率。

二、"BYOD+"培训模式的生成逻辑

在"国培计划"的信息技术课程中创新实施"BYOD+"培训模式，既是对传统信息技术课程实施逻辑混乱的纠偏，也是直面当前各地项目实施中的现实困境的必然选择。

1. 基于教师知识生成的螺旋转化逻辑

传统信息技术培训课程大多由信息技术专家组织实施，在设计逻辑上过于重视技术的更新与知识的单向传递，忽视了对教师进行精准的需求前

---

① Frumos, F.V.TheDesignofanInstrumentforDeveloping — LearningCourses［J］.QualityManagementinHigherEducation，2010（2）：459 — 462.

② 凌云志，邬志辉.基于核心素养的农村学校改进的思维方式［J］.教育理论与实践，2017，37（20）：3-6.

③ 黎加厚.改变课堂教学方式，才是 BYOD 的核心［N］.文汇报，2015-02-06（006）.

置调研，也缺乏精细的学习流程组织。与信息技术专家思维方式不一样的是，专业的培训者介入到信息技术课程的设计开发以后，他们更加关注教师的学习体验，更加重视以教师为中心进行培训技术的创新，以期达成更加高效的教师学习效果。"互联网＋"时代下，教师的知识和素养被归结为"技术—教学法—内容"知识，即 TPACK，是教师应当具备且必须具备的全新知识。[①] 如果我们认可 TPACK 是教师参与信息技术课程的主要知识基础的话，我们也要从成人学习的视角来思考这种作为教师实践性知识的 TPACK 是如何在教师学习的过程中发生螺旋转化的。库伯将经验学习模式描述为四个阶段：具体经验、反思与观察、抽象概念化和积极实践。库伯认为学习者应在这四个阶段中往复循环，从而产生不断上升的复杂体的学习螺旋。[②] 竹内弘高和野中郁次郎提出的知识转换的"SECI"模型（四种知识转换的方式，即 Socialization 社会化；Externalization 外化；Combination 综合化；Internalization 内化）[③]，也给信息技术课程实施带来启示。鲍勃·派克提供了三种确保内容被传授的正确方法，即体验 – 理论 – 认知（E–T–A, Exeperience–Theory–Awareness）、体验 – 认知 – 理论（E–A–T）和理论 – 体验 – 认知（T–E–A）。[④] 三种方法并无优劣之分，而是需要培训者在实践过程中根据具体培训情境灵活运用，合理取舍。结合信息技术课程的实施模式而言，我们需要厘清其基本逻辑是，尊重教师作为成人学习者的经验基础，通过培训者的行为引导，驱动学习者在具体的情境中，通过体验、内化、认知，从实践到抽象的概念之间多次转化，形成教师个人实践性知识。

---

① 焦建利.TPACK：教师职业素养新视角［J］.福建教育，2015（36）：11–12.

② 房慧，张九洲.库伯经验学习理论视域下的成人学习模式研究［J］.成人教育，2010，30（11）：10–11.

③ ［日］竹内弘高野中郁次郎；李萌译.知识创造的螺旋：知识管理理论与案例研究［M］.北京：知识产权出版社，2016：51–52.

④ ［美］派克；孙波，庞涛，胡智丰译.重构学习体验：以学员为中心的创新性培训技术［M］.南京：江苏人民出版社，2015：90–92.

2.基于教师差异化基础的现实解决逻辑

与此同时，我们也需要直面当前各地培训机构在实施信息技术课程中的现实困境。一是，参加"国培"的教师在信息技术能力方面基础整体较差，且层次差异过大，分层教学的可能性不大，成本过高；二是各个"国培"项目的信息技术课程往往作为通识课程开设，课时量非常有限，短期项目往往开设半天，大约2-3个课时，长期项目则开设两天或者一天，大约6-10课时。整体而言，课时量不多，要求培训者在短期内能帮助学习者提升信息技术应用能力；三是各地教师培训机构的场地和设备难以满足信息技术课程的学习要求。大多培训机构并没有完备的培训机房，即使有的话，也存在设备老化、网络不通、维护欠缺的问题，不适合作为教师学习的场所。信息技术培训必须要直面这些现实困难，并且依靠技术手段，制定可行的方案，形成可靠的模式，解决教师学习的基础差异鸿沟。

三、"BYOD+"培训模式的建构

"BYOD+"培训模式遵循简单、高效、低成本的解决方式，以教师自带移动终端设备为主，通过便捷的线上云资源平台和必要的软件支持，解决教师的"在场"体验问题，并依托学习共同体的建立，带动学习者体验后的反思和新的实践性知识的建构和生成。

1."BYOD+"培训模式的核心要素

"BYOD+"培训模式的基础是自带设备，即"BYOD"（Bring Your Own Device），自带设备不仅满足教师知识生成的建构主义逻辑，更适应教师移动学习的现实需要，同时降低了培训机构的运营成本，丰富了培训教学的内容和形式。具体而言，需要从硬件、软件和操作流程三个方面来界定其核心要素。

一是硬件的自助与便携化。传统信息技术培训往往受制于硬件条件，难以开展有效的教师实践和改进；即使勉强为教师学习提供了机房、多媒体设备等硬件设施，也常常因为既有硬件的软件或系统难以满足培训者的要求而落入到低效重复的困境。就当前的教师学习而言，手机、平板电脑、笔记本电脑以及必要的辅助器材是信息技术培训的必要的硬件条件。这些设备对于教师而言，成本不高，携带方便，并且由于是自己熟悉的设备，也不会有太多的机器应用障碍，并且有利于教师将所学技能在自己工作和生活中进行正向迁移。

二是软件的易得与轻量化。在信息技术培训课程中，培训者往往需要推荐教师使用应用软件。基于"BYOD+"培训的基本理念，我们经过团队研究挑选了一批适合中小学教师应用的轻量级通用软件和教学软件，这些软件以免费软件为主，容易下载获取，并且在手机或者电脑上安装时对系统要求不高。在我们的培训实践中，在信息技术教学内容的遴选中，我们摒弃了传统培训课程中繁杂且难度较大的内容，从数据的收集与分析、网络资源的便捷获取、教学资源的整合、课堂教学的有效互动、知识管理与资源分享等方面遴选了相对应的便捷软件来支持培训教学。例如对于中小学教师比较感兴趣的视频编辑而言，推荐教师下载安装"美摄""乐秀"等手机 APP 进行微课后期编辑，教师上手快，效果也比较好。

三是操作的简单与模块化。每个软件的操作方法都在三四步左右，并且都是模块化的操作。教师在应用时只需要选择其中的功能，而不需要去做太多的复杂设计。在具体的培训实践中，我们进一步优化了操作流程，将软件的操作方法用教师容易记住的朗朗上口的语言概括总结出来，便于教师内化吸收。例如，为了帮助教师学会操作"硕鼠"这一个视频下载工具，我们将其操作步骤简化为"网页打开视频，复制网址""打开硕鼠官网，粘贴网址，开始 GO""右键单击，目标另存为，保存视频"三个步骤。教师听得懂、记得住，在培训现场学得会，回到工作岗位上能用得上、干得好。

2. "BYOD+"培训模式的学习共同体支持

"BYOD+"培训模式的学习共同体的主体是培训者与教师学习者，其活动场域既包括集中培训期间培训教学的互动空间，更包括基于微信、QQ的线上交流空间，更提供 UMU 互动、培训宝等专业的学习平台。培训管理者在训前组建线上交流群，建立了这个学习共同体的雏形。在集中培训期间，再通过团队建设、小组研修、课堂教学、班级活动等多种形式凝聚人心，强化认同感。学习共同体建立之后，培训管理者作为其中重要的引导者，不仅要主动发起学习话题、提供资源支持，更要及时引领和评价，推动学习不断深入；同时，鼓励教师中的积极分子承担互教互学的"教学者"角色，推动同伴互动成为常态化进程。学习共同体的功能贯穿培训始终，具体而言包括三个方面：

第一，训前需求调研，精准对接。培训者通过线上问卷工具，例如问卷星、UMU、麦客表单等发起训前的学情调查和需求调研，充分了解教师的信息技术基础，掌握其真实需求，以此为授课教师提供客观而可靠的课程设计依据。

第二，训中培训翻转，多维驱动。在具体培训实施时，将讲义和相关教学视频通过在线分享给教师自学，在培训面授时，培训者不仅进行必要的操作示范，更留出时间给教师操作训练，培训者则现场指导、答疑解惑。同时，培训组织方也通过任务驱动以及评价带动，帮助教师熟悉一个软件、掌握一个方法、完成一个作品。

第三，训后资源支持，个性指导。集中培训或者面授培训之后，培训者通过 UMU 互动、微信公众号等平台提供充足而丰富线上资源，不仅帮助教师巩固和夯实所学技术，同时也可解决部分教师"吃不好""吃不饱"的个性发展问题。UMU 互动等平台包括有学习群等功能，便于教师交流讨论学习的疑难问题，而培训者可在平台内回复，对学习者进行必要的指导。

"BYOD+"培训模式结构如图示：

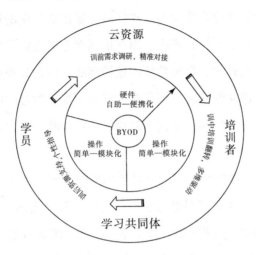

四、"BYOD+"培训模式的评估与反思

基于"BYOD+"培训模式的理念与方法，在 H 省的"国培计划"2015—2017 年的小学语文、数学和幼儿园骨干教师高级研修项目中进行了多次实践，均取得了较好的效果。但如何进一步推广和完善这种模式，还需要加大实践力度，深入反思。

1. "BYOD+"培训模式的效果评测

从课程实施以及由此产生的后续效果来看，最为重要的是推动了培训教学的深度融合。所谓培训教学的深度融合指的是，通过技术的手段，优化培训教与学的环境，丰富培训课程教与学的方式，实现培训课程结构的根本性变革。布鲁姆把知识概括为四大类型，即事实性知识、概念性知识、程序性知识和元认知知识。其中事实性知识是相互分离、孤立的内容要素；概念性知识是"更为复杂的、结构化的指示形式"；程序性知识是"关于如何做某事的知识"；元认知知识是"关于一般认知的知识以及关于自我认知的意义和知识"。① "BYOD+"培训模式将事实性知识和概念性知识的教学

---

① ［美］安德森等；蒋小平等译.布鲁姆教育目标分类学：分类学视野下的学与教及其测评：完整版［M］.北京：外语教学与研究出版社，2009：22.

内容通过训前的课程推送，将原本培训者讲授的内容，通过线上微课、文本的方式推送给了教师自主学习，这样就尽量把低层次的识记、理解等目标通过课前的教师学习得以解决。而在培训课堂里主要用来解决程序性知识和元认知知识的教学，聚焦教师问题的解决，驱动教师练习和技术运用以及相互评价。这样的翻转培训课堂，将更加聚焦学习的应用、分析、综合和评价等更重要的目标，重构了教师的学习体验，有力地推动了教师的深度学习。

同时，通过便捷的线上平台以及虚拟学习共同体的资源优势，培训者为教师学习者建立了广泛的连接：不仅连接了教师更加丰富的学习体验，也连接了教师的学习过程；更连接了学习资源，更重要的是建立了培训者和学习者之间的广泛而深刻的生命连接。学习共同体，如同一个有机生命体，每位学习者都成为其中重要的成员，分享自己的资源，奉献自己的智慧，建立自己的关系，丰富自己的实践。柯氏四级评估的第三四级，需要观测和评估教师在多大程度上将培训中所学到的知识和技能应用到工作当中并带来相应的行为改变以及培训和相应的后续强化措施在多大程度上达成了所期望的业务结果。[①]从培训的绩效评估视角来看，"BYOD+"培训模式能够让教师有更加实在的获得感，其现场反应评估和学习评估的效果都不错，同时，通过学习共同体的推动和持续跟进，有利于学习者的行为改进和工作绩效提升。

2. 对"BYOD+"培训模式的反思

第一，"BYOD+"培训模式有其特殊的适用对象、场景和范围。从实践来看，当前主要应用于信息技术课程，并且主要应用于"国培计划"的项目实施当中。参与"国培"的教师大多来自于农村的中小学和幼儿园。这种模式是否可以复制、迁移到其他的培训课程或者培训项目当中，尚有

---

① ［美］柯克帕特里克，(Kirkpatrick, J. D.)，柯克帕特里克，(Kirkpatrick, W. K.)；崔连斌等译. 柯氏评估的过去和现在：未来的坚实基础［M］. 南京：江苏人民出版社，2012：6-7.

待进一步实践和深化研究。整体上，当前的这种模式还主要依靠于基于软件的功能再造以及工具组合的"简单迁移"，离教师培训的"系统重构"①还有一定的距离。

第二，当前实践的"BYOD+"培训模式大多应用于简易多媒体环境，其基本假设是参训教师的信息技术基础偏低。"移动学习"（Mobile Learning）、"微课"（Micro-lesson）、"快课"（Rapide-learning）、"翻转课堂"（Flipped Classroom）和"慕课"（MOOCs）等新理念和新形式层出不穷，不断引发教学课件设计和开发领域的重大变革，为教育从业者提供了越来越广阔的发展契机和职业空间。②因此，这种模式是否可能升级为2.0版、3.0版？如何升级？例如在智慧学习环境中、慕课条件下如何有效操作？在新的学习环境中，如何重构教师培训课程的过程管理、资源管理、评估管理和团队沟通等，这都是值得深入研究的重大课题。

第三，"BYOD+"培训模式需要教师的主动参与。教师是终身学习者，在追求他们教学知识点发展中，教师需要勤于反思（Reflective）、善于积累（Accumulative）、乐于交际（Associative）以及细于留心（Attentitive）。③培训管理者需要利用管理制度来激励教师更加积极参与培训课程的学习和自主建构，但这种激励机制在教师回到单位之后能发挥多大作用仍然是个未知数。教师所在的微环境以及校本的学习共同体建设对于维持其学习兴趣、培育学习品质有着更为重要的影响。

（衡阳师范学院法学院　凌云志；原载于《教师教育研究》2018年第2期。④）

---

①　魏非，姜昌华.从简单迁移到系统重构——信息技术支持的教师培训管理研究与实践[J].现代远程教育研究，2013（05）：60-68.

②　赵国栋.微课、翻转课堂与慕课实操教程[M].北京：北京大学出版社，2015：12.

③　范良火.教师教学知识发展研究：第2版[M].上海：华东师范大学出版社，2013：213.

④　曾涛，凌云志.信息技术培训课程"BYOD+"培训模式的建构——基于"国培计划"H省骨干教师项目的实践与反思[J].教师教育研究，2018，30（02）：59-63.

第四章 优化教师培训流程，提升教师培训质量

教师培训机构必须尊重教师专业成长的规律，重视教师发展的专业引领。有的培训之所以效果不佳，就在于培训机构忽视教师培训的专业引领。教师培训机构要以科学的需求调研为基础，以扎实的专业引领为依托，不断完善教师培训方案设计，优化教师培训流程，提升教师培训质量。

第一节 注重乡村教师专业引领，完善培训方案设计

衡阳师范学院从 2009 年开始承办初中思想品德学科的国培项目，在组织实施培训的过程中，注重深入乡村中小学一线，摸清乡村思想品德教师的专业发展方向，从培训内容的遴选和培训的形式都注重贴近乡村教师实践，注重基于乡村教师专业发展实际的引领，以此来完善培训设计方案，提升培训实效。

一、目标引领：找准乡村教师的专业发展方向

1. 从真实调研中发现目标

从 2011 年开始，我们的培训核心团队成员通过驻县指导、学员回访、走访县区教育局、考察学校、访谈校长教师学生等多种形式，深入到衡阳市常宁市、耒阳市、蒸湘区、雁峰区，郴州市资兴市、汝城县、苏仙区，

常德安乡县，邵阳绥宁县，益阳赫山区，长沙浏阳市等地，零距离接触乡村中小学，并通过问卷、访谈、案卷等多种方式了解熟悉乡村基础教育，发现问题，并尝试通过指导和合作的方式尝试与乡村中小学共同推动学校的教育教学改进。所有这一切为我们科学制定培训方案奠定了坚实的基础。

2. 明晰具体的目标定位

在培训前期，我们多次与学员沟通和互动，了解学员学情，并以此设定了较为清晰的乡村骨干教师成长目标，并通过培训任务驱动细化为"上好一堂课""做好一个课件""写好一篇论文""指导一位教师"的"四个一"目标。

二、课程引领：契合乡村学员需求的内容选择和形式创新

1. 契合乡村教师发展的培训内容

一个成熟的教师培训方案，一定是充分考虑到培训内容针对性和培训形式有效性的相得益彰。对于乡村初中教师而言，不仅需要观念和知识的更新，也需要能力的提升和方法的改进。因此，我们的培训课程设计包括三个方面的内容，即专业理念与师德、专业知识、专业技能。从课程内容来看，设计有"教育现代化与教师素质""积极心理学与幸福教育""初中思想品德课标研读"；"思想品德课堂教学点拨与引导""高质量 PPT 实用美化""高效课堂学习小组、课堂流程""思想品德情境教学法的实验"；"新时期师德修炼""用思想提升你的教育品味"等三类课程。

2. 创新乡村教师培训形式

为了使每一个具体的培训内容对乡村教师效果更好，我们努力进行培训形式的创新。传统的教师培训方式，如专题讲授、案例分析、互动问答、同课异构、观课议课、角色扮演等，并不会因为所谓的"传统"而黯然失色，相反，要继续发掘这些培训形式的价值；结合乡村学员的特点，我们大胆借鉴了大量行之有效的形式和方法，如深度汇谈、世界咖啡、行动学习、体验式培训、论坛、沙龙、头脑风暴、任务驱动、游戏式等，丰富了

教师培训的思路，提升了培训的效果。

3.建设乡村教师专业发展培训基地

我们认真研究"影子教师"的实践模式，根据乡村教师的特殊情况，选取了岳阳市君山区许市中学、浏阳市社港中学两所乡村初中作为基地学校，这样有利于帮助学员在比照自身的基础上，通过原型教师和基地学校的教育教学跟进来实现能力的提升和精神的感染，同时我们也选取了株洲市景弘中学和张家界市国光中学两所城市私立学校作为基地学校，帮助乡村学员改变观念、开拓视野。

三、精神引领：基于尊重关怀的点燃激励和唤醒

乡村教师来参加培训他们想要点什么？包括观念的更新、人际关系视野的拓宽，更重要的是精神的成长和意志的锤炼。我们基于尊重和关怀教师的培训感受出发，注重点燃学员的学习热情，激励他们持续成长，唤醒其沉睡已久的教育情怀。

在培训过程中，我们始终从乡村教师专业发展的实际出发，重视对学员进行有针对性的专业引领，进行了科学的设计和严谨精细的实施，为乡村教师提供了符合其专业发展的培训菜单和培训形式，重视学员之间的交流、研讨、合作、探究，重视学员的成果生成。由此，培训不再是从专家到学员的单向行为，而是包括了培训者与学员的双向互动、学员之间的多层次多领域互动、线上与线下的混合式学习互动等，培训无论是内容还是形式都因此变得更加丰富和充实。

教师培训的专业化，不是一件容易的事情。推动教师培训专业化，要做到三个引领，第一是需求引领，要知道学员需要什么；第二是能力引领，即要能帮助学员提升；第三是精神引领，必须能不断激励学员成长。教师培训不仅要传授知识、提升技能，更要能激发学员的动机，实际上就是在努力唤醒学员的内驱力，改变他们的心智模式。（衡阳师范学院法学院凌云志）

第二节　做好需求调研，精准助力教师发展

一、训前调研，把握需求

针对近年来"国培计划"送培到县项目的基本特点，我们在训前开展了广泛的训前调研活动，先是暑假期间开展两次方案研讨，9月份又组织语数外三科培训团队成员深入衡阳市教育局与石鼓区教文体局开展调研，同时还分别邀请了提供培训场地的基地校（如衡阳市成章实验中学、博雅学校、石鼓区人民路小学、石鼓区建设新村小学及石鼓区旭升小学）的校方代表与衡阳市及石鼓区的中小学教师代表接受问卷调查及集体座谈，全面了解相关单位及学员的基本情况与需求，从而使我们真正了解到衡阳市及石鼓区中小学教师专业知识和教学能力的短缺，并收集了许多受访教师的好的建议，尤其是普遍反映的理论与实践相结合、服务新课改要求、契合教师实际需求、能现学现用的培训建议得以收集上来。

二、课程设置，实用为主

通过需求调研，我们诚邀20余名省内外教育系统的知名专家、一线优秀教师和教研员组建送培专家团队，围绕"师德巡讲""同课异构""评课磨课""专业讲座""对话交流"等重要环节，把基础教育新理念、新思想和新方法送到中小学教师的家门口。师德巡讲中邀请了廖建平、凌剑飞、宾拥军、陈芳等高校专家与一线名师，既有理论的高度引领，又有实践的模范激励，让参训学员能实际感受到"师德是高标导引，也是底线要求""师德是人人应为，大有可为"。分科培训则邀请了来自江苏、河南等地的省外名师，和省内长沙、永州、衡阳等地的一线名师与教研员等共同组成语数外三科的送培课团队，分别开展中小学语数外三科教师培训，这种既有前沿性的理论学习与理性反思，又有实践的现身说法与教学示范的课程安排，就是突出实用为主的宗旨。

三、创新方式，精准施训

在师德巡讲环节，我们主要采用了师德专家的理论阐发与现身说法的形式，同时辅以多媒体技术进行互动交流，即：理论阐释→朋辈引领→互动交流→总结点评的形式；在同课异构的示范引领环节，我们采取的是教师说课与示范比拼的形式，即：教师说课→示范比拼→实践体验→点评启发的方式，让培训学员在激烈教育交锋中得到震撼与启发；在各学科的小专题讲座环节，我们邀请理论造诣很高与实践经验丰富的名师大家进行课程诊断与专题辅导，即：活动展示→专家诊断→实践体验→对话交流的方式。在资源建设与总结提升环节，我们发挥我校的学科首席专家与培训团队的资源优势，进行资源开发、案例分析，互动研讨，总结提高。

注重组织需求调研和个体需求调研同步推进的办法，抓住了"适应性"、做好"对接性"、关注"发展性"问题进行培训，得到了地方教育局的充分肯定，受到了学员的欢迎。从学员反馈意见看，参训的中小学教师对培训普遍感到满意。我们的经验是，如果培训能按照一线教师的意愿制定方案，培训做到新、细、实、效，真正实现了"按需"和"接地气"的有效培训，就能显著提升教师培训的满意度，更有助于教师专业提升的行动推进。

关于教师培训的学校组织分析，主要是通过对学校发展目标、学校组织特征、学校组织环境、学校管理者态度和学校培训资源等因素进行分析，准确地找出学校组织存在的问题及其根源，以确定教师培训中的用力方向。

培训机构主动上门调研，熟悉教师队伍建设情况，了解地方教育部门的想法，共同研制可行的培训方案，这是教师培训项目能够取得良好效果的根本保障。一般而言，组织需求是对于整个教师队伍建设发展的刚性需求，是个体需求调研中难以充分了解和掌握的。所以，在实施培训的过程中，我们有必要更加重视对组织需求的调研。

真实的教师培训需求不能只停留在关注教师的个体需求，而是要综合考虑组织的客观需求。毕竟，只有在组织中，个人的发展才能更加坚实和持久。作为专业的教师培训者，我们不仅要努力去满足和引领学员的个人需求，更需要去引领学员将个人需求与组织需求进行有效契合，帮助学员在组织中获得更好更快地发展，并以个人发展来推动组织的发展。（衡阳师范学院继续教育与教师培训学院　王敏）

第三节　乡村教师培训团队课程的开发

《湖南省乡村教师支持计划（2015—2020 年）实施办法》聚焦乡村教师"下得去、留得住、教得好"，并明确提出，到 2020 年前，对全体乡村教师、校（园）长进行 360 学时的培训；把乡村教师培训纳入基本公共服务体系。大规模的乡村教师培训需要充足适用的乡村教师培训团队。湖南省全面启动 2016 年项目县的乡村教师培训团队置换脱产研修项目。该项目主要任务是对乡村教师培训团队进行为期 10 至 15 天的培训技能专项研修，进一步提升其培训能力，引导其逐渐成长为教师培训师。如何打造一支稳定的靠得住的乡村教师培训团队，培训必不可少，而培训的关键在于根据其成长规律进行专业的课程设计与开发。

一、科学设置培训目标，这是培训课程设计的前提

乡村教师培训团队学员为参加过 2015 年度置换脱产研修、已能基本胜任项目县培训任务的骨干教师、专职培训者、教研员，每班 50 人（以项目县为单位组班，不分学科、领域）。这一批学员未来将主要承担项目县的送教下乡和网络研修指导工作，并在校本研修中发挥重要的作用。衡阳师范学院在充分调研的基础上，明确了"以提升培训课程实施和课堂指导能力为核心，同时具备一定的培训管理能力"的培训目标。

二、精选培训课程内容，这是培训课程设计的核心

依据吴卫东教授对于教师培训师的素质结构的界定，"依据教师培训活动的特殊要求，从专业道德、专业知识、专业能力三个领域构建了教师培训师的专业素养。教师培训师的专业道德主要指向三个维度，对待教师培训的态度，对待参训者的态度以及自我道德修养；教师培训师的专业知识主要体现为本体性知识与条件性知识两类；教师培训师的专业能力主要体现为策划培训的能力、执行培训的能力和自我发展能力。"

为了实现既定的培训目标，在省国培办的整体统筹下，衡阳师范学院研制了符合乡村教师培训团队专业发展需求的课程体系。其中专业知识类的课程包括"教师培训政策""教师培训中的心理学"等课程，重点帮助学员全面提升对教师培训的认知和理解；专业能力类的课程主要聚焦于学员的课程指导和课程实施能力，包括"如何上好一堂优质的培训课""送教下乡指导""网络研修与校本研修的整合""微课程与教师专业发展"等；专业道德类的课程，包括"教师培训专业精神""教师培训师礼仪"等课程。当然有些课程也是复合型的，如"教师培训师胜任力"课程就融合了专业知识、专业能力和专业道德三个层面，为学员的全面提升提供了专业指导。

三、行动学习贯彻始终，这是培训课程实施的关键

本次培训项目力图实现培训形式多样化，主要体现了行动学习的要求。从学员报到开始，我们就注重引导学员自我设定目标，制定自己的行动计划。在培训过程中，我们灵活运用体验式、参与式、案例教学、专题讲座等多种培训方式，激发学员参与培训的激情与兴趣。同时，以学员培训中遇到的问题为中心，重视学员的经验分享和问题解决策略，在课前设置了学员分享的环节，在课后提供了展示板、博客平台，让学员有充足的机会表达、交流与讨论等，坚持理论学习与学员实践相结合。在集中培训的后阶段，我们结合省教育厅国培办的考核安排，通过任务驱动学员研究设计自己的培训专题，由导师组分组指导，帮助学员提高培训能力。

　　本次乡村教师培训团队研修，主要是为项目县培养用得上、干得好的乡村教师培训师，这支队伍来源不一，专兼职结合，大多是项目县的优秀教师。在实施培训前，我们通过问卷在全省采集了 800 份样本，并经过专业的数据分析了解了学员的基本结构，确定了各类学员需要提升的空间和培训的主要任务，并最终将培训目标聚焦为提升学员的课程实施能力和指导能力。实践证明，这个清晰的培训目标，是后续培训项目实施成功的重要基础和前提，引领了所有的培训活动顺利进行，并得到了学员的高度认可。

　　本项目的课程特别强调学员的参与和体验，在整个项目的设计中，从破冰活动开始，我们将学员分成 6 个小组，每个小组通过众筹确定自己的发展目标，并明晰任务。我们通过建立培训评价体系，激发学员参与的热情；通过专家指导引领学员发展方向；通过组间竞争，推动学员又好又快发展。学员在培训中通过研课磨课的实践，很快可以将成果应用到送教下乡的实践中去。衡东县的向康、单永平、罗金燕，双牌县的袁润八、李刚等学员均成为了项目县教师培训团队的中坚力量。

　　教师培训课程必须贴近培训对象的现实，充分考虑培训教师的成长需求以及教学实际情况，准确设置培训目标，更新教师教育理念，综合提高学员培训能力。让培训团队培训的课程直接为学员在教师培训实践中服务，切实解决教师培训过程中面临的困难和问题，是我们教师培训团队建设的重要任务。（衡阳师范学院法学院　凌云志）

第四节　课例研究在影子教学中的运用

一、简要背景

　　加强包括"影子教学"在内的实践教学已成为培训方式改革的基本取向和硬性规定。问题的关键是，怎样的影子教学会真正让先进的教学理念变成教师的默会知识呢？一般的做法是安排学员上课，其他学员听课，然后看似非常民主的东一句西一句地评课。大家把问题抛给了执教学员，至于如何解决这些问题，是否能解决这些问题，是否已经解决了这个问题，就鲜有下文了。这样的影子教学只是停留在问题的发现层面（很多问题也是老问题），其意义非常有限。为了让集中研修阶段获得的先进理念内化成学员的自身能力，培养学员教研引领能力，我们借鉴去年的做法，继续在置换脱产项目影子实践环节中运用课例研究这一当前公认最有效的教研方式。

二、主要做法及成效

（一）主要做法

1. 集中研修，理论引领

在集中培训的阶段，我们开设了旨在让学员掌握课例研究基本要领的课程，如《语文教育研究方法及案例分析》《语文课例研究在校本研修中的运用》《例研修方案的修改与交流》等。通过专家讲座、小组体验的方式，学员基本上掌握了课例研究的基本流程。在学术班主任的组织下，各组商议确定影子教学的课例研究主题并草拟一份影子阶段课例研究方案。下表为 2014 年名师置换班的五个影子组研究主题：

影子教学小组	课例研究主题
珠晖组（珠晖区实验小学）	小学口语交际教学的策略研究
蒸湘组（蒸湘区实验小学）	小学语文不同学段读写结合点的挖掘与教学策略研究
石鼓组（石鼓区人民路小学）	活动作文教学的策略研究
实小组（衡阳市实验小学）	小学古诗教学的策略研究
马坪组（冷水滩马坪学校）	小学语文课堂教学合作学习的有效指导研究

2. 网络社区，继续完善

集中研究阶段结束后，学员回到了原单位。通过网络研修社区这一远程平台，学术班主任多次指导并回答各小组长关于课例研究的有关问题。各小组在组长的组织下，通过网络社区继续完善课例研究方案。这一阶段，项目组必须加强和影子教学基地的联系，尽量让课例研究方案切合基地校的实际情况，以提高工作效率。

3. 影子实践，"真枪实弹"

准备了近三个月的课例研究方案在影子实践阶段全面铺开。在基地校的帮助下，在各影子教学组长的组织下，各成员按照课例研究的基本流程围绕既定的主题影子实践（具体流程比较复杂，详细了解请参见《怎样做课例研修》一书）。

4. 返岗实践，巩固成果

学员在影子教学中亲自经历了课例研究全过程。我们要求学员在返岗实践阶段自己用课例研究的方式在本校开展一次教研活动。

（二）成效

1. 通过课例研究，学员的教学实践能力得到了提升。

由于采用课例的方式，学员在真实的教学和研究情境中，通过持续、随时、细致的现场观察与实践体验，在理念碰撞、行为比较和调整改进等专业反思中获得了真实、全面、深刻而又强烈的实践性知识。学员普遍感到影子教学环节对他们的教育教学水平提升很有帮助。

蒸湘组的伍海华说："影子实习阶段，我积极投入课例研究，先后用不同的教学方式来执教《孔子》（S版五年级上册），通过比较，进一步发现认识到了尊重学生、尊重语文学习规律的重要意义，琢磨出了小学不同学段语文读写结合训练的多种有效策略。"

2. 研究成果硕果累累，教学研究意识有所加强。

各组把影子教学的所有成果整理成册，共35万字。其中衡阳实小组的集体成果集《破茧成蝶》达8.5万字。

蒸湘组在影子实践课例报告中概括了他们团队的研究成果：

①低学段侧重词句的仿写和想象力的训练

②中学段侧重片段的理解性读写训练；

③高学段应着眼全篇，侧重于写法指导及其运用。

衡阳实小组的左丽（来自江华瑶族县）把影子教学中的感悟写成文章《古诗教学要注重诵读、品味和鉴赏》被《湖南教育》杂志社采纳，拟于2015年第3期发表。学员们普遍反映"自己开始能够用理论来指导自己的教学实践，并自觉反思总结，这就是国培带给我最大的进步！"

3. 初步学会了课例研究的教研方法，便于发挥培训学员的地方辐射能力。

通过检查学员的返岗实践材料，我们发现很多学员基本上掌握了课例研究的基本流程和要点。显然，这种教研方式的掌握对发挥学员的种子辐射功能起着非常大的作用。

三、主要经验

第一，影子实习阶段前必须做好各项准备工作。如学员的认识水平、课例研究的基本知识掌握程度、各小组课例团队的组建和主题的确定。这些工作在下到基地校之前必须落实。

第二，影子教学过程中要设法建立良好的评课生态。过去的评课只关注问题，而没有关注通过解决问题提高教师的教学水平。这次影子指导，研修主题集中（围绕五个主题），研修目标明确（帮助解决问题，而不是评价水平高低），研修过程合理（有行动跟进，而不是上上课评评课就了事）。

第三，影子实习后要引导学员善于总结和物化成果。（衡阳师范学院文学院　邓水平）

第五节　整合学员资源，提升培训实效

一、简要背景

我校承办的湖南省乡村学校资深教师关爱培训项目培训任务，该培训项目的培训对象是农村学校中小学 50 岁以上资深教师，学员来自于衡阳市和株洲市共 140 名学员，按照项目培训要求是必须包含信息技术应用知识方面的培训。

为了能高效、有针对性地完成信息技术方面的培训任务，为此在项目集中培训之前，充分利用通知学员这个契机，采取电话随访、短信和建立班级 QQ 群等形式，在学员中开展了信息技术培训需求调查问卷，从回收的 140 份调查问卷分析可以看出，学员对信息技术的掌握情况参差不齐，其中对计算机操作较熟练的占 20.5%，完全不懂计算机操作的占 27.8%；在问卷"本次培训在信息技术方面，您最希望得到哪些方面的培训？"的选项上，学员选择最多的是"如何上网查找和下载教学资源？""如何利用学科教学软件辅助教学""如何收发电子邮件""如何制作和修改多媒体（PPT）课件"等方面。

二、主要做法及成效

1. 按需分组

根据学员的问卷调查结果，把问卷项"本次培训在信息技术方面，您最希望得到哪些方面的培训？"和"您对计算机的实际操作熟练程度"两个方面的需求信息相结合作为学员分组的依据，将学员按照培训需求分成了 10 个小组，挑选出计算机操作较熟练的学员担任小组长和副组长，并担任本小组的上机实践辅导教师，有效整合学员的优势资源。

2. 整合资源，提升实效

根据学员的需求，我对本次培训的任务进行了较为周密、具体的分解，尽量使学员对于所要达到的目标做到心中有数。把有限的集中培训时间（3个学时）分解成10个任务时间段，每个时间段为一个独立的微培训（每个微培训15分钟），主要的操作流程如下：

（1）辅导教师技能微培训

我担任本次信息技术培训的指导老师，首先设计一个辅导教师辅导技能指导方面的微培训，制作了一个培训辅导技能指导微课件，通过这个微培训将每个小组组长进行了一次辅导技能的培训，让这些学员掌握如何快速指导本组学员提升信息技术的操作技能。

（2）整合资源分组微培训

通过第一阶段的微培训后，给每个小组长下达本小组的培训任务，而且每个小组的培训任务都是符合每一个学员的实际需求，按照"任务驱动"的形式下达任务要求，完成本小组的实践操作练习，并在本小组内演示完成练习的操作过程；小组长担任本小组的辅导教师，有效利用学员的优势资源来指导本小组内每一个学员，组员在操作过程中遇到的各种问题，首先是请教本组小组长。培训老师负责在各组之间循环查看各组长的指导和学员的实践操作情况，并就发现的问题对学员进行单独辅导，重点指导被分在"计算机操作能力较熟练"的小组，指导他们进行计算机操作的常用高级技巧。这样的培训，注重任务驱动，由浅入深，注重实际操作，简化复杂理论的讲述，达到学了就会用，增加了学习的兴趣，同时在实际操作中采取"一帮一"形式进行手把手指导，让学员克服恐惧感，多给时间实践，直到学员能完全掌握为止。例如：在设计的"如何制作和修改多媒体（PPT）课件"的培训任务时，我们对"计算机操作能力较熟练"的小组则要求学会多媒体课件的高级编辑技巧，而对于"完全不熟悉计算机操作"的小组只要求他们会修改多媒体课件即可，在上机实践操作过程中，我有针对性地对不同小组进行有差别的实践指导。

3. 总结提升

授课教师在第二阶段的实施过程中，在各小组之间进行巡视，收集了各小组学员的实践操作过程中出现的共性问题，在完成第二阶段以后集中向全体学员进行集中讲解和指导，总结实践过程中涌现的成功的经验和好的做法，进一步提升学员的培训效果。

三、主要经验

1. 通过向学员发放信息技术知识和能力的问卷调查，详细地掌握了每个学员的计算机操作能力，为本次课程的课程内容安排提供了很好的支持，同时有效地利用学员的优势资源，充分调动了学员参与培训的积极性，也克服了部分学员因为年龄代沟在学习过程中而不愿意与年轻老师进行交流的心理问题。

2. 采取分组任务驱动的培训方式，按照学员的需求和学员的实际情况进行设置难度不一的任务，任务目标明确，操作具体，具有很强的可操作性，满足了不同程度学员的需求。从培训过程和学员的实践效果来看，无论学员计算机操作熟练程度如何，学员都感到收获很大。

3. 注重学员自主参与，积极调动计算机操作能力强的学员担任辅导教师，既提高了学员参与培训的积极性，也有效整合了学员的优势资源。根据问卷调查的结果，挑选了班里十个计算机操作较熟练的学员担任各小组长，以"一帮一"的形式帮助基础薄弱的学员。这种方式不仅使原来计算机基础比较差的学员有了比较快的进步和提高，保证了计算机培训的顺利进行，而且也有效地加强了学员之间的沟通，搭建了一个学员互动交流的平台，学员在培训以后也可以在日常工作中进行互相交流和学习，有效推动了优势教学资源的共享，进一步提升了培训效果。（衡阳师范学院初等教育学院 蒋瀚洋）

第六节　网络社区研修指导方略

一、简要背景

网络社区研修是以学员个人空间为基础，以工作坊、课程研修平台为主干的一种虚拟空间交互式研究、学习活动。它是 2014 年国培推出的一项新举措，是实现教育现代化的需要，也是培训改革的需要。湖南省国培办建设了专门平台，下拨了专项经费。拟结合小学语文短训项目，从项目培训机构的角度，谈谈网络社区研修的指导策略。

二、主要做法及成效

1. 把好技术指导关

在高校集中研修阶段，安排专业技术人员，用 4 节课的时间，到机房上好《手把手教你使用网络研修社区》操作指导课。机房要有多媒体教学设备，确保学员人人一台电脑，人手一份《手把手教你使用网络研修社区》的纸质稿件。根据事先的电脑操作水平调查，将学员分为"菜鸟"级和"提升"级搭配入座，以便学员间相互帮助。授课稿件要站在学员的角度，从打开页面、登陆方法，到界面各导航栏的具体使用，务求细化。教者每讲一个小点，都在投影幕布上示范一遍，然后要求学员在电脑上重复演练一遍。演练过程中，可酌情安排事先培训好的若干名教师和学生助理进行个性化答疑、指导。

2. 把好内容建设关

在学员进机房操作之前，就要设计好网络研修社区教师工作坊的内容，以便在技术指导的同时，让学员明确研修任务、研修量化考核办法（省国培办有提供）。

围绕培训主题，确立研修目标，针对研修专题，上传研修资源，设置研修环节，指导研修活动。我们事先设计了 13 个网络研修专题，要求学员必修其中 10 个专题，计 30 学时。其中专业理念与师德 3 个专题，计 6 学时；专业知识 4 个专题，计 12 学时；专业能力 6 个专题，计 12 学时。网络社区研修的内容要与高校集中培训、影子实践教学能有机结合。例如，师德这一大专题，高校集中培训阶段有 1 个子专题，这是专家引领；影子实践阶段有 1 个子专题《上一节公开课，展示最美的风采》，这是实践体验；网络社区还有 4 个子专题，有必修、选修，这是延伸拓展。

每一个专题，我们设置了问题导入、专题学习、研修活动、作业交流、反思提升 5 大互动环节，每个环节安排了具体的学习任务。研修活动以学员上传的原创教学视频诊断研修为主。参见附表 1：网络社区研修内容安排表。

3. 把好互动答疑关

在规定时间内的学员日常研修过程中，天天要有人上网进行作业评阅、问题解答、成果推优、资源上传、简报发布等活动。我们精选了 7 名（70 名学员，分成七组，每人负责一组）工作责任心强、业务水平高的学术导师，和精心选择的坊主团队（高校学科专家、市州教研员、一线骨干教师），根据其专业所长，明确分工，专人负责网络研修的各个专题。教师工作坊中的"研修问题"数量多，"泡沫"（如重复）也多，容易淹没真实典型的问题，应不定期集中提炼总结，在"研修公告"和学员 QQ 群中发布《一周研修问题及解答集萃》。

据湖南省中小学教师发展网数据显示，截至 2014 年 10 月 17 日，衡阳师范学院小学语文短训班访问数 51461，位居全省第一。学员共参与研修活动 7 次，上传资源和视频 1119 个，其中推优成果 203 个。70 名学员全部达到 60 分以上，其中 100 分者 25 人。互动答疑成效显著。

三、主要经验

1. 网络社区研修指导要把好技术关、内容关和互动答疑关。其中，技术指导是前提，内容设计是关键，基于原创自拍教学视频（如微课）的案例赏析和研讨是重点，富有建设性的互动答疑是难点，对接各地的优质教学资源（如名师工作室）是未来可观的生长点。

2.线上指导要与线下研修相对接。对于注重自身专业化成长的学员来说，专家短期的在线指导是为了自我长远的线下修炼。一方面，要积极指导学员开展在线活动，另一方面，更要激励学员进行线下的研修活动：自我探索、自主反思、实践体验、问题自决、成果物化（案例、课例、论文、著作）。（衡阳师范学院文学院　杨旭明）

第七节　创新"影子教师"实践

湖南省国培办要求各高校（机构）尊重学员意愿，将学员分配至基地校，安排基地校的原型教师对学员进行针对性指导；合理控制基地校接收学员人数，保证实践培训质量，每个基地校的单个学科（领域）接收学员数不得超过20名。如何充分利用基地学校资源，做实做好培训实践环节，这就需要培训机构努力创新"影子教师"实践模式，实现学员与基地校双赢。本案例遴选的三所高校各具特色的"影子教师"实践模式或做法，丰富了基地校与培训机构合作的内涵。

一、集中分阶段实施模式

（1）尊重学员希望多到名校观摩学习，多接触名师的愿望；同时，尽量减少基地校对学员的管理和食宿安排的麻烦，经向省国培办和学院请示同意，我们采用了学员集中一起到基地校，分三个阶段实施"影子教师"实践培训，创新了"影子教师"实践模式。

（2）主动承担了学员在"影子教师"实践阶段的组织管理和后勤服务工作，减轻了基地校的压力。同时，带队老师积极参与基地校在"影子教师"

实践阶段教学与主题研讨方案的制定，切实保障"影子教师"实践质量。

（3）在实施"影子教师"实践培训中，我们选取了省国培办指定的"影子教师"实践基地学校：长沙市芙蓉区育才学校、衡阳市实验小学和衡阳市蒸湘区实验小学。学员到达基地校后，除开展集体备课、观课磨课、主题研讨、上研究课、经验分享等活动外，我们还根据基地校的特点开展了各具特色的主题活动。例如，在长沙市芙蓉区育才学校，举行了同课异构授课和主题研讨活动以及校园文化建设；在衡阳市实验小学，进行了新课改理念的观摩与交流活动；在衡阳市蒸湘区实验小学，进行了常规教学状态下多媒体技术的体现与作用的主题研讨与交流。

（4）由于我们采用集中分阶段实施"影子教师"实践，使每一个基地校只需突出一两个主题，因此，他们能够精心安排各项教学活动，保证活动质量。而学员却能多方面获得研讨与交流，获益匪浅。

二、取得的成效

第一，采用学员集中一起到基地校，分三个阶段实施"影子教师"实践模式，实现了学员对"影子教师"实践的满意。学员说：时光荏苒，为期 20 天的"影子教师"实践转瞬即逝，但它给我留下的刻痕是永恒的，注定是我一生中最美好的一段记忆。在"影子教师"实践中，每天都有新收获，每天都得到了充实和提高。还有学员说：在"影子教师"实践的 20 天里，我努力成为导师的"影子"。我的指导老师殷智强、罗江蕾等老师，他们都是学校的教研组长或骨干教师。他们专业知识扎实，经验丰富老道，课前准备充分，上课教态亲切、自然、大方，语音清晰、流畅，课堂组织严谨、精神集中，调控得当高效，真正做到了充分尊重学生、关注学生、服务学生，以学生的发展为教学之根本。我每天都和导师们进行交流，努力学习他们丰富的经验和先进的教学理念。我想，这对于我在跟岗期间、乃至于今后实践新的理念，开展有效课堂教学活动都将会产生深刻的影响。

第二，采用学员集中一起到基地校，分三个阶段实施"影子教师"实践模式，实现了基地校对"影子教师"实践的满意。基地校的校长说：你们承担了学员在"影子教师"实践阶段的组织管理和后勤服务工作，对我们来说是最大的解脱。因为培训学员都是在职人员，他们的组织管理和后勤服务是最不好弄的，学员的学习考勤，生活的要求都是很头疼的事。负责国培的教研主任说，你们把学员在"影子教师"实践阶段的组织纪律管起来了，我们只需精心设计教学研讨活动，减轻了我们的压力。因此，通过创新"影子教师"实践模式，实现了学员与基地校双满意。

第三，采用学员集中进行"影子教师"实践模式，获得了其他项目的学员和带队老师的称赞。由于我们采用学员集中进行"影子教师"实践，带队老师统一组织管理，各项活动开展得有声有色。其他项目的学员说，我们就像没娘的孩子，而你们事事有人安排，太羡慕你们了。其他项目的带队老师说，采用集中进行"影子教师"实践模式，学员能多到几所学校，学到的东西更多，是一个好做法，我们以后也将采用这种做法。（衡阳师范学院数学与计算学院　高正晖）

第八节　训后跟踪指导典型案例

置换脱产研修项目的培养目标是打造一批学科的"种子教师"，让他们在自己的岗位上起到示范引领作用，通过实际工作的改进推动地区教育教学的发展。如何培养"种子教师"？这是很多培训机构实践中遇到的难题。基于衡阳师范学院思想品德学科置换脱产研修的黄房生和教育部示范性短期集中培训的李敏等学员的成长为例，我们探索总结几点做法，供同行们参考。

一、引领教研突破

"种子教师"不仅要在教学上做出突出成绩，也要能在教研上进行必要探索。但长期以来，中小学一线教师的整体教研能力发展滞后，最主要的原因还在于缺乏学术的方向引领。

衡阳师范学院思想品德学科培训项目善于发现优秀的培训学员，并根据其发展兴趣和能力特长进行有针对性的帮助和支持，利用学院内外的社会资源，引导学员努力生成优质的教研和学术成果。2010 年思想品德置换脱产研修班学员黄房生，是郴州市汝城县的一名教师，在培训期间勤于写作，三个月的培训周期就写下了近 8 万字的培训日记。项目首席专家廖建平教授很快发现了黄房生的这一特点，并且经常鼓励他坚持写作，训后也保持着常态交流。2012 年，在原有培训日记的基础上，黄房生出版了个人专著《向着阳光走》，是湖南省第一位出版专著的国培学员，并且作为典型代表在湖南省和教育部相关会议上做汇报。培训结束后，黄房生先后担任了汝城六中副校长、汝城外沙学校校长和汝城七中校长，并且主持多项国家级、省级教研和教育信息化课题。

示范性教师培训班学员、四川珙县上罗中学的李敏老师，在培训结束后，通过授课专家黄佑生老师的推荐，参与湖南人民出版社初中生《人文·科学素养读本》和《思想品德教学详解》等书的编写，李敏老师也成为了珙县的首席教师，并且主持了多项市级教研课题。

二、提供展示平台

项目组通过邀请学员为国培班授课、上示范课、指导师范生等方式为学员提供展示平台，加快学员成长的步伐。黄房生、李敏、刘兴国、刘冬阳先后走上各地教师培训的讲台，成为受欢迎的教师培训者。黄房生还入选了湖南省首批省级教师培训师培养对象和湖南省国培计划专家库。李敏老师也多次受邀在西华师范大学、衡阳师范学院、成都市教育局、宜宾市教育局以及一些中小学进行专题讲座、经验交流和指导教学。

三、指导教育实践

学员李敏在培训后积极投身课改。首先是在学校上课改示范课，邀请老师们听课；然后邀请志同道合的老师们一起学习"五步三查六环节"等课改模式；把景弘中学"五步三查六环节"高效课堂教学模式理论整理成《高效课堂简介》，印发给老师们，试着在学校推行新课改教学理念和方法。培训团队一直关心着李敏的发展，关注着她的课改动态，并在必要的时候进行耐心的指导，在衡阳师范学院教育网上及时跟进报道李敏的发展成就。

学员李敏说，我是幸运的，获得 2012 年 10 月"国培计划（2012）"——示范性集中培训项目衡阳师范学院初中思想品德骨干教师研修班短期培训的机会。国培学习，是专业的培训，更是心灵的洗礼！从此，我的眼界、我的思想、我的人生发生了前所未有的逆转……我找到了第二次专业成长的关键"事件"——"国培"。感谢国培！感谢衡阳师范学院！感谢所以用心做国培的尊敬的导师们！你们是我们信心的源泉和坚强的后盾！如果说我是一粒种子，那么，你们就是阳光、土壤、养分！因为有你们一路相伴，一路支持，才有我今天的成长！

学员黄房生说，国培是教育思想的一次极度冶炼。汝城县是国贫县，山高而路远。在我 15 年的教育生涯中，有 13 年是在一个极其偏远的少数民族乡镇。虽然我有手不释卷的读书习惯，但缺少与外界的联系与沟通而深感闭塞。是国培，给了我一个平台，让我领略了各高校专家、教授已臻化境的专业修为；体验了众多名师灵动高效的课堂教学；更让我见证了不同地区对教育事业的独特理解与不懈追求。培训之余，我将培训的种种感悟与反思梳理成文字，并以"日记"的形式记录下来，几个月下来，竟然超过了十万字。这些文字，也许没有很高的学术价值，但它体现了一个基层教师参加"国培"的真实历程和心理感受。衡阳师范学院的领导和专家是良师益友，更是可亲可敬的长者，在培训中给了我大量的支持和帮助，这些文字也得以正式付梓出版。

2016 年教育部小学语文一线优秀教师技能提升项目示范班学员、广西柳州柳石路小学副校长莫艳玲老师，在培训结束返岗后，成长与发展表现势头良好，现已成为当地的优秀教育教研人才。先后获评柳州市鱼峰区"教育科研先进个人"、鱼峰区"优秀教育工作者"、鱼峰区梯级名师"教育首席"、多次获广西小学语文教学研究成果论文评比一等奖、多次指导青年教师获国家级省级市级等奖项获荣誉。如指导李慧参加 2016 年柳州市中小学班级文化建设评比活动获得一等奖。2018 年 1 月指导梁瑛子、官薛莹分获"新媒体新技术教学应用研讨会暨第十一届全国中小学创新课堂教学实践观摩活动"小学组课例一等奖、二等奖。指导梁瑛子获 2018 年 5 月获"新媒体新技术教学应用研讨会暨第十一届全国中小学创新课堂教学实践观摩活动"现场说课二等奖。

国培，对于学员而言，是教育事业的一个新起点。当他们个人的"国培"生活已经画上了句号，但事业却需要在一个新的起点上延伸。在学员回到教育教学岗位后，培训机构帮助学员不断用"国培"中取得的成果去影响和带动身边的教师，促进他们理念的更新和教育教学效率的提高，为学员提供发展的机遇和平台，让种子教师发挥更大的作用。（衡阳师范学院法学院　凌云志）

第九节　"人生第一本书"：学员资源的整合

置换脱产研修项目时间长，投入大，涉及面广。学员听专家讲座，到一线观摩，参与影子实践，可一旦结束，回首四个月，学了些什么？当同事和校长问及这个问题的时候，参训学员一时也不知道如何把问题说清楚。如果能拿出一个实体成果，更能服众，也便于同事相互传阅和学习，从而更好地发挥国培学员的辐射作用。为解决这一问题，我们组织学员开展了"个人研修成果专辑"整理与评比活动。

一、提前布置，贯穿始终

（1）开班伊始，布置任务。我们在面对全体学员进行置换脱产研修方案的解读时，就把研修成果集的整理与评比工作布置下去（见附件《个人研修成果集整理要求》），这些要求包括成果构成部分、材料形态、组织形式、数量要求、格式规范等。

（2）任务驱动，贯穿始终。成果集中的各项材料来源于四个月的研修历程。《研修规划书》是在开班后一星期内完成。研修随笔要求在平时完成；教学设计要求在影子实习后完成。教学论文要求开班后不久就进行构思。影子教学和返岗实践期间有专门的作业要求，这些作业最后都要放进成果集中。只有提前布置好任务，把各项任务分布在各个阶段，学员才不会感到很累，也不会觉得没有东西可整理。

（3）大众评审，相互学习。在整个研修项目结束的前几天，我们组织了成果集的收集和评审活动。各小组收集所有组员的成果集交给收评小组（班委会干部组成），收评小组拟定具体的评审流程和规则，制作了无记名投票单。在评审活动前，我们强调，之所以采取大众评审的方式，就是为大家提供一个相互交流和学习的平台，请不要过于看重评审的结果。

二、出人意料，一箭多雕

在规定的时间内，我们收到了学员的成果集。让我们始料不及的是，五十位学员五十本册子一本不缺，且几乎每一本册子都做到了内容丰富、设计各异。我惊讶地对学员说："你们的认真出我意料。"她们捧着沉甸甸的成果册，笑呵呵地说："人生第一本书，我们当然很看重。"我们认为，这一活动的开展产生了以下作用：

（1）有利于培训效果的提升。这是典型的任务驱动式培训方式，对于学员来说，可以产生如下效果：①迫使学员带着思考去听理论，去进行教学实践。无数事实证明，没有反思的实践是低效的。随笔写作的任务，有效地督促了学员的反思。②增强了学员的写作意识和积累意识。学员普遍感到动笔没有过去那样艰难了。来自永州宁远县的王先鸿说，过去写东西要很久，现在快多了。在整理成果的时候，学员们捧着倾注自己心血的精美成果集，愉悦感和成就感溢于言表。这当然得益于一开始就有的积累意识。

（2）有利于国培公信力的提高。在很多人看来，无论是教育方面的培训还是非教育方面的培训，大部分培训都是虚张声势，效率低下。培训似乎就等于考察，等于休闲。培训包括国培，其公信力受到严峻挑战。国培公信力的提高，关键看学员是否真正发生了变化。厚厚的倾注学员心血的展示学员成长历程的实体成果集可以成为一个佐证，让校领导和同事刮目相看国培。来自永州宁远县莲花小学的学员朱文杰告诉我们，当她把厚厚的精美的成果集《晨露》送到校长手里时，校长不禁赞叹："你的这次国培很扎实，一定要在校大会上汇报。"可见，成果集对提升国培公信力还是有一定意义的。

三、主要经验

项目组要在开班之前对成果集进行整体策划。策划的时候把成果集组成内容与整个项目的研修方案结合起来。成果集的产生是研修过程的真实记录，是一个水到渠成的产品，必须力求真实。因此在布置任务的时候，要设好最低标准，考虑所有学员通过努力基本能达到的标准，上也不封顶，让水平和热情都很高的学员有发挥和展示的空间。

任务布置要清晰明确，可操作性强，最好把要求做成材料，人手一份。

组织评审的时候，要充分调动所有学员参与（最好采用大众评审的方式）；要设法让活动组织流畅有序；奖励面要宽，尽量做到每一位参与的学员都能获奖。

培训机构不仅要重视训后与培训密切相关的成果生成，还须指导学员联系教育教学进行教研反思写作，形成深度成果。以学员研修成果为主要内容的"人生第一本书"，对于学员的成长有着巨大的激励和推动作用。衡阳师范学院和湖南第一师范学院等单位还结集出版了部分学员的优秀成果，建立了丰富的学员成果资源库，并且通过成果生成来发挥培训的辐射作用。（衡阳师范学院文学院 邓水平）

第十节 微课堂，国培模式在师范生培训中发光

寻求骨干教师的帮助，分享同伴经验和智慧是年轻教师成长的一个重要途径。"微课堂"教研是以"微型课堂"为载体，以体验式、参与式调动学员的积极性进行课堂十分钟的教学和并展开研讨和交流的一种教研形式。通过设定教学范围，规定 10—15 分钟的教学时间，集中凸显教师的某一项教学技能或某一个知识点的传授，如词汇教学、语法教学、强化巩固技能、提问技能、纠错技能、板书技能、课堂小结技能等。这是由参与授课的老师和听课学员现场观摩、在此基础上分组讨论、集体研讨和交流的一种教研形式。主要流程参见下图。

"微课堂"教学的主要流程

"微课堂"具有浓缩集约、具体实用、情景动态、主题探究性的特点。"微课堂"教研以问题探究为主题，在真实的课堂情境中展开，通过集中展示，放大教师上课的片段，提高教师的教学技能，同时通过"比较研讨、比较创新、总结提升"，在研讨中取得共识、实现智慧生成和技能获得；这一培训模式密切了教师之间的交流与合作、促进了教师观念与文化的更新，在培训中取得了良好的口碑。

"微课堂"的开展和培训模式对我们的本科师范教育意义也很大。在摸索了这一培训模式的实际效果后，培训团队总结经验，探讨该培训方式与我校师范生课堂教学、校外实习、备赛参赛、师范生专业技能训练等各方面的培养和培训新模式。

　　培训结束后，欧美荣、邹俊飞、李梅、贺利燕、马超、尹彬等老师在"中学英语教学论""教师职业技能训练""微格教学""英语教学设计与实践"专业课堂教学中大胆采用了这一模式，制定教学计划时强调学生的微技能培训，过程教学中强化学生的技能训练，并采取主题探究式讨论，不断深化英语师范生对教学过程的认识，学生通过"实践—反思—实践"加深了对英语课堂更细致的理解。这一理念也应用于近两年的师范生实习指导。实习前和见习阶段，教师开始有意识地强化分步骤教学，学生在学习了教学法基本理论后，通过这种强化训练和微案例探讨，进步明显，在2013年秋季实习中，尹彬、马超老师指导的4位学生囊括院级实习教学比武前四名，"微课堂"教学模式初显成效。

　　"微课堂"模式的合理运用在我系备赛竞赛中也取得了显著成效。2013年12月，贺利燕、尹彬和马超三位国培授课教师和班主任参加了2013年在闽南师大举办的第三届"华文杯"全国师范院校师范生（英语）教学技能大赛的培训工作，通过这个模式的研究，我们集中培训本科生，取得了较好的成绩，四名参赛选手表现突出，斩获两个一等奖、一个二等奖、一个三等奖，实现了"国培计划"与本科教育很好的接轨。2014年在衡阳师范学院的"师范生五项技能大赛"中，我们采用该模式对刘倩伶同学进行了集中培训，荣获二等奖。

　　为了扩大受益范围，夯实师范生专业基础，培养专业技能，营造良好的专业学习氛围，自2013年10月开始，我们将该模式应用到2012、2013级班级，组织了"专业技能训练"，选拔了2012级、2011级48名优秀的推英员和推普员，利用每天早上10—20分钟早自习的时间，加强学生的英语语音和普通话训练。这样的训练强化了师范生的师范技能，并以点带面，点燃了全年级同学的专业学习热情。趁热打铁，在12月26日，外语系举办了"专业技能微课堂比武"，赢得了广大师生的赞誉。在2015年湖南省普通高校首届师范生教学技能竞赛大赛中，我院三个选手获得了两个一等奖、一个二等奖的好成绩。（衡阳师范学院外国语学院　贺学耘）

第十一节　探索师范教育与教师培训的有效对接 ①

2013—2014 年，衡阳师范学院外语系（现为外国语学院）连续两年获得"国培计划"——湖南省初中英语骨干教师短期集中培训项目。在首席专家贺学耘教授、项目首席执行官贺鸿莉副教授带领下，以教学法教研室为主力的外语系国培团队对项目科学组织、温暖管理，通过训前、训中、训后的调研、策划、组织、跟踪，取得了较好成绩。国培团队在培训中探索的高等教育与基础教育无缝对接推动了我系教师教育教学工作的进展。

一、对接教师教育的行动实践

在国培中，通过与一线教师的亲密接触，培训团队更好地了解了初中英语教学的现状。为了更好地培养我们的国培教师和教学法专业的教师，将教育理论与初中英语课堂教学实际相结合，我们选派教师深入中小学开展"下水"教学，深度指导基层教学教研。

2013 年 9 月开学伊始，衡阳师范学院外国语学院选派了教学法教研室的贺利燕老师到衡阳市成章实验中学的 C230 班进行为期一个学期的初中英语教学实践；2014 年 2 月—7 月，尹彬老师到酃湖中学 92 班开展教学实践活动；2014 年 9 月，委任邹俊飞老师为教师联盟学校的秋季顶岗实习指导老师，深入到湖南各市州的联盟学校进行教学指导和教改调研。2015 年 3 月，李梅老师带领 90 名顶岗实习生到耒阳地区的 26 所市级、县级和乡镇中学进行教学实践指导和调研活动；2016 年 9 月—2017 年 1 月，刘萍老师到衡东县一中开展教学实践活动。

实践证明，这种举措既有利于高校教师深入熟悉中学英语教材、课堂、学生和教法，从中小学校学习到丰富的中学英语教学与管理经验，又有利

---

① 2017 年衡阳师范学院优质课程《英语教师职业技能训练》阶段性研究成果。

于培养满足中学英语教学需求的师范生，同时，高校教师又为中学英语教学注入了新的活力和血液，提供了最新的教学理念和方法，起到很好的引领示范作用。此举为师范院校和基层中学创造了一个相互借鉴、学习、沟通与互动的机会，对提高不同层面老师的教学水平和教研能力都具有积极意义。

二、对接教师教育的研究成果

高校教师身兼教学和研究双重任务。在参与国培实施工作以后，我院一大批教师将自己的研究重心向教师培训转移，并且初步确立了几个研究的方向。2013 年"国培计划"以来，我院申请并立项了多个相关课题，如"湖南省初中英语教师专业发展问题及对策研究——基于国培计划初中英语项目"（尹彬，2014 年湖南省教育科学"十二五"规划项目），"E 时代背景下的信息化翻译教学模式的构建研究"（贺鸿莉，2014 湖南省教育科学"十二五"规划项目），"衡阳市民办中学英语教师专业发展研究"（邹俊飞，2014 衡阳市社科联合项目），"高等教育与基础教育对接实践：本科英语专业师范生培养改革探究"（贺利燕，2014 年衡阳师范学院教改项目），"广泛阅读项目在英语专业教学实施的可行性探索"（马超，2013 年衡阳师范学院教改项目）。

通过研究课题的带动，既对教师培训的实践成果进行了反思和提升，又有效地反哺基础教育，推动了教师培养职前职后有效对接。

三、主要经验

从关起门来培养师范生，到深入一线去探求基地校的需求，外国语学院的"国培"和师范生的培养经历了一段艰难的求索之旅。探索过程有彷徨、有困惑，更多的是收获、是欣喜、是脚踏实地干实事的满足感和成就感。外国语学院将继续派出教学法老师深入到一线，真正地实现高等教育与基础教育、推动教师教育和教师培训的对接。

　　作为教师培训者的高校教师通过深入中小学一线进行教学，通过加大对基础教育和教师培训的研究力度，在一定程度上有助于弥合过去师范教育和教师培训之间巨大的鸿沟。但这样的做法离真正的教师教育职前职后一体化还有较大距离，需要更多高校和教师培训机构继续探索，加大实践力度。师范生培养的课程设置与教师培训的内容体系之间如何有效对接，师范生培养方式与教师培训模式之间如何良性互动，这些都需要继续深入研究和实践。（衡阳师范学院外国语学院　尹彬）

第五章　发挥辐射引领功能，助力教师专业发展

衡阳师范学院在承担"国培计划"项目实施的过程中，创新教师培训模式，优化教师培训流程，发挥了重要的示范引领作用。更重要的是，通过项目的组织实施，对一线教师产生了重要的辐射引领功能，以较为坚实的教师教育实力助力中小学一线教师专业发展，在省内外产生了积极的影响。为此，本章选编了部分优秀学员撰写的培训心得和论文。

第一节　生命的回响——学员心得选编

蜕变——国培助力我成长

（"国培计划"——教育部示范性项目初中思想品德研修班　李敏）[①]

生命是一个个美丽的遇见拼凑而成，感谢这美丽的遇见！我叫李敏，是来自宜宾市珙县上罗中学的一名普通老师。今天，能来到这里，我倍感荣幸！我要感谢国培让我成长。我很喜欢成语词典中"破茧成蝶"这个成语，因为它不仅向我们讲述了自然界中动物的生长规律，更给了我一种启

---

①　作者单位四川省宜宾市珙县上罗镇中学，作者为四川省特级教师。

示：人也可以像蝴蝶一样因蜕变而美丽！我的成长虽然没有蝴蝶那么绚烂，却也是一次深刻的蜕变重生！因为，昨天的我，怀揣梦想，踏上征程。

（一）昨天的我

1. 怀揣梦想，踏上征程

1988 年，我师范毕业回到贫穷的家乡，开始了"做一个好老师"的追梦之旅。刚开始在一个乡中心校任教，条件很艰苦，但没有怨言，满满的都是雄心壮志——要做一个"好老师"。

在那个阶段，为了自己成为"好老师"的目标，因此非常重视两件事：听课、上公开课。

首先，我努力多听别人讲课。为了提高自己的教学水平，我向本校的老师们学习教学经验；认真听他们上课，通过听课，对比自己的教学，找出他人的特色，再结合自己的实际，取长补短，不断的改进自己，使自己的教学水平也有了一定的提高。为了学得更多，我还自己联系老师，去别的学校听课，向那些学校的老师们学习教学经验。

其次，我积极争取上公开课，并虚心听取公开课后老师们的评课。评课虽然很残酷，但在评课中自己的教学方法却得到了很大提高。自己现在的成长证明：昨天的痛，到今天才知道那是一种幸福！……一系列的"折腾"，使我在教学这条路上慢慢地成长。

2. 成长路上，寻寻觅觅

然而，成长的路并不一帆风顺，摸爬滚打了许多年，总感觉自己就是井底之蛙，在原地转圈，无法突破，无法超越。教学上，开始还觉得不错，几年下来，还是老样子，特别是教的班级多，每个班重复着相同的内容，重复着相同的教法，自己都没有激情讲啦，更何况学生，还有什么热情听？！自己很迷茫，也曾寻求帮助，但在那个狭小的圈子里，真的无法超越。一次偶然的机会，我听了来自成都市一名专家的讲座，两名优秀教师的讲课，心里开始明白：作为一名教师，光有热情是不够的，要想成为一名优秀的教师，还要不断地学习、充电。要能突破困住自己的小圈子，从井里跳出来，见识外面的大世界，才能集思广益。但是，作为一名普通的一线教师，要想获得外出学习的机会很难，而且，那时候的教师培训本来就很少！所以，我选择了函授，函授了大专文凭，又函授本科文凭，通过函授学习，提升自己的专业理论；还不时地跑到领导面前表达想外出听课学习的愿望，争取领导给我一些学习的机会。这期间，很多人问我，这样"折腾"为何？我为遇见更美好的自己：因为职业的女人更自信，自信的女人更美丽；还为了给孩子做一个自强不息的榜样……零点研究咨询集团董事长袁岳有这样一句话："年轻的时候两样东西很重要，第一要折腾，第二要'脸皮厚'。"这期间的我还真能折腾，脸皮也厚！

3. 跌跌撞撞，热情不减

厚脸皮也是有回报的。2007年，我获得了宜宾市骨干教师的培训机会，这期间的培训，我转变了不少的观念，认识了一些优秀教师、专家，圈子开始扩大，教育教学理论和水平较之以前也有了较大提高。然而，制约我的瓶颈问题没能解决：还是无法突破自己固有的教学模式方法，无法实现自己的第二次专业成长……其实，这时的我已进入了专业发展的"高原期"。

（二）今天的我

1. 峰回路转，又见光明

我的导师黄佑生曾告诉过我们，要实现自己的第二次专业成长，必须寻找成长的三个"关键"：关键"事件"、关键"人物"、关键"书籍"。我们都是幸运的，2010年，由教育部、财政部全面实施的"中小学教师国家级培训计划"开始。"国培计划"包括"中小学教师示范性培训项目"和"中西部农村骨干教师培训项目"两项内容。这是提高中小学教师特别是农村教师队伍整体素质的重要举措。

我更是幸运的，不仅获得2012年10月"国培计划（2012）"——示范性集中培训项目衡阳师范学院初中思想品德骨干教师研修班短期培训。还获得了2013年西华师大为期100天的四川省"国培计划（2013）"农村中青年骨干教师置换脱产研修培训。两次的国培学习，是专业的培训，更是心灵的洗礼！从此，我的眼界、我的思想、我的人生发生了前所未有的逆转……我找到了第二次专业成长的关键"事件"——"国培"。

2. 学有所获，思想提升

衡阳国培学习开班典礼上，张登玉副校长的讲话："示范性培训是最高规格的教师培训，是为大家搭建一个互相交流学习的平台，搭建一个近距离接近专家的平台……""国培的意义在于示范引领，雪中送炭，促进改革。……""我们的培训文化：1、核心理念：教育是良心的事业。……6、行动策略：点燃（激情）、激励（信心）、唤醒（情怀）。……"激情的话语，唤醒了我们胸中沉睡的教育情怀，更让我们明白了：我们此次衡阳之行来学什么、今后该做什么。

班导师凌老师组织我们进行的别开生面的班级分组、展示活动课，伍辉主任组织的班级团队活动，让我们耳目一新，我们像孩子一样乐在其中。我进一步明白了一个道理：教师应该保持一颗童心，失去童心的教师，也会失去爱心！廖建平教授给我们做了第一场讲座——《品德教育·学校工作·教师职责》。他说："德育就是要人有良好的品德，而要人有良好的品德，却是为了让人生活得愉悦，生活得舒坦，生活得安宁，生活得内心平静。""过道德的生活，不能使人富贵，却可以使人平安；纵使不能使人平安，也至少可以使人避免自戕。""培养人的品德的根本目的，是为了让人生活得更好。""教师要有一颗宽容的心，去宽容学生的一切"……我们一直都认为自己所教的学科在传承道德，但是我至此才真正明白了道德的含义及作用。我在笔记本上这样写道：教会学生过道德的生活，首先得教师也要过道德的生活，我们，过道德的生活了吗？第一场讲座，让我们意识到：这次的学习真的不虚此行！

湖南省教厅国培办主任黄佑生导师的讲座《用思想提升你的教育品位》，更是点燃了学员们的教育情怀。"做教育，前五年靠的是热情，后五年靠的是意志，十年后靠的是思想！思想有多远，你才能走多远！"我的思想有多远呢？！我不禁在心里问自己。"教育何为""我在哪里""学生是谁""教学如何"，一个个问题，如重锤般敲在我心里！以前只是凭着一股子热情教学，我何曾思索过这些问题！黄老师所举的每一个案例，所放的每一段视频，所讲的每一句话，深深地震撼着我，如醍醐灌顶，我明白了我之前的困惑所在：我教学为何难以提高，理论为何难以提升……原来我一直处在专业成长的"高原期"，正如黄老师所讲，要想破茧而出、蜕变重生，实现自己的第二次专业成长，必须寻找成长的三个"关键"：关键"事件"、关键"人物"、关键"书籍"。"如果你是一只雄鹰，要有进取的心态，要有勇气和魄力，让自己蜕变和重生。""只有初恋般的热情和宗教般的意志，才能成就某种事业。"我明白：我们遇到专业成长的关键"人物"！

接下来的每一场讲座都震撼着我们，华中师范大学的胡田庚教授，广西师范大学的李庆忠教授，用他们独到的教育教学见解，独特的授课魅力，征服着每一位学员；株洲景弘中学詹艳平主任的《改造我们的课堂》，让我们学习并感受了景弘中学"五步三查六环节"高效课堂教学模式理论、教学模式；知名课改专家的《对教师角色的认识》《四新解读》《2012，新文化》讲座，在衡阳师范学院的外语楼演播厅里更是座无虚席。

每一场讲座，不光只是专家们在讲，一直穿插了学员与专家们的互动，让我们当场提出自己的困惑，专家们当场为我们解答。我不爱提问（因为胆怯），但每一场我都认真笔记，认真反思，认真记下学员们的提问和专家们的解答。

每一场讲座，我们43名学员无一人缺席，而且还多了两名特殊的"学员"，我们的首席教授廖建平主任，班导师凌老师，他们一直和学员们一起听课，一起笔记，好几场讲座我都和廖教授坐在一起，我发现廖教授、凌老师却一直专心听讲，认真笔记，我还翻看廖教授的笔记，发现比我的笔记详细，更多了反思的问题、总结的话语，我对这位师长增添了更多的崇敬。

难怪黄佑生主任在微博里这样评价廖教授和凌老师："只有初恋般的热

情和宗教般的意志，人才能成就某种事业。国培，因为有廖建平、刘雨芳、刘少英、凌云志等一大批把国培当作事业的专家，他们的热情、投入、创新、专业、精细和执着，让人感动。向他们致敬！""今天，再次见到打了鸡血的两个人：廖建平教授和凌云志老师。这是黄金组合，廖教授学术引领、把关课程教学，凌老师营造氛围、建设文化。这个初中思想品德班比原来做得更好，尤其是文化建设和活动开展，教室里有精心布置，团队建设有声有色，学员反思且学员主持，精彩回放燃烧激情，课间节目缓解疲劳。"短短十天的衡阳国培学习，我们每一天都有新的收获，每一天都有不同的感动。

3. 激情燃烧，扬帆起航

两次的国培，都在感动、舍不得、泪流满面中结束，与尊敬的师长依依惜别，与情同兄弟姐妹的学友们相拥而泣，各奔东西。是结束吗？！每一位学员都明白：这不是结束，而是开始，是扬帆起航的起点！正如培训宗旨说的一样，培训确实点燃了我们的激情、激励了我们的信心、唤醒了我们的情怀。国培培训，我不仅理论知识得到提高，教学方法得到提升；而且思想境界提高了，朋友圈子扩大了；战胜了恐惧心，增强了自信心；提高了能力，收获了友情。

回到家里，我一页一页的整理笔记，一遍一遍地学习老师们的讲课课件，我在心得体会里这样写道："我的脑海里无数次的涌现一个词：蜕变。是的，国培，我像蝉一样蜕变着。……国培，将永生铭刻于我的生命旅程！我的圈子大了，眼界高了，人也仿佛变大了！……新旅程，新起点，我在这里起航——永不止步！"

我开始重新思索自己前行的方向，我不能只把学来的东西自我消化，自我提高，这不违背了国培的初衷吗？！正如我的导师黄佑生在评价绵阳东辰中学的代安荣老师时所说："……小草根，虽撼不动整个教育，但至少可以改变自己，改变自己的课堂，影响身边的人，乃至改变身边的教育。""改变中国教育的不是少数教育专家、教育家，而是千万个扎根在一线的草根教师。每一个老师，不管你身处偏僻的大山村，还是喧嚣热闹的都市；不管你执教于声名赫赫的名牌学校，还是默默无闻的普通学校；不管你是名师、骨干教师，还是普通平凡的教师，只要你行动起来，以初恋般的热情和宗教般的意志，直直地走下去，你将是中国教育的良心和希望！"

　　我定位了自己的目标，开始用我所学，积极投身课改：首先是在学校上课改示范课，邀请老师们听我讲课；然后邀请志同道合的老师们一起学习"五步三查六环节"等课改模式；我把景弘中学"五步三查六环节"高效课堂教学模式理论整理成《高效课堂简介》，共十二个方面20页，分别拷贝在办公室电脑上和印发给老师们，试着在学校推行新课改教学理念和方法，我知道不可能让所有的老师接受、认可，但是，只要能让一部分老师，甚至哪怕是几个老师认可，这也是进步，因为，任何改革最初都是被人怀疑的。我到临近学校宣传讲解新课改和"五步三查六环节"课改模式，还在我们学校、周边学校传播专家们的教改思想和教育理念，我坚信，好的思想只有不断传播才能熠熠生辉，我也把这看作是自己学习成长的一种方式，一种机会。

　　我的一系列努力，得到了学校的认可，我们学校已从2016级开始全面铺开课堂教学改革；虽然我们现在还在模仿他人的课改模式，但我们在模仿中不断地思索，就在6月份，在学校的支持下，我们还申报了市级课题《校本课程开发与利用之新课改背景下边远山区农村中学课堂改进的价值追求与路径选择》，我还把对课改的认识、加强偏远农村师资队伍建设的必要性和紧迫性，通过政协提案的方式向相关部门提出。

　　国培学习虽然结束，但是，廖教授、凌老师、黄老师、高教授、刘老师却一直关心着每一位学员的发展，关注着我们的课改动态，关心着我们的学习、生活。我在一所学校的讲座在我们县教育网挂出来以后，凌老师他们也在衡阳师范学院教育网上及时的跟进报道；这次高教授、刘老师又给了我再次来到西华师大的机会。

　　在我培训后积极投身课改的过程中，我也获得了前所未有的成长机会：

得到黄佑生导师的帮助，参与了湖南人民出版社初中生《人文·科学素养读本》编写团队，此书现已出版发行；2014 年，再次在黄佑生导师的帮助下，参与了《思想品德教学详解》编写，现在此书正在出版发行中。得到衡阳师范学院廖教授的信任，2013 年 7 月 24 日在衡阳师范学院"国培计划"（2013）初中思想品德学科短期集中培训班做《努力做一个有魅力的教师》的专题报告，于 2013 年 11 月 11 日再次在衡阳师范学院"国培计划"（2013）示范性集中培训项目团队研修（高等学校）思想品德班做《蜕变—我的国培故事》专题报告；得到西华师大高青兰教授的信任，于 2013.7.20 日在西华师大国培思想品德置换培训班做《努力做一个有魅力的教师》同一题目报告；2013 年 11 月 15 日受成都市高新区和平学校邀请，在高新区和平学校做题为《推开教育的另一扇门》的讲座；在我们县的几所学校传播了我的导师黄佑生的《用思想提升教育品位》讲座。今天，再次来到这里，我倍感荣幸，但更多的是惶恐，因为我还这样的肤浅，未来的路还很长！因此，明天的我，追梦路上，将继续前行。

三、明天的我

1. 追梦路上，继续前行

2013 年 7 月 24 日号在衡阳国培班做了《努力做一个有魅力的教师》的报告后，廖主任总结了一句话给我："把你的心交给教育，教育就是你的天堂。"卢新宇在北大中文系 2012 年毕业典礼上的致辞有这样一句话："请看护好你曾经的激情和理想，在这个怀疑的时代，我们更需要信仰。"我庆幸自己没有被辗在时代的车轮下，因为我选择了坚守，选择了目标，选择了倾听内心的呼唤！

黄佑生导师在他的微博里这样说："学员发言提到国培造就教师，初中思品班黄房生和李敏，因为国培让自己提升和展示，已经成为国培讲课专家。学员说：廖教授是他们的贵人！我认为廖教授是这些学员的伯乐！我更想说的是，这些学员自己给自己机遇，因为国培班给每个学员舞台，有人百般珍惜，有人浑浑噩噩，有人视为机遇，有人视为负担。"我的师兄黄房生在湖南现在成了真正的国培专家，还出了自己的国培专著《向着阳光走》；而我的另一位师兄安徽的汪静，在衡阳师范学院班导师凌老师的推荐下，也被山西太原师范学院邀请，前往太原师范学院为特岗国培班学员做专题讲座。国培，为每一位学员提供了机遇，提供了的平台。

未来的路还很长，而我仅只属于黄佑生主任归纳的四种人中的第三种：很用心，暂时能力还不够的人。所以，追梦路上，我将继续努力！

2. 上下求索，止于至善

正如廖教授在他的著作《良心的事业》里说的："一个真正优秀的教师，一定是一个内心丰富、外形优雅、教学技巧娴熟的人；一定是一个能欣赏社会、欣赏他人、欣赏自我的人；一定是一个有胸怀、有境界、有涵养的人。"因此，我要：像蚂蚁般喜乐而勤劳地工作，像蝴蝶般美丽而优雅地生活。我给自己找了 N 个喜乐的理由，理由之一：我爱我的工作，爱我的孩子们；理由之二：为孩子们做勤劳的榜样；理由之三：自己都不爱生活，如何教会他人生活？！最终理由，我想做一个有魅力的教师！

我给自己确定了两个目标

（一）做一个会学习的教师

培训学习让我明白，作为一名教师，光有点学科知识是不够的，不断地更新知识结构是每一个教师无法回避的任务，只有学习才能为我提供源头活水。

1. 多阅读

自己的知识积淀还十分匮乏，要不断学习，加强阅读。读书有两种收获：一是通过读书知道了自己原来不知道而且也没有的东西，这样收获到的东西叫知识。二是通过读书知道了自己原来已经有但没有意识到的东西，这些东西是自己感悟到的，但好像一直沉睡着，现在被唤醒了，激活了，并且因此获得了生长、开花、结果的机会，这叫智慧。苏霍姆林斯基在《给教师的建议》中说过："要天天看书，终生以书籍为友"，"读书不是为了明天上课，而是出自本能的需要，出自对知识的渴求。"我国最早的教育专著《学记》中也说："能博喻然后能为师"。唯有阅读，才能提升自身素质，展示无穷魅力。我得到了在衡阳师范学院做报告时认识的山西太原师范学院郝双才教授的帮助，他告诉我，作为一名教师，不仅要博览群书，增加自己的知识宽度，更要精读一些教育名著、专著，增加自己的专业知识深度、厚度，他还给我寄来了苏赫姆林斯基的《育人三部曲》、陶行知的《中国教育改造》、叶圣陶的《如果我当老师》等书，要我认真阅读，然后去感悟，去思考。我找到了第二次专业成长的关键"书籍"——"苏赫姆林斯基"。

2. 常反思

著名教育家叶澜说过："一个老师写一辈子教案不一定成为名师，如果一个老师写三年反思有可能成为名师"。代安荣老师、黄房生老师的实际经验告诉了我，我应该在今后的教育教学中不断的反思自己，做一个反思型的教师，才能不断地成长。

（二）做一个用心耕耘的教师

著名教育家陶行知老先生说过："真教育是心心相印的活动。唯独从心里发出来的，才能打到心的深处。"李镇西说："教师要有一颗'奉献之心''理解之心''平等之心''责任之心'，没有对学生发自内心的爱，就没有任何真正的教育。"曾经一位其他行业的朋友告诉我："任何事情用手做和用心做的效果是不一样的。"我始终相信，一个人不管在生活上还是工作上，如果取得了一定的成效，并不一定是他有多聪明，而是他有多用心。教育工作的特殊性，决定了我更要用"心"来做，在"奉献之心""理解之心""平等之心""责任之心""爱心"的基础上，还要有"耐心"，要"善于等待孩子们的成长"！"师爱是幸福的源泉"，只有爱孩子们，才能在他们身上体验到了更多的幸福快乐！今后，我希望自己能够用心地投入工作与生活中去，用心对待自己的工作，对得起职守；用心对待自己的同事，对得起感情；用心对待自己的学生，对得起良心，做一名用心耕耘的教师。

各位兄弟姐妹，庄子云："吾生也有涯，而知也无涯。"学习是一种心态，一种生活，永无尽头。未来的路还很长，我们需保持教师应的品质：激情、爱心、创新、时尚、沟通、敏感、反思。我无数次的与我的孩子们观看短片《鹰之重生》，明白"只有置之死地而后生的勇气和决心，才能有鹰之蜕变重生，有凤凰的涅槃升华，有破茧成蝶的绚丽多姿！"

从"忍受"到"享受"一步之遥，全凭会想。我走在自己选择的人生路上，成功与失败都是我的收获。

借班导师凌云志的话与大家共勉：有什么事会令人心驰神往，又有什么事会让人焦头烂额？所有的一切，只是让自己找到存在的价值和心灵的慰籍。努力绽放，遇见最美丽的自己。然后，不念过往，不畏将来！静看岁月年华，如水流逝，热爱生活，才能拥抱阳光；拥抱微笑，才能拥抱快乐，我们将在快乐的舞台上导演着自己。像山间寂寞开放的野百合，也拥有自己的春天！

正如屈原所说："路漫漫其修远兮，吾将上下而求索。"今天，我给大家汇报参加培训学习的经历和一点粗浅的感悟，如果说得不当的地方，敬请大家海涵并批评指正。您的教诲和指正永远是我前进的明灯。

感谢国培！感谢衡阳师范学院！感谢所以用心做国培的尊敬的导师们！你们是我们信心的源泉和坚强的后盾！如果说我是一粒种子，那么，你们就是阳光、土壤、养分……！因为有你们一路相伴，一路支持，才有我今天的成长！

沐浴国培之春风——我学习我进步

（"国培计划"——中西部项目教师培训团队高级研修班　罗金玉）

夏天的太阳闪着金光，把大地烤得像个大锅炉，路边的树木低垂着脑袋，毫无生机地摇摆着；路上的汽车"嗖"的一声从我身旁开了过去，留下一股热浪、和呛人的尾气。我站在树荫底下，仰望着天空，心想：真高兴！真幸运！我能参加"国培计划"（2016）A201中西部项目——教师培训团队置换脱产研修班的学习。如果说：每一次学习就是一次锻炼，每一次锻炼就是一次蜕变，每一次蜕变就是一次进步。我愿意全力以赴地投入到每一次学习的机会中，让自己都有一点点的进步。就像"野火烧不尽"的小草，沐浴着徐徐吹来温暖的风一样，当"春风吹又生"来时，就尽情地展现自己勃勃向上的生命。因为"我在学习，在努力进步。"

一、培训生活倍感温暖多

当背起行囊的那一刻，我的内心是彷徨的，我反复在心里问自己："开始学习了，我真的准备好了吗？此次学习的同学有哪些人，他们都是哪些学校的？（根据自己了解到的老师情况，他们都在自己擅长的领域，有着一定的成绩。）我是来自一所很不起眼的乡村村小，来到外面学习的机会很少，锻炼的机会更少。我将会学习哪些内容？我能够学好吗……"我很希望自己有这样出来学习的机会，在学习的过程中总能在老师和同学身上学到，我在书本里学不到的东西。可是，之前的问题一直在我脑海中出现，让我感到特别的有压力。

当踏进衡东县进修学校的办公室时，我顿时感受到——亲切的问候、开心的场景，进修的领导和大家在一起就像认识许久的老朋友。好亲切！专车接送，省去找车、找地点的辛劳。好贴心！敬爱的姿老师、彭老师，满脸笑容地迎接我们，忙前忙后地为我们安排吃饭、住宿的事情。竟然还直接叫出了我的名字，在那一刻，我好感动。好温馨！我想：在学习期间，我们在那里住得舒心，吃得安心。一定辛苦了师院法学院的老师们，感谢您的辛勤付出，为我们操了心、费了神；感谢进修学校的校长、吴主任，为培训的我们保驾护航。真温暖！

二、培训学习倍感收获多

我知道"在家靠父母，出外靠朋友。"在半个月的学习时间里，我得到了大家很多的帮助，每次在去师院的车上，总会有老师热情地腾地方给我坐；或是帮我拿东西。记得上次我的手机落在宾馆，我向洪老师借手机，刚好她的手机在录音，她跟我说明的情况，还帮我向陈老师借来了手机。

自古"人生交契无老少，论交何必先同调"。

苏霍姆林斯基说过："信念只有在积极的行动中才能生存，才能够得到加强和磨砺。"我认为：一个人要有信念就必须以专业的理念为依托。作为教师培训师，首先必须要对自己的培训内容研究透彻。例如：对老师进行作文教学的指导。我们必须先学习《新课程义务教育语文标准》，依托课标要求安排教学内容。其次，做好听课对象的调查。吴伦敦教授在讲授《如何设计一堂优质的培训课》中强调——听课对象的需求调查是非常重要的环节，从中知道听课者缺啥就补啥，对于存在的问题，培训师不能忽视，不能敷衍或是方法单一的进行，使需求与内容脱节。培训师应该综合考虑，深入研究，再根据需求设计合理的培训内容。以理论为依据，用案例来说明，由浅入深地对培训者进行讲解，把抽象难懂的知识，转化成浅显易懂的知识，让被培训者听得懂、记得住、学得会、用得上的培训才是好的培训课。

培训师不仅要做好培训课前调查，还要善于运用一些好的技巧来帮助课程的开展。例如：雷斌老师讲授的《码课码书》，运用互联网便利、快捷的特点，随时随地进行"微课"记录、上传、分享、讨论，更加方便我们日后进行查阅。沈旎老师也一再强调，作为培训师，更应该利用《慕课》《网易课程》《微课》等进行自我学习，自我提升。黄佑生老师告诫我们，要做一名有故事的人，会讲故事的人。他认为好的培训课程，必须引起培训者的共鸣，这样才能让其有所思、而后才有所获。事实确实如此。现在，我脑海中印象最深的是双牌县那位老师讲的故事——面对两次偷盗，他所采取的方法，即产生的后果。一个是针对逼供，最后退学；一个是引导，最后主动上缴并承认错误。是那位老师的故事，引发我也在思考。我的工作中也会遇到这样的事情，我会怎样去处理。

三、培训心情倍感快乐多

说到在这里培训的心情，我觉得要用快乐、充实、精彩来形容。

快乐——每天跟来自衡东县的老师在一起，说着熟悉的衡东话、谈论着自己喜欢的话题；听着不同老师精心准备的培训内容。就像一家人在一块，好快乐！充实——听课笔记、听课反思、课前分享、学习展示、准备晚会，每天晚饭后散步、聊天、运动，样样都刺激，天都充实。精彩——每天都会有不同的新任务，又收获不同的新知识。把每个人的力量和不可能，都最大化激发出来，一天比一天更精彩。

通过半个月的学习，我内心不再彷徨。我知道我要努力的方向是——培训师是引领者、激励着、传授者。当我站在台上的那一刻，我应该是积极的、乐观的、自信的、大方的面对我的被培训者们。培训的时间是短暂的，也是精彩的；是枯燥的，也是美好的；是辛苦的，也是收获的。这次学习中不仅结交了朋友、收获了友谊，还更新的理念、收获了方法。我会认真研究这次培训所学到的内容，萃取精华，再结合本土的特色合理地运用到自己的培训工作中。

"路漫漫其修远兮，吾将上下而求索。"只有在不断的思考中，才能让自己更进步。

回归本真，潜心研修

（"国培计划"——中西部项目（2016）教师培训团队高级研修班　蒋兰凤）

2016 年 8 月 1 日——8 月 15 日，我再次特别开心地参加教育部财政部国培计划（2016）——第二批项目县乡村中小学教师培训团队脱产研修为期 15 天的培训。再次当一回学生，而且是培训者的培训，这是一种全新的体验，每天有规律地学习、生活，回归本真，静心学习，潜心研修，真的很好。

从 8 月 1 号 8 月 2 日，上午 9 点国培计划（2016）——第二批项目县（江华县）乡村中小学报到一直到开班典礼，从 8 月 3 日，首席专家杨柳教授为我们带来了"不一样的课题，相同的师道"，到 8 月 4 日上午，株洲景弘中学数学高级教师宾拥军老师的"小组建设与团队评价策略——教育因我而改变"精彩讲座。依次还倾听了 8 月 6 日，衡阳市教科所的曾红斌老师的"评课（交流、评价、研究）"的专题讲座 8 月 10 日，听了汨罗市教师发展中心熊周蓉老师的"从问题中来，到行动中去" 8 月 11 日，深圳市龙岗区教师进修学校教师培训课程开发中心负责人雷斌老师为我们讲解了"创新培训实施技术"等等。听得专业的培训技术，感悟颇多。熊老师把她自己亲身经历当作案例逐一呈现给我们，让我充满了自信。雷斌老师说话幽默风趣，妙语连珠，通过对各种人物角色的剖析，让我懂得了官员、学者、培训师、老师、学生、厨师等各形各色的人物特性。作为一名卓越的老师应该具备应有的技术方法（心法与手法），流程，工具，标准。特别是说到了气场的培训应以静制动，把心法变成手法。即站得稳，盯得住，打得开，说得脆，不谦虚。还联系实际举例说明了调控课堂的五步法：站门口——环视——盯住他——走过去——拍拍他。以及利用人情来建立良好的师生关系等等。

这些天聆听着他们丰富的教育教学实践，享受着高层次的理念讲座，一次次震撼着我的心灵。在与各位专家、教授的思维碰撞中，我们的思想得到了升华，理念得到了提升，我认为这次能成为他们的学生真是我们的幸运。

首先，教师应树立终身学习的教育理念。现在我们正处在科技发展一日千里、知识陈旧率周期进一步缩短的年代，人类开始步入教育终身化、全民化、个性化的学习社会。尽管我具备近二十年的教学经验，但随着知识的更新、课程的变革、教育对象的变化、信息技术手段的现代化等诸多变化，过去那些陈旧的教育观念和教学模式、落后的教学方法等已经远远不能适应新形势下的素质教育和新课程要求。为此，我深深认识到必须转变旧有的教育教学观念，改变传统陈旧的教学方法，不断学习，与时俱进，做个永远的"新"老师，也只有不断学习，才不至于在未来的竞争中被淘汰出局。

人的一生都要学习，它贯穿于从学前教育一直到老年教育的全过程。作为学生自主学习引导者和学习方法给予者的老师来说，更应该清醒地认识到这点。为了每一个学生都能拥有一个辉煌的未来，为了帮助和促进他们成为终身学习者，我们广大教育工作者更需要树立终身学习的理念。

其次，教师应把教育理念认真落实在实际行动当中，真正做到活到老学到老。从教师专业发展的角度来讲，我认为可以从以下几个路径来落实终身学习的理念：

1. 多研究教材。教材是教师传播知识的最主要载体。一个教师表现出的课堂驾驭能力强，教学得心应手、游刃有余，很重要的因素便是对教材的挖掘透彻、掌握熟练。

2. 多听课。寸有所长，尺有所短。每个教师都有自己的教学风格，都有优缺点。听课是学习的最有效途径。听老教师的课，你会领略到老教师驾驭课堂的艺术和深厚的专业功底；听青年教师的课，你会学到他们大胆创新、和谐愉悦的教学风格。多听课并不浪费你的时间，相反会使你少走不少弯路。

3. 多看书。要看有价值的学科刊物。学科刊物信息量大、内容新，是我们教学必不可少的工具。

4. 积极参加培训。每年假期，教育局都会安排教师培训活动。每次都要争取把握机会，积极参加，并且认真学习。因为这些活动，可以结识许多志同道合的朋友，结识专家学者，确实学到了不少东西。

5. 积极参加赛课、公开课等教学活动。公开课、赛课是一个教师教学理念、教学手段、教学内容的优化过程，是教师的学习过程、创造过程。因而，公开课、赛课是教师锻炼自己、丰富自己、展现自己的极好机会，也是教师成长进步的阶梯。

作为一名中学教师，经过学习与培训，我觉得在本职工作和业务学习中要将《中学教师专业标准》作为自身专业发展的基本依据。制定自我专业发展规划，爱岗敬业，多了一项重任——送教下乡，服务他人，传递新理念、交流新交法，通过此次培训，一定能让我顺利开展后期工作。

虔心赴衡重研修，雁城皓月推胜景

（"国培计划"——中西部项目（2016）教师培训团队高级研修班　杨亮）

虔心赴衡重研修，

雁城皓月推胜景。

杨贾宾王论变革，

曾张熊刘释送培。

盘王殿里客秋雁，

两江活水话沉沦。

来日大比担重负，

遥望长亭送课下。

我的小结就从这首诗开始吧！我想我们来雁城参加这次高规格的国培，大多是怀揣着激动而又虔诚的心态来的；雁城这个魅力的城市给我们无数的美好的回忆；专家们思想的精髓、理论的精华让我们醍醐灌顶，豁然开朗；我们也将会用到这次培训的学到的理论、实践经验用到我们今后的教育教学和送教下乡的活动中去，来践行不负此行。

（一）心中有优越感自豪感

从我接到参加国培电话，到看到参加本次国培的初中老师名单，心中就在期待不已，名单里有我们江华中小学教育届的名师、学科带头人、骨干老师、师德标兵、教学标兵、优秀班主任、教学能手等。能置身其中，一股优越感自豪感油然而生，同时我想能和这些有思想的人在一起一定会碰撞出教学的火花，定会有助于我的成长。

（二）享受精神大餐

在雁城这半个月的学习与培训期间，我们感受到许多专家、学者、学员，以及教研教育教学工作者的经历、体会、感受和学习成果的展现，在这种培训中一起完成了教师教育教学的资源共享！这是一次大规模的集体和智慧的共同创造和创新，是一次教研成果的大荟萃，大家彼此快乐着，收获着。一轮学习下来犹如，经过专家和项目组的洗礼，我们羽翼渐渐丰满起来了。

贾腊生老师的讲座让我明白了，作为教师要扎实自己的教育教学理论，还应了解教育的热点和方针大策。比如：教育部长由袁贵仁换成了陈宝生，陈部长肯定有他对教育的理解；河南涿鹿"教改事件"辞职局长，郝金伦三疑三探教学模式失败的原因；十三五教师培训的要点有哪些等。杨柳教师的《不一样的课堂，相同的师道》让我明白，老师和学生的矛盾就是教与学的矛盾，课这么上，同样能吸引同学，他的谦逊、他的热情、他的学识让我领略了大师的风采。宾拥军主任的讲座，让我再次坚信小组合作学习是提高课堂教学和班级管理效果的一条最有力的途径。刘向东主任的讲座让我明白了，教学是科学，教师就要遵循教育的规律，数学有数学的思想，那么其他课程也是如此。比如我们的语文课堂：首先要能提高学生的语文素养；其次要把握语文人文性与工具性的特点；再次要倡导探究合作的学习方式；最后要打造有活力的课堂。只有老师遵循了教育活动规律，才能打造高效课堂，同时也能促使教师自身的成长。曾红斌老师的讲座，给我指明了一条评课的道路，虽然参加工作十二年，也评了十二年的课，但是总感觉缺少了理论的指导，有些无处着力的感觉。王金涛老师的讲座让我明白了，信息技术对人类对教育的巨大影响。互联网对人类的影响不断提升最终发展成为生命之网，教育信息化是教育的大趋势；同时也明白同样的教案复制不出同样的教学效果。张思明主任用"真信""真学""真懂""真用"八个字淋漓尽致演绎着课例研修模式的设计和实践。熊周荣老师用汨罗送教下乡的实践经验引领我们即将开展的送教下乡。雷斌老师更是用心上课，用幽默的语言时时感染着我们。黄宁生老师告诉我，送教下乡要重视实践引领，推进行动学习。用灵魂去浸润灵魂，以感情去培育感情，以情怀去感染情怀。只要我们在成人教育理论指导下，高度关注参训教师特点，以满腔热忱和科学态度，以扎实细致和不断创新的精神，全身心地为教师服务，我们的培训项目一定会受到教师的欢迎和称赞。沈建春老师告诉我，做事要坚持，坚持才能出成果，因为字字句句都是血，十年辛苦不寻常。

（三）心在哪，人在哪，目标才在哪里！

教育信念，就像一盏明灯，指引着教育工作者的行动方向。有理想，才会有行动，当今社会多元价值并存，容易让人迷茫，失去方向。在这次远程培训学习中我对自己的职业有了正确的认知，不管教师的社会地位、降级地位如何，应该以教师这一职业为荣，我自身也感受到了一种深深的职业幸福感。"追求自己的教育之梦"，是每一位优秀教师不可或缺的重要素质。

回想这些年的教育，有过屈辱泪水，也有过成果喜悦；作为外地人，我几乎已经爱上了这个偏远的瑶山，这里有淳朴的家长，明事的学生，团结的老师。我的心一直在这里，我的人也在这里，我的目标同样在这里。本次国培后，我们肯定即将或将要完成县里的送教下乡任务，我想我会努力实践之，培训老师的切入口要小，讲究循序渐进，目标不要高，要实事求是，同时自己也要真真切切参与，触发老师们的参与机制，发挥好我的搅拌机和催化剂的作用。

（四）促使成长，缩短差距

今年，湖南启动的评选湖南省未来教育家和青年精英老师的机制，很荣幸我和江华好些老师参与这次评选，经过层层筛选，我们很多老师进入了省级评选，可结果一出来，让我们瞠目结舌，我们江华竟未评选上一人，这让我看到我们江华与其他县的差距。那么接下来，我们只只有潜心修炼，争取缩短与其他县的距离。

（五）学后反思，再接再厉

首先，要想做成做好一件事，需要坚持，不要心浮气躁。君不见课改成功的学校，近到马坪学校、许市学校、景弘实验学校；远到洋思学校、昌乐二中，哪怕是杜郎口学校，那个学校不是经过千锤百炼，少至三年多至十年的坚持才有了今天。

其次，早在2011年、12年我就跟蓝山的盘晓红，江华二中的校长杨硕以及桥市学校的贺美玉老师就为江华的新老师、初中的老师做过多次的交流。时至今日，他们越走越高，我却在原地踏步。回想8月3日下午，唐老师的"滚雪球"课堂中，要求各组针对培训者的对应问题提出三点困惑，并对其他组提出一点困惑。10分钟的时间，班上的5组顺利地完成了各自的任务。看到大家这么多且质量这么高的的提问，我汗颜了，作为曾经参加过送培的我来说，我感到非常的惭愧，竟然从不去反思！是呀，没有反思，怎么来的进步呢！期待自己一路学习，一路反思。

国培即将借结束，我愈发深刻地认识到，作为教育教学的生命线的教育科研并不是神秘的、高不可攀的，更不是专家学者们的"专利"，普通老师也完全有能力去做。其实，有一种工作状态就是研究。只要我们用心去体会观察日常的事物，善于总结积累工作经验，从小处着眼，不停留在表面，敏于发现问题、细究本质，自觉做一个思想的反刍者，那我们就进入了研究的状态，我们就会有收获，有创新，也会有你成功。

国培学习，想说爱你也不难

（"国培计划"——中西部项目小学数学高端研修班　曾广玉）

国培学习在忙忙碌碌中不知不觉已过了近一个月了。在这段时间的学习中，虽然有点累，但我却很充实，快乐。

在此之前，我曾出去培训过几次，而这次却逼着我每天去思考、去领悟。心灵经历了忐忑、彷徨、无奈、探索、喜悦、享受。一路走来，专家、名师的讲座虽然我不能做到照单全收，但他们先进的教育理念、独到的教学思想、对我今后的教育教学工作起着引领和导向作用。这次培训之后，更增添了我努力使自己成为科研型教师的信心。

（一）专家指导，系统引领

从开班典礼到现在，各位知名专家、学者从自己切身的经验体会出发，畅谈了他们对小学数学新课标以及教育教学各个领域的独特见解。这次培训中，让我感受最深的是理论知识讲座具体详细，专家们针对教育教学中出现的各种现象进行逐一解释，用系统化的语言去定位数学教学中的知识与技巧，为老师们的专业深入发展起到了很好的指导作用。在平时的教学中，虽然大家也会抓紧时间开展业务学习，但是由于工作的性质，很难形成系统化的学习过程，常常是打补丁式学法，哪里产生困惑了，就去查询相关方面的内容，时间方便时，遇到哪里就学哪里。长期这样下来，虽然也在坚持学习，但头脑中总是难以形成知识理论的链接，缺口时时存在，这也势必会影响到教学。其次，内容涵盖面广。各位专家教授们各有所专，从小学数学新课程的核心理念与实践问题的解析，到怎样把握数学教学备课、上课、评课的重点，以及小学数学教学论文的写作与范文分析、数学课程改革的现实分析等等，都逐一地发表了自己的看法，让我们足不出户就能得到最新的理论指导。另外还有，课堂实例的展示让理论飞扬。专家们结合自己的理论知识，借用了很多生动的教学片段加以突破，有理有据，使大家很清楚地看到了灵动的课堂教学，更好的学习效仿。

（二）身边同行，不吝交流

参加工作以来，无论是在教学上还是班级管理上，我都是领导扶持和老师们指导的受益者。但是，因为平常的工作中，大家都肩负着自己的责任，所以即使帮助，有时候也是有心无力。老师们更是难得的坐在一起发表自己的看法，交流自己在工作中的得与失。而无疑，这次的培训就为大家搭建了一个良好的平台。每天的专家讲授指导后，就会有一段时间留给小组讨论，每个老师都必须结合讲授内容，谈谈自己的心得体会。这样的小组交流形式是我不曾经历过的，似乎又回到了少年时代。大家都毫无保留地畅谈自己的看法，有对专家理论的赞同与学习，也有实际经验对理论的冲撞，大家你一言我一语常会争论不休，但往往在争论中，彰显了个人的教学素养，这也让我对原本不太了解的同行们刮目相看，从他们身上去学习，从而更严谨的审视自己，更加谦虚的对待教师这个身份。

（三）享受教育，收获快乐

一个月的国培置换脱产研修学习虽然辛苦劳累，但每天能倾听专家们对教学的理解，感悟他们的思想方法，让我感觉到不是一种学习，而是一种享受，一种快乐。

这些天聆听着他们丰富的教育教学实践，享受着高层次的理念讲座，一次次震撼着我的心灵。在与各位专家、教授的思维碰撞中，我们的思想得到了升华，理念得到了提升，能成为他们的学生真是我们这一批学员的幸运。我们的人生也许与特级、专家无缘，但我们可以因为他们的引领在追寻小学数学教学的征程中更有活力，更有收获。我坚信！

"玉不琢，不成器；人不学，不知道。"古人寥寥数语就将学习的重要性高度地概括出来了。学习的过程好比那未经加工的瑕玉，经过一番精雕细刻之后，呈现出一具"婀娜"的工艺品应具有的高贵与典雅。同样的，面对这场深刻而全方位的新课程改革、日益复杂的学生思想道德，很多时候仍让我有些雾里看花，无所适从，我很需要学习，而此次培训学习，犹如为我打开了一扇窗，拨云见日，使我在一次次的感悟中豁然开朗。

国培学习，想说爱你也不难！

有一种生活叫学习

（"国培计划"——中西部项目初中思想品德骨干教师研修班　黄房生[①]）

作为一名培训学员，我珍惜这一机会与平台，更大程度的开放自己，试着将自己的所看、所闻、所学、所思化为行动与大家做一个交流，不求各位听有所感，但求自己心安理得。因此大家认为我讲得好的对方，给我以掌声，我会感激大家的鼓励，讲得不好的地方，我真诚地企望各位宽容原谅并批评指正。

我今天主要讲两方面的内容，一是对刚才所上的公开课做一个简要的

[①] 作者单位为郴州市汝城七中，作者黄房生为中学高级教师，校长。

说明，其次是谈谈自己在这次培训中的一点粗略感受。

首先说说我对教材的分析。

本课的教学内容是湘师大版《思想品德》七年级上册第四单元《团队精神》的第一节《小荷才露尖尖角》，安排两个课时来完成，今天上的是第一课时。根据课程标准的要求和教学内容在教材中的地位，我确立了本课的分类目标：在情感、态度、价值观方面，使每一位学生在相互竞争中体验到互帮互助、助人为乐的愉悦感，培养团队精神和竞争意识。在能力方面，确立了三点：一是初步培养团队意识和团队精神；二是初步培养合理竞争意识和精神；三是初步培养学生分析问题、解决问题的能力。在知识方面我确立了两点：一是理解团队、团队精神的意义；二是理解合理竞争与不合理竞争的含义及影响。根据我对教材的理解，把"团队精神与竞争意识的培育"确定为本课的重点与难点。这节课的教学内容较多，为了提高效率我做了一个简单的课件，帮助学生进行理解。

其次，再说说我对课堂的教学设计。

根据课堂教学的需要我为本课设计了五个环节。第一个环节是导入，采用的是图片导入，图片的内容是汝城六中所排练的一个有 860 人参加的大型团体操，学生有比较深的体验，借此引入新课。第二环节是新授，主要让学生通过自学、讨论交流、教师点拨归纳等方式理解三个重要内容：团队与团队精神、合理竞争及其意义、不合理竞争及其危害；第三个环节是现实对接，教师出示一些相关的现实案例，让学生根据所学的原理进行剖析，加深体验；第四个环节是本课小结，主要是梳理本课所学习的主要内容；最后一个环节是拓展，让学生利用课余时间进行社会调研，挖掘出社会存在的不合理竞争的现象，并探究其产生的根源，在班上交流。整个教学过程以多媒体课件为主线进行。

再次，说说教学方法。

根据本堂课的特点，我重点考虑了四种教学方法。第一是讲授法，对教材中重要知识点在学生探究的基础上进行比较精练的讲授，目的是画龙点睛，起一个归结的作用。其次是"案例分析法"，这是针对本课重点、难点的突破而选择的方法，通过案例分析来调动学生的思维，加深对所教学内容的理解，同时培养理解分析能力。这一堂课中重点引用了"和美汝城""漫画欣赏""飞人刘翔""超级女声""大头娃娃""资料遗失事件"等案例，每个案例从不同的角度说明一个主题，通过学生的探讨分析和老师的归纳，加深学生理解。第三种是"提问法"。根据教材的特点设计了一系列难易程度不同，有针对性的问题让不同层次的学生思考、回答，这些问题主要用以激发学生的求知欲望，调节课堂的气氛，提高课堂效率；第四是交流讨论法，教材的主体知识和相关的结论由学生交流讨论获得初步的认知与理解，教师在此基础上进行点拨、纠错与补充，加深理解，培养学生自主学习的习惯与能力。

第四，谈谈我的教后感受。

通过本课的教学，我有以下几点感受与大家分享：一是教材的处理要深化、活化。教材编写得很精练，老师在备课的时候要进行挖掘、取舍、补充，有必要的时候，要敢于打破教材的编排脉络进行重组。教学内容经过深化与活化后才有可能构建一个灵动活泛的课堂；第二是要将课堂的空间交还给学生。《思想品德》课堂并不存在高深的知识，关键的是从中获得某种体验，通过个人的思考后内化成自己的观念用于指导行为，这种体验通过教师的讲授与说教是无法获取的，必须引导学生参与到课堂教学中来；第三在教学方法上要多元化，不要担心学生难以接受，不要担心学生不会配合，经过一段时间的培训与磨炼后就能成为习惯，要敢于打破自己长期以来的课堂教学定势，这样课堂才可能灵动起来。

以上是我对这一堂课在准备和教学过程中的一些想法和体会，说的不一定全面，请各位领导、专家和学友们在评课时多多指点。

下面，我谈谈参加这次培训的几点感受。

这次培训是我生平参加的一次时间最长，内容最多、层次最高的培训，感受很深，概括起来主要体现在以下几个方面：

一、有一种态度叫"用心"，这是对这次国培最真切的感受

我参加培训比较多，教学方面的，管理方面的，有县市级的，也有省级的。作为培训机构和团队，衡阳师院如此用心来经营培训的，还是第一次感受到。我想他们的良苦用心可以体现在以下几个方面：精心设置课程和筛选教学内容。这次培训的内容有理论的讲座，也有实践的探讨，授课老师中有师院的教授学者，也有国内的知名专家，有一线的名师，也有学校管理的能手，涵盖了我们教育教学工作的各个层面，体现了学以致用的务实精神；第二方面是精心地组织各项教学活动。每一位老师上课，从课件、讲稿到教学都体现了严谨的治学精神，尤其是我们的首席专家廖建平先生足以让我们每一位学员感动。我很难忘记，衡阳县第五中学的原校长邹先生给我讲学时，为了让学员更好地理解教学内容，全程为学员充当翻译并亲手板书，这与其说是一种勇气，不如说是一份苦心。每三是精心安排学员的学习和生活，使每位学员能安心学习。在今天之前，学院已经为我们举行了一次集体聚餐、一台专题晚会、一次跨省考察、一次名校考察、三次娱乐活动，还为学员专门筹建了乒乓球室等，这些活动，大大地丰富了学员的生活，使我们能够安心参加培训，提高了培训的质量。

二、有一种生活叫学习，这是对这次培训最深刻的体验。

学习与工作一样，我们不应该把它看成一种负担，而应该看成一种生活，这样才能够保持足够激情。培训班刚进行不久的时候，一个学员问我："晚上很少看到你，你在干什么"？我告诉他，我在房子里。他问：玩游戏？我说不是，看电影？我说不全是。我告诉他，通常情况下我在做三件事，第一件事是对当天教学内容的拓展学习。我们老师在课堂上讲的内容含量太大了，往往一个先进的理念，一丝思想的闪光也许就一句话，一闪而过，光在课堂上是消化不了的，必须要花时间进行拓展。比如，凌老师课堂上讲"建构主义"，魏书敏教授讲"揭短教育"，廖建平教授讲"知识拜物教"、张云峰教授讲"病态式干预""积极心理学"等概念，光从课堂上的那几句话是绝对理解不了，更别说在实践中应用，因此回来后，就要

从各地方寻找资料，进行梳理和反思、拓展学习，力争有一个比较系统的理解。每二件事是对相关知识进行印证。课堂上老师讲的内容与自己想的或理解的出现了偏差，那就要花时间进行印证，加深印象，不然，在教学中就可能会把这些没有把握的东西不自觉地教给学生了。比如廖教授讲到庄子的"有用"与"无为"时引用了《庄子·外篇·山木》里的"树"与"鹅"的故事，这与我记忆中的发生了偏差，在我记忆中是"雁"而不是"鹅"，结果查了多种资料后我发现，从文本上来看我是正确的，但很多资料可以证明，文本中的"雁"也许就是现在"鹅"，这不是对与错的问题，而是对文本解读的问题。第三就是反思，也就是将一天来所学、所想到的一些东西进行反思，总结提升，形成文字。在这段培训期间，我已经写十多篇与培训内容有关的日志，超过了七万字，这些东西是自己学习过程和思想提升的一个见证。有的我把它们放在自己的QQ空间里，有的把它放进自己的博客中，还有的发到湖南教育网的论坛上与网友进行交流。在这方面我也许对自己过的苛刻，多年来就规定自己每天不能少于一万字的阅读量，每天要定时将自己的所想、所为写下来，总的说来也基本上做到了，今后也会坚持下去。学习是一种时尚，一种生活，我乐在其中。

三、有一种互动叫交流，这是促进个人成长的最有效途径。

这次的培训，给我们提供一个很大的互动与交流的平台。与老师的交流，更新了我们的理念，让我们能从更高、更科学的角度来审视当今教育的一些问题与现象成为可能；与学员交流让我们有机会更多地了解了全省各地教育发展的不同亮点，了解各地老师不同的生存状态，学习了不同条件下所采取的不同教育教学手段与方法，交流思想、增进友谊的同时也让我们看到了教育发展过程中更多的问题，虽然这些问题带给我们的失望也许要远远多于希望；与名校的交流拓展了我们的视野，他们对教育教学的理解与诠释，他们明显区别于其他学校的管理模式等，从中虽然让我们感觉到农村教育和一名农村教师的悲哀，但这不影响我们根据自身的情况汲取有益的因素，改进我们的工作和学习。

这段培训时光是漫长的，又是短暂的，是空虚的，但又是充实的。我真心地希望，让我们铭记住这一段时光，老师的教导，同学的友谊，并将这缘分不断地延续下去。谢谢大家。

培训的清泉流满心间

（"国培计划"——中西部项目一线骨干教师研修班　谢锦红）

这次培训让我知道，作为一名合格的小学教师，必需要加强自身的文化修养，培养良好的人文精神，在加强自身修养方面，我需要在情感上对学生做到真诚而丰富，我需要注意笔耕，使自己变得更加厚实，多读书，多动笔，及时发现自己的缺漏，在不断反思中和我的学生一起成长。

这一次培训活动后，我要把所有的教学理念咀嚼，消化，内化自己的教学思想，知道自己的教学时间。我会继续努力，认真学习，把所有知识用到教育教学中，让孩子们乐学、会学，把孩子们从芬芳待放的花蕾浇灌成美丽的花朵，期盼在三迟讲台上挥洒绚丽的人生！

一、重新认识教师的角色地位。新课标增强了知识的实用性，提高了学生的参与度，充分体现了以学生发展为本的精神，为教师教育提供更广阔的自由发挥度和发挥空间，教师和学生是两个平等的团体，在学生获得知识的过程中，教师知识只是鼓励人，引导者，为学生的学习提供支持、帮助、辅导，帮助学生了解自己的特长与潜能，为学生的发展提供指导。

二、努力提升自己的专业水平。教学中有很多问题探究，要完成问题探究再不能用老一套的教学方式，在课堂上教师要更多的引导学生参与教师设计的课堂和问题探究中来了。怎样让学生把要掌握的知识学透，这也是老师要思索的。所以我们这些老师一定要认真学习新课改的方方面面，努力提高自己的专业知识。

三、改变对学生的评定观念。倡导评价多元化和评价方式的多样化，坚持终结性评价与过程性评价相结合，定性评价与定量评价相结合，学生自评互评与他人评价相结合，努力将评价贯穿于学生学习的全过程。

培训只是一个手段，一个开端，对于培训给我的清泉让它细水长流。九天的学习，我感到更多的是责任和压力，真正感到教育是充满智慧的事业，今后我会学以致用，让培训的硕果在教育事业发展中大放异彩！

第二节　生命的厚度——学员论文选编

小学课堂中数学语言的培养

（"国培计划"——中小学骨干教师置换脱产小学数学班　雷华[①]）

摘要：数学语言可分为抽象性数学语言和直观性数学语言，包括数学概念、术语、符号、式子、图形等。数学语言作为数学理论的基本构成成分，具有"高度抽象性、严密的逻辑性、应用的广泛性"。简单地讲，数学语言科学、简洁、通用。数学语言是顺利地、有效地进行数学学习活动的重要基础之一。因此，我觉得学生的数学语言的培养在小学阶段非常重要。

关键词：数学语言；抽象性；逻辑性；广泛性

语言是人类心理活动的主要载体，是人们交流的工具。数学学习活动中教师与学生之间的知识传递、信息反馈以及情感的交流都是借助于数学语言来进行的。数学语言是顺利地、有效地进行数学学习活动的重要基础之一。因此，我觉得学生的数学语言的培养在小学阶段非常重要。

数学语言可分为抽象性数学语言和直观性数学语言，包括数学概念、术语、符号、式子、图形等。数学语言作为数学理论的基本构成成分，具有"高度抽象性、严密的逻辑性、应用的广泛性"。简单地讲，数学语言

_____

① 作者单位为常宁市水口山中心学校。

科学、简洁、通用。

针对数学语言的特点以及小学生的心理特征，我认为可以从以下三个方面培养学生的数学语言表达能力。

一、教师示范——润物细无声

小学生具有较强的模仿能力，而且教师则是学生的第一模仿对象。数学语言的特征要求教师要用准确规范，严谨简约的教学语言进行数学语言的教学。数学概念，语言科学严谨，逻辑性强，概念中的每一个字、词既不能删减，又不能随意增加，也不能任意调换，而有些教师不明确这一点，在教学中犯科学性错误。

如"分数基本性质"是这样表述的："分数的分子与分母同时乘以或除以相同的数（零除外），分数的大小不变。"在叙述时，这个"零除外"不能丢，丢掉了就犯了科学性错误。因此，数学教师运用数学语言概括与表述数学概念时要准确、恰当、合理地使用每个"字"、"词"。因为每个字、词都有确切的含义，都直接影响学生对数学概念的理解和使用。

例如，当学生在学习"约数和倍数"概念时，对于这组概念正确的表述是："如果数 a 能被数 b 整除，数 a 就叫数 b 的倍数；数 b 就叫数 a 的约数。"而有些教师不注意数学语言的科学性与准确性，竟把以上概念说成："如果数 a 能被数 b 除尽，那么数 a 就叫倍数；数 b 就叫约数。"这是极端错误的，首先除尽与整除是两个具有不同内容的数学概念；其次约数、倍数是成组出现的，具有密切联系的概念。

因此，教师就要不断加强数学语言的自我修养，熟练地使用数学语言进行教学。教学过程中，教师准确地使用数学语言、精心设计板书，对培养学生的数学语言表达能力有着潜移默化的示范作用。例如，我们在讲解"三角形面积"的计算公式时，当我们把两个全等的三角形拼成一个平行四边形，从平行四边形面积公式（旧知识）推导出三角形面积公式（新知识），边提问、边讲解边板书以下内容（见图）：

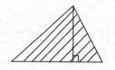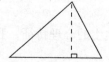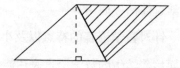

三角形的底相当于平行四边形的底；三角形的高相当于平行四边形的高；三角形的面积相当于与三角形同底等高平行四边形面积的一半。∵平行四边形面积＝底×高∴三角形面积＝底×高÷2这样，通过正确的讲解与清晰的板书，就能从平行四边形面积公式推导出三角形面积公式。

二、积累交流——厚积而薄发

1.通过阅读积累数学语言

数学阅读是学生掌握数学语言的有效途径。有效的数学阅读可以提高学生的数学能力、分析推理能力。数学中每个概念、符号都有其精确的含义，结论对错分明，因此数学阅读要求认真细致，勤思多想。例如我在讲了"已知一个数的几分之几是多少，求这个数，用除法"这一概念以后，就指导学生反复阅读教材中的例题，观察思考题中的图解和算式，从而理解了它是从乘法和除法逆运算关系上推导出来的，知道了"已知一个数的几分之几"是条件，"求这个数"是问题，"用除法"是计算方法。

2.通过交流提高数学语言表达能力

2.1　多种形式的讨论交流

可采用小组讨论、同桌交流、师生互答互问、全班集体评议等多种形式让学生运用数学语言进行交流。让每一个学生都有发言的机会，也有倾听别人说的机会；既有面对几个人发表自己见解的机会，又有面对全班同学说的机会。如：教学比一个数多几的应用题时，教师出示例题"小东家有白兔6只，黑兔比白兔多2只。黑兔有几只？"后，并不急于讲解这道题的算法，而是引导学生自己先想办法解决这个问题，并说说自己的理由。

生 1：我是用摆小棒的方法来解决这个问题的，白兔有 6 只，我就摆上 6 根小棒，黑兔的只数我是这样摆的，先摆 6 根小棒，这样黑兔和白兔就同样多了，再摆 2 根，黑兔就比白兔多 2 只了，我数了数，黑兔一共有 8 只。

生 2：我是这样想的，黑兔比白兔多 2 只，就是黑兔多白兔少，要我们算黑兔有多少只，我就用加法来算，6+2=8，黑兔有 8 只。

生 3：我用画图的方法来算，我先画一条线段表示 6 只白兔，然后再画一条表示黑兔，因为黑兔比白兔多，所以我画得比白兔这段长，所以我用加法计算，6+2=8，黑兔有 8 只。

学生为了表达自己的意见，更加主动地思考、倾听、组织，灵活运用新旧知识，使全身心都处于主动学习的兴奋中。这样教学，给学生的自主探索留出了较多的时间和空间，教师不包办代替，而是引导学生敢想敢说，多关注"学生会怎么想，怎么说"，充分发挥学生的自主性、主动性和创造性，使问题在学生的自由表达中得到解决。同时在学生在一次又一次的自由表达中积累了数学语言，在多种形式的交流中提高了数学语言表达能力。

2.2 让学生小结

通过小结能提高学生的综合概括能力，清晰的回忆课文中的要点。小学生虽然表达能力不强，但只需要正确引导，学生还是能正确地概括。例如在我们课堂结束时可以经常问："你在这节课中有什么收获？""你觉得哪些内容较难？"经常进行有目的的课堂小结，可以提高学生的分析、概括、分类等逻辑思维能力，达到智能并进，全面育人的目的。通过阅读积累，交流提高，小结内化，学生的数学语言表达能力自然而然得到提高。

三、动手操作——强化数学语言

动手操作是小学数学中常用的一种教学手段。教师正在指导学生动手操作时，要注意让学生用数学语言有条理地叙述操作过程，表述获取知识的思维过程，把动手操作、动脑理解、动口表达有机地结合起来，以促进感知有效地转化为内部的智力活动，达到深化知识的目的。例如在讲圆锥体积时，我先指导用纸做了三个圆锥体和一个圆柱体。其中一个圆锥体和圆柱等底等高；一个和圆柱等底不等高；一个和圆柱等高不等底。然后叫学生把圆锥里盛满沙子倒入圆柱。这样学生就清楚地看到：三个圆锥体中，只有那个和圆柱体等底等高的圆锥体里的沙子三次正好填满圆柱体，其余两个不合适。接着就让学生描述出这个"发现"的操作过程。再让学生思考，找圆柱和圆锥之间的关系，在学生理解的基础上，动用已学过的圆柱体积的公式，推导出圆锥体积的计算方法。最后，指导学生小结，圆锥的体积等于和它等底等高圆柱体积的三分之一。经过这样的操作与语言表达的结合，学生既复习了圆柱体积的计算公式，又学会了计算圆锥体积的方法，同时还强化了数学语言。

　　总之，数学语言的培养是教学工作中一项长期的任务。它使学生获得数学交流的机会，使学生的数学思维得到发展。它培养了学生学习的主动性，树立了学习的自信心，提高了听说能力。

参考文献：

［1］孙洁.小学生数学语言表达能力的培养［J］.《中国科技信息》，2005，12：83-83.

［2］严士健.《面向21世纪的中国数学教育》［M］.江苏教育出版社，1994.

［3］张祖贵.《数学与人类文化发展》［M］.广东教育出版社.

［4］冯志伟.《数学与语言》［M］.湖南教育出版社，1991.

浅析创新教育下中学数学的教学

（"国培计划"——中西部项目初中数学高级研修班　廖超波[①]）

摘要：在数学教育中，培养学生创新精神和能力要从课堂教学入手，通过教师的教育智慧和教学设计为学生创设一个激发培养创新欲的数学环境。本文对培养学生的创新意识和能力进行了探讨，并针对这一问题，给出了一些建议。

关键词：创新教育；数学；课堂教学

近几年来，中学数学教学改革中关于学生"创新意识"，"创新思维"，"创造能力"的培养，已成为广大数学教师和数学工作者讨论的热门话题。在传统教育模式的影响下，我国的中小学生相对于国外的学生来讲，对数学知识的掌握（特别是运算和推理）具有较明显的优势，数学奥林匹克等一些国际竞赛就是最好的反映。但中国学生自主地学习、探索、创造能力和个性发展还有所欠缺，这对学生主观能动性以及思维的发展不利，将会降低知识的适应能力，更谈不上创新思维和创新能力的发展，而这正是创新型人才的关键素质所在。针对这一教育现状，本文探讨了创新教育下中学数学的教学。

1. 创新教育的定义

"创新"一词是创立或创造新的东西的意思，"创新"英文是"Innovation"，其含义，一是指前所未有的，即像现在说的创造发明的意思；二是引入到新的领域产生新的效益也叫创新。在我国，创新教育作为一种思潮是在 1999 年 6 月《中共中央、国务院关于深化教育改革全面推进素质教育的决定》公布以后形成的。

目前，创新教育定义不下百种，大致可以分为两类：一类把创新教育定义为，以培养创新意识、创新精神、创新思维、创造力或创新人格等创

---

① 作者单位为邵阳横桥镇中心学校。

新素质以及创新人才为目的的教育活动；另一类则把创新教育定义为，是相对于接受教育、守成教育或传统教育而言的一种新型教育。我认为对创新教育的定义，既要考虑创新教育的历史和已经形成的规约，又要考虑到创新教育已有的升华和将来的发展。从广义上说，创新教育就是为了使人能够创新而进行的教育。凡是以培养人的创新素质、提高人的创新能力为主要目的的教育都可以称之为创新教育。对于学校教育来说，创新教育是指把壮大生命提高人的创新性当作重要培养目标之一，并在全部教育教学过程中有意加强学生各种创新素质的培养，使学生和教师的创新性都得到有效提高的教育。创新教育既是一种反映时代需要的新思想新理论，也是一系列"为创新而教"的教育教学活动。

其实，学生的创新是一个渐进的过程，它有一个渐进的层次，有主见→乐于能动地参与学习活动→乐于寻求与众不同的想法和做法→能充分利用自身和外界的条件去求新求异→相对于个人知识领域的创新→创造或独造。而中学数学教师的教学创新应该表现为充分调动教育智慧，寻找激发学生创新的形式和载体，为学生创设可激发探索欲和创新欲的问题情境。

2. 开展创新教育的途径

如何培养学生的创新素质是当前教学研究的重要课题之一。中学的创新教育应当立足于培养学生的创新意识，让学生初步了解创新思维的特点，感受创新的过程与成果。数学的课堂教学是培养学生创新的主要阵地之一。

2.1　重视数学问题，在发现问题中实施创新教育

如何实施创新教育、培养学生的创新意识和创新能力是当前教育研究的重要课题。立足中学数学教学实际，中学数学教师应当把传授基础知识和逐步培养学生的创新意识和创造性思维结合起来。那么数学教学中的创新教育如何开展？实施创新教育的切入点又在哪里呢？

从某种意义上讲，发现和提出一个有价值的问题就是创新，有时甚至比解决问题本身更为重要。可见，培养学生发现问题和提出问题是中学数学实施创新教育的最佳切入点。那么在中学数学教学中如何让学生发现问

题提出问题呢？我认为可从如下方面做起。

2.1.1　重视教材，提倡学生咬文嚼字，在"模糊语言"中发现问题

中学数学教材十分重视知识叙述的严谨性，强调逻辑顺序，环环紧扣，层层递进，但稍加留意，我们便可以发现书本中一些"非严谨处"，这些"非严谨处"常有一些"标志性语言"特征，如"不难发现""容易得出""同理可证""用类似的方法"等。用这些"模糊语言"表述的地方有的内容本身比较简单，有的是教材为了回避某些知识点而轻描淡写，一笔过渡，这种地方往往就是数学问题的栖身之地。

在讲解教材《代数》上册 P189 的时候，书上有这样一段话："用类似的方法，可做出余切函数 $y= \cot x$（$x \in R$ 且 $x \neq n\pi$，$n \in Z$）的图像——余切曲线。"上课的时候，学生就问："类似的方法怎样作呢？"其实书本的原意是利用余切线来做余切函数的图像，但在《用单位圆中的线段表示三角函数值》一节中并没有介绍余切线，学生接着又问："不利用余切线能否做出余切函数的图像？用什么方法做呢？"围绕学生这些问题的发现与提出，我就跟他们讲解采用图像变换的方法，根据正切函数的图像来作出余切函数的图像，这样一方面学生的问题得到了解决，另一方面图像变换的知识也得到了复习巩固。

2.1.2　改进教法，教师讲解故留漏洞，在"百密一疏"中发现问题

严谨性是数学学科的基本特征之一，或许是由于数学严谨性的长期"熏陶"，在传统的数学课堂教学中，许多教师备课细致，讲课认真，一丝不苟，从不犯错，有时甚至达到了滴水不漏的程度。这当然有助于教师顺利完成一堂课的教学任务，有利于教师顺利地将数学知识灌输给学生，但这种做法往往在很大程度上限制了学生思维活动的开展，束缚了学生思维火花的闪现。其实在课堂上有时故意留点疑问，露点破绽，反而能促进学生认真听讲，大胆发现，更有利于学生对知识的理解与掌握。

例1　已知 $1 \leqslant a+b \leqslant 5$，$-1 \leqslant a-b \leqslant 3$，求 $3a-2b$ 的取值范围。

在课堂上按如下方式进行讲解

$\because 1 \leqslant a+b \leqslant 5, \ -1 \leqslant a-b \leqslant 3,$

$\therefore \leqslant (a+b)+(a-b) \leqslant 8,$

$\therefore 0 \leqslant a \leqslant 4,$

同理$\because -0 \leqslant b \leqslant 3,$

$\therefore 0 \leqslant 3a \leqslant 12, \ -6 \leqslant -2b \leqslant 2,$

$\therefore -6 \leqslant 3a-2b \leqslant 14.$

其实，学生在听课中很快就能发现这种解法是错误的，并且马上给出正确答案。

设$a+b=\mu, \ a-b=\nu,$

则$a=\dfrac{\mu+\nu}{2}, \ b=\dfrac{\mu-\nu}{2},$

且$1 \leqslant \mu \leqslant 5, \ -1 \leqslant \nu \leqslant 3,$

$\therefore 3b-2b=\dfrac{1}{2}\mu+\dfrac{5}{2}\nu$

$\because \dfrac{1}{2} \leqslant \dfrac{\mu}{2} \leqslant \dfrac{5}{2}, \ -\dfrac{5}{2} \leqslant \dfrac{5\nu}{2} \leqslant \dfrac{15}{2},$

$-2 \leqslant \dfrac{\mu}{2}+\dfrac{5\nu}{2} \leqslant 10,$

即$-2 \leqslant 3a-2b \leqslant 10.$

2.1.3 重视比较，加强一题多解教学，在"去伪存真"中发现问题

学生知识的获得其实是一个不断辨别正误、去伪存真的知识结构丰富完善过程。在课堂教学中，应加强一题多解训练，让学生在比较中发现问题，明了问题。

例2 已知$a, b \in R^+$，且$a+2b=1$，求$\dfrac{1}{a}+\dfrac{1}{b}$的最小值。

解法1有$a, b \in R^+$得

$a+\dfrac{1}{a} \geqslant 2, \ （1）$

$2b+\dfrac{1}{b} \geqslant 2\sqrt{2b \cdot \dfrac{1}{b}}=2\sqrt{2}, \ （2）$

$（1）+（2） \Rightarrow a+2b+(\dfrac{1}{a}+\dfrac{1}{b}) \geqslant 2+2\sqrt{2},$

$\therefore \dfrac{1}{a}+\dfrac{1}{b} \geqslant 2\sqrt{2}+1,$

故 $\dfrac{1}{a}+\dfrac{1}{b}$ 的最小值为 $2\sqrt{2}+1$。

解法 2 由 $a+2b=1$ 得

$$\dfrac{1}{a}+\dfrac{1}{b}=(a+2b)(\dfrac{1}{a}+\dfrac{1}{b})$$

$$\geqslant 2\sqrt{2ab}\cdot 2\sqrt{\dfrac{1}{ab}}=4\sqrt{2},$$

故 $\dfrac{1}{a}+\dfrac{1}{b}$ 的最小值为 $4\sqrt{2}$。

解法 3 由 $a+2b=1$ 得

$$a=1-2b>0,$$

$$\therefore \dfrac{1}{a}+\dfrac{1}{b}=\dfrac{1}{1-2b}+\dfrac{1}{b}=\dfrac{1-b}{b(1-2b)},$$

而 $b(1-2b)=\dfrac{1}{2}\cdot 2b(1-2b)$

$$\leqslant \dfrac{1}{2}(\dfrac{2b+1-2b}{2})^2=\dfrac{1}{8},$$

等号成立的条件是 $2b=1-2b$ ，

解得 $b=\dfrac{1}{4}$ ，

$$\therefore \dfrac{1}{a}+\dfrac{1}{b}\geqslant \dfrac{1-\dfrac{1}{4}}{\dfrac{1}{8}}=6,$$

故 $\dfrac{1}{a}+\dfrac{1}{b}$ 的最小值为 6。

解法 4 由 $\dfrac{2b}{a}+\dfrac{a}{b}\geqslant 2\sqrt{2}$ （当 $2b^2=a^2$ 时等号成立）和 $a+2b=1$ 得

$$\dfrac{1}{a}+\dfrac{1}{b}=\dfrac{a+2b}{a}+\dfrac{a+2b}{b}$$

$$=1+\dfrac{2b}{a}+2+\dfrac{a}{b}\geqslant 3+2\sqrt{2},$$

故 $\dfrac{1}{a}+\dfrac{1}{b}$ 的最小值为 $3+2\sqrt{2}$。

通过上面例子四种解法的比较和正误的辨别，使学生发现这样一个问题：运用公式 $a^2 + b^2 \geq 2ab$ 时等号成立应当是有条件的，而这也正是利用这个公式求最值容易出错的地方。

例3　证明等轴双曲线上任一点到中心的距离是它到两个焦点的距离的比例中项（《解几》（必修）总复习参考题第 11 题）。

在讲解这道题的时候，可引导学生从多角度思考，得出不同证法。

设 $P(X, Y)$ 是等轴双曲线 $x^2 - y^2 = a^2$ 上任一点，F_1，F_2 是左、右焦点，O 是双曲线中点，$|OP| = R$，$|PF_1| = r_1$，$|PF_2| = r_2$，则得

证法 $\because c = \sqrt{2}a, \therefore F_1 = (-\sqrt{2}a, 0), F_2 = (\sqrt{2}a, 0)$，
由两点间的距离公式得

$$r_1 r_2 = \sqrt{(x + \sqrt{2}a)^2 + y^2} \cdot \sqrt{(x - \sqrt{2}a)^2 + y^2}$$
$$= \sqrt{(x^2 + y^2)^2 + 4a^4 - 4a^2(x^2 - y^2)}$$
$$= x^2 + y^2 = |OP| = R^2.$$

故命题得证。

证法 2 不妨设点 P 在双曲线的右支上，则 P 到右准线 $x = \dfrac{a}{\sqrt{2}}$ 的距离 $d_1 = x - \dfrac{a}{\sqrt{2}}$，

由双曲线的定义知 $r_1 = ed_1 = \sqrt{2}(x - \dfrac{a}{\sqrt{2}}) = \sqrt{2}x - a$，

又 P 到左准线 $x = -\dfrac{a}{\sqrt{2}}$ 的距离 $d_2 = x + \dfrac{a}{\sqrt{2}}$，

$\therefore r_1 = ed_2 = \sqrt{2}(x + \dfrac{a}{\sqrt{2}}) = \sqrt{2}x + a$，

$$\therefore r_1 r_2 = 2x^2 - a^2$$
$$= 2x^2 - (x^2 - y^2)$$
$$= x^2 + y^2 = R^2.$$

证法 3 设 $\angle POF_2 = \alpha$，

则 $\angle POF_1 = \pi - \alpha$，

由余弦定理得：

$$r_2{}^2 = R^2 + C^2 - 2RC\cos\alpha,$$
$$r_1{}^2 = R^2 + C^2 - 2RC\cos(\pi - \alpha).$$ （C 为半焦距）

两式相加得 $r_1{}^2 + r_2{}^2 = 2R^2 + 2C^2$，

$$\therefore 2r_1r_2 = (r_1{}^2 + r_2{}^2) - (r_1 - r_2)^2$$
$$= 2R^2 + 2(\sqrt{2}a)^2 - (\pm 2a)^2 = 2R^2,$$
$$\therefore r_1r_2 = R^2.$$

这样，通过一题多解（证）的示范，引导学生从不同角度、不同方向、运用不同的观点去分析思考问题，沟通知识间的内在联系，培养他们的发散性思维，以及分析问题和解决问题的能力；同时，通过各种解法的比较，提高他们的创新能力。

2.1.4　提供模型，引导学生实际应用，在"引经据典"中发现问题

数学建模与数学问题解决教学正日益成为当前中学数学教学的热门话题。传统的数学教学中总是提供给学生数学问题，通过学生寻求建立数学模型，从而获得问题的正确解答。但是许多不同的问题往往可以归结到同一类型，如果给学生数学模型，让学生去寻求发现能够归结到此类模型的问题，就能在教学中起到事半功倍的效果。

例如在利用公式 $\tan(\alpha - \beta) = \dfrac{\tan\alpha - \tan\beta}{1 + \tan\alpha\tan\beta}$ 做题的时候，我们可以从反面给学生提供模型 $\tan(\alpha - \beta) = \dfrac{\tan\alpha - \tan\beta}{1 + \tan\alpha\tan\beta}$，让学生找到利用这个公式可以解决的几个不同情景的实际问题，如

（1）墙壁上所挂画幅的高 $AB = \dfrac{5}{3}m$，画幅的底边离地面 $\dfrac{8}{3}m$，身高 $1.8m$ 的人看这幅画，离墙壁多远才看得最清楚？

（2）在足球比赛中，甲方边锋从乙方所守的球门附近带球过人沿直线推进，试问边锋射门的最佳位置在何处？（最佳位置是指命中的最大射角）

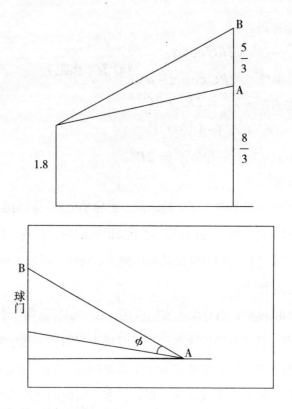

这样，不仅能更好地激起学生的学习兴趣，调动学生思维的积极性和创造性，还能更加牢固地掌握这个公式。

2.1.5 变换训练，探索创新，在"发散思维"中发现问题

在数学教学过程中，教师应该注意创设某种情境，引导他们转换思路，寻求新奇角度，探索新途径，训练学生创新思维能力。

例4 解方程：$x^3 + (1+\sqrt{2})x^2 - 2 = 0$.

通常我们做这种类型的题目都是用常规方法——分解因式法来解，但是，这种方法在做这道题目的时候，我们发现非常费时间，而且很容易出错，因此在讲解这道题目的时候，可以引导学生变换角度，把 x 视为常数，而把 $\sqrt{2}$ 看成未知数，这样我们就可以很准确地求出答案：

$$x^3 + (1+\sqrt{2})x^2 - 2 = 0$$
$$\Rightarrow \sqrt{2}^2 - x^2\sqrt{2} - (x^3 + x^2) = 0,$$

用求根公式可得$\sqrt{2} = \dfrac{x^2 \pm x(x+2)}{2}$，

于是$\sqrt{2} = -x$或$\sqrt{2} = x^2 + x$，

$\therefore x_1 = -\sqrt{2}$，$x_{2,3} = \dfrac{-1 \pm \sqrt{1+4\sqrt{2}}}{2}$.

还有一种变换训练，即将题目所给条件进行变换，对习题更新内情况，从不同角度进行设问。

例 5 求过点 P（2，3），并且在两轴上的截距相等的直线方程。（解几课本（人教社出版）第 28 页习题 13 题）

变题 1：求过点 P（2，3），并且在两轴上的截距的绝对值相等的直线方程。

变题 2：求过点 P（2，3），并且在两轴上的截距为互为相反数的直线方程。

变题 3：求过点 P（2，3），并且与两轴围成等腰三角形的直线方程。

变题 4：求过点 P（2，3），并且在 x 轴上的截距是 y 轴上的截距的两倍的直线方程。

在进行数学教学的时候，通过这样不同方式、不同角度的变换，学生更加容易抓住问题的本质，对知识的理解更透彻，掌握更全面。正如教育家陶行知所说："发明千千万，起点是一问。""提出问题"是学生学习的组成部分，通过问题的变式训练，既培养学生提出问题的能力，又提高学生的思维起点，挖掘学生的探索创新潜能。

2.1.6 创造机会，鼓励学生积极参与，在"数学体验"中发现问题

数学教学是师生双方共同的活动。传统的教学以教师为中心，强调基础知识的传授，这样无法从根本上保障学生的主体地位，也容易造成学生对教师的过分依赖，从而抑制学生的创新意识和创新能力的形成。作为教师，应当积极为学生创造各种主动发现的机会，鼓励学生积极参与课堂教学，在数学活动中积极体验数学，发现数学问题。

例如，在立体几何"异面直线两点

间距离公式"的教学中，学生对公式

$$EF^2 = d^2 + m^2 + n^2 \pm 2mn\cos\theta$$中正负

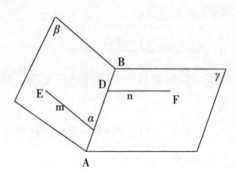

号的选取感到很困惑，因此，我向学生提供了两个相交平面的模型，让学生来动手操作，如右图所示，引导学生在棱 AB 上取两点 C 和 D，在面 β、γ 内分别画 $CE \perp AB$，$DF \perp AB$，然后转动面 β，在转动过程中寻求二面角 E–AB–F 的平面角 α 与两异面直线 CE、DF 所成角 θ 的关系，这时，学生发现：

（1）当 α 为锐角或直角时，$\theta=\alpha$，$\cos\theta=\cos\alpha$，

此时 $EF^2=d^2+m^2+n^2-2mn\cos\theta$

$=d^2+m^2+n^2-2mn\cos\alpha$，

（2）当 α 为钝角时，$\theta=\pi-\alpha$，$\cos\theta=-\cos\alpha$，

此时 $EF^2=d^2+m^2+n^2+2mn\cos\theta$

$=d^2+m^2+n^2-2mn\cos\alpha$，

这样，公式统一为 $EF^2=d^2+m^2+n^2-2mn\cos\alpha$.

通过这个方法，正负号选取的问题就得到了很好地解决。"在做中学"，在数学体验中寻求发现，在数学活动中寻求创新，这不仅加快了数学知识的传递，好便于学生对数学知识的掌握，提高了学习的积极性。

2.2 注重学生数学兴趣的激发，让学生在好奇中培养创新意识

布鲁纳认为，"学习的最好刺激，乃是对材料的兴趣。"因此，在数学教学中，就要从数学素材中选取通俗生动的事例，采用适合学生年龄特征

的方式激发学生的兴趣。

如通过讲解"国际象棋发明者让印度国王往棋盘上放麦粒"的故事来引起学生学习"等比数列前 n 项和"的兴趣；使用一张薄纸对折若干次后，"可与珠峰试比高"来引起学生的学习指数函数的兴趣；"星期天以后的第22000 天是星期几？"也能引起学生对二项式定理的兴趣等等。在兴趣的形成过程中，激发学生的好奇心和求知欲，促进学生进行自主探究活动，进而形成创新的意识。

例如，实习的时候，在讲授《有理数的乘方》一课时，我拿一张纸进入课堂说："这张纸厚约 0.1 毫米，现在对折 3 次厚度不足 1 毫米，如要是对折 30 次，请同学们估计一下厚度为多少？"学生纷纷做出估计，有的说 30 毫米，有的说 60 毫米，胆子大一点的说 10 米。我说"经过计算，这厚度将超过 10 座珠穆朗玛峰叠起来的高度。"同学们都惊讶不已，纷纷要求教会他们计算方法。全班同学兴趣盎然，课堂气氛和谐，教学效果良好。为了激发学生的学习兴趣，让学生明了所学知识与现实世界的联系，教材的选取应是学生感兴趣的游戏或发生在生活中的事情。

2.3　设计再创造过程，让学生在体验发现与创造中培养创新意识

教材中的概念、公式、定理等是学生的主要学习内容，对学生而言都是新的。按照"归纳——类比——猜想——证明"的思维策略设计教学过程，引导学生运用已有的经验、知识、方法去探究与发现，从而获得新知，这对学生而言是一个再创造的过程。

例 6　关于诱导公式（二）的教学设计

（1）在同一坐标系中，用三角函数定义求 $\sin 240°$、$\sin 60°$。

（2）由学生谈感想并进行猜想。大部分学生得出两种想法：① $\sin 240°=-\sin 60°$、② $\sin（180°+\alpha）=-\sin 60°$（$\alpha$ 为锐角）。再经过思考，有的学生又做出了进一步猜想的 $\sin（180°+\alpha）=-\sin 60°$（$\alpha \in R$）。

（3）引导学生验证。教师设问提示：如何在同一坐标系中求 $\sin \alpha$、$\sin（180°+\alpha）$呢？学生都在 α 的终边上任取一点 $P（x，y）$，设 $OP=r$，并顺利

找到 $180°+\alpha$ 的终边即 α 的终边的反向延长线。接着，有的在 $180°+\alpha$ 的终边上任取一点 Q，借助相似三角形证得；有的在 $180°+\alpha$ 的终边上任取一点 Q 并使 $OQ=r$，利用对称性证得。

我对学生的猜想和证明肯定后，要他们看教材进行比较，并展开讨论，有的说："单位圆是画蛇添足"，有的说："单位圆更简单"。学生在对知识探索和争论中，获得对发现与创新的体验。

若对教材中的公式、定理进行另证另解，选择适合学生的内容引导其再创造，则既可让学生活用数学知识与方法，又能改变学生盲从教师、教材、迷信权威的心理而获得思想上的解放。

2.4 选择适当的教学内容，让学生在研究性学习中培养创新意识。

例 7 正切函数的图象与性质的教学设计：用描点法并分析函数性质做出 $y=\tan x$ 的草图。

考虑到几何法作函数图象的局限性和描点分析函数性质作图应用的广泛性，因而把几何法改为描点法，做出如上教学设计。当学生作完图后，我发现有的同学作出错误的图像；有的作图正确但对单调性的判断凭直觉；也有不少同学推理有据，作图正确。在研究过程中，函数性质不教自明。

在讲解这道题的时候，我们可以通过引导，让学生自己去研究函数的性质和图像：

（1）令 $x=0$，$\dfrac{\pi}{2}$，π，$\dfrac{3\pi}{2}$，2π 求 $\tan x$ 并描点；

这样，在作图的时候，他们就发现：①五点法作图是不行的，应描更多的点；② $x \neq k+\dfrac{\pi}{2}$；③函数具有周期性，并由诱导公式推得周期为 π。

（2）令 $x=\pm\dfrac{\pi}{6}$，$\pm\dfrac{\pi}{4}$，$\pm\dfrac{\pi}{3}$，求 $\tan x$ 并描点；

这个时候，他们又发现：① $y=\tan x$ 为奇函数并由诱导公式得证；②函数在 $\left[0, \dfrac{\pi}{2}\right]$ 递增；

（3）构造图，发现当 x "无限接近 $\dfrac{\pi}{2}$"（"无限接近"为学生语）时，$\tan x$ 无限增大；

（4）做出正确的草图。

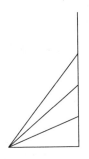

2.5 诱导质疑，鼓励提问，在疑难情境中挖掘学生的创新潜能

爱因斯坦说过："提出问题比解决问题更为重要。"在课堂教学中，教师应注意引导学生多方面发现问题，提出问题，发展其创新思维。

在课堂上，教师应尽可能给学生留一定的思维时间，让有潜质的学生充分展示数学才华，尤其是在处理完典型例题和习题之后，一般要给学生留2分钟以上的时间进行思考和提问，并尽可能在教学中给学生提供动手的机会。

例8 关于平行四边形的判定定理1和判定定理2的教学设计

（1）让学生通过学习工具，动手拼一拼：把两个全等的三角形，按不同的方法拼成四边形，可以拼成几个不同的四边形，它们都是平行四边形吗？为什么？

（2）动手画一画：画一个平行四边形 $ABCD$，使 $AB=2.5cm$，$AD=1.5cm$，AD=1.5cm，并且∠$A=60°$。

（3）证一证：已知：四边形 $ABCD$ 的对角线 AC、BD 相交于点 O，并且 $AO=CO$，求证：四边形 $ABCD$ 是平行四边形。

学生通过拼一拼、画一画、证一证的过程，积极参与操作大胆实践、勇于探索。

参考文献：

［1］徐元根.数学模式教学中值得注意的几个问题［J］.数学教学研究.2004（03）.

［2］胡小平，唐人杰.中学数学课堂教学设计之思考［J］.绵阳师范学院学报.2003（02）.

［3］王杰.从创新教育看发现法在数学教学中的运用［J］.新乡教育学院学报.2002（02）.

［4］索桂芳.论课堂教学设计［J］.河北师范大学学报（教育科学版）.2001（02）.

［5］刘中贵.培养中学生的现代数学意识［J］.重庆师范学院学报（自然科学版）.2000（S1）.

［6］李俊.课堂教学设计的新视角［J］.北京教育.2000（10）.

中小学书法教育现状的调查、分析及构想

（"国培计划"——中西部项目初中班主任高端研修班 宋乐明①）

摘要：书法是中华民族的文化瑰宝，是人类文明的宝贵财富。2009 年 9 月 30 日，中国书法被列入联合国教科文组织"人类非物质文化遗产代表作名录"。但近几年来，随着我县经济社会的发展和人民生活水平的提高，中小学书法教育仍存在许多问题，形势不容乐观！笔者正因此现象，进一步调查了我县 38 所中小学书法教育之现状，分析了出现此现状的原因，提出了加强我县中小学书法教育的一些构想。

关键词：书法教育；中小学；书法水平；学习书法

中小学生正处在生长、发育的迅速阶段，其智力、情感、意志等方面不断发展和完善，他们对于外界事物充满好奇，求知欲也不断增强。在这个时期，我们应采用正确合理、科学有效的方法来塑造他们，引导和促使他们能根据自己的兴趣和爱好来学习、生活，以此提高他们的综合素质。借此，笔者以我县 38 所中小学书法教育的抽样调查为例，说明加快我县中小学书法教育发展的必要性和紧迫性。

---

① 作者单位为郴州市汝城县第六中学。

一、我县中小学书法教育现状的抽样调查

近年来，笔者采用问卷调查的形式，就我县 38 所中小学学生对书法的了解、看法及其对书法活动的兴趣爱好和参与情况进行了抽样调查。让抽样学生（100 人）根据自己书法学习的实际情况，就 10 个问题进行选择答题，并将收回的 98 份有效调查样本按人数百分比统计，统计结果如下表所示：

问卷题目	学生选择	简要分析
①你以前接触过书法学习吗？	接触过 20.5%；没接触过 79.5%。	从调查情况来看，由于缺乏相应的书法技能，加上长期受应试教育思想的影响，学生对实施书法教育的重要性和必要性不能正确认识，使得学生参与书法学习和书法活动的积极性、主动性较差，在学校组织的书法活动（如书法兴趣小组）中只有少数学生能积极参与。同时，从"你的父母是否支持你学习书法"的调查可看出，家长在培养子女的审美能力上缺乏更为明确的理性认识。从"你希望书法课多上哪方面的内容"的调查可看出，学生对书法名家传记更感兴趣，这或许是语文教育带来的影响；而对于书法专业技法，他们并不感兴趣，其原因也许是教师书法教学经验不足，不能很好地调动学生学习书法的积极性。
②你喜欢上书法课吗？	非常喜欢 6.4%；喜欢 23%；不喜欢 56.6%；其他 14%。	
③你不喜欢上书法课的原因是什么？	文化课学习时间多 64%；觉得自己写得不好 16%；其他 20%。	
④你们在书法课上一般都练习什么书体？	楷书 76%；行书 6%；隶书 18%。	
⑤你们喜欢上那种类型的书法课？	喜欢上硬笔书法课 80%；喜欢上毛笔书法课 20%。	
⑥你认为学习书法有用吗？	很有用者 14%；可上可不上者 66%；属玩玩者 20%。	
⑦你参加过学校的书法比赛或班内黑板报的书写吗？	经常参加者 5.4%；偶尔参加者 15.6%；从不参加者 79%。	
⑧你的父母支持你学习书法吗？	支持 31.9%；不管 64.1%；反对 4%。	
⑨你们学习书法主要是在校内还是在校外培训机构？	在学校 6.2%；在校外培训机构 83%；其他 10.8%。	
⑩你希望书法课多上哪方面的内容？	书法名家传记 38%；书法作品赏析 32%；书法专业技法 10%；其他 20%。	

此外，笔者还采用统计表的形式，就我县 38 所中小学的书法教学设施、教学情况及学生拥有的学习书法的工具情况进行统计，统计结果如下表所示：

调查项目	调查结果
学校是否有书法教室	38 所中小学都没有专门的书法教室，仅 3 所学校将美术与书法教室混合使用。
书法教学设施的使用情况	几乎所有学校的学生都不具备完善的书法学习工具，如笔墨纸砚等。
书法课是否正常开展	38 所中小学仅有 3 所学校的书法课能正常开展，且仅书法特长生每周有 4–5 课时的书法培训。
是否有专业的书法教师	38 所中小学仅有 3 所学校有专业的书法教师，5 所学校由美术教师或语文教师兼任；其余由其他学科教师兼任。
学校是否有书法兴趣小组	38 所中小学仅有 3 所学校有书法兴趣小组，上课时间每周约为 5 课时。教师上课时基本上以指导书法技法为主，很少涉及书法理论知识。

从以上统计结果来看，学校几乎没有专职的书法教师，由于受应试教育的影响，学校只重视文化的教学，书法课的开展情况并不好。虽然学校有一定的书法教育硬件设施配套，但几乎不使用，学生个人拥有书法学习工具也不乐观。

二、我县中小学书法教育现状的原因分析

1. 社会因素

造成目前我县中小学生书法水平普遍较低的原因诸多，主要的社会因素是：全县缺乏书法教育意识，没认清书法教育的真正价值。目前全县普遍流行着这么一种观念："都电脑时代了，练字还有啥意义？"大多数家长只希望子女的学习成绩好，而把书法当作"雕虫小技"。即使字写得不好，照样可升学、就业。鉴于这样的社会现实和人们的思想基础，书法教育受到冷落也就成为必然的了。

社会的需求影响着书法教学。近些年来，尽管我县在城区开设了书法培训机构，但由于书法本身的专业性较强，人们对其了解不多，加上大部分学生在小学、初中阶段很少或从没接触过书法，或受到书法学习的负面影响，使得学生对学习书法产生消极情绪，从而难以形成学习书法的良好氛围。虽有一少部分"敢为人先"者，或出于对书法本身的热爱、或出于升学的压力、也或是其他原因，毅然选择了书法专业学习这条鲜为人知的道路。但当他们面临就业时，却发现社会对书法人才的需求越来越少，书法人才几乎到了无用武之地的境地。

为什么古人凭借书法可入仕、可养家糊口，而在当代却倍受冷落呢？难道社会真的就不再需要书法人才了吗？其实不然，在今年召开的两会上，一些代表们再次建议在中小学开设书法课，以此来加强中小学的书法教育。这虽是教育界也是书法界的福音，但对于如何实施书法教育，尤其在师资力量方面的困惑是个关键性的问题。代表们提出的解决方式是聘请社会上的书法专业人士来授课，但这些授课带有义务无偿的性质，加之授课时间不能得到有效的保证、授课方式也不能完全根据中小学生的特点而系统化；更何况在实施过程中，一旦某个中间环节脱节（如教师的频繁更换、授课时间的缩短、授课频率的减少等），都势必会给系统的中小学书法教育造成严重影响。因此书法教育者的专业化、系统化就显得特别重要。而在当今社会，虽有人大声疾呼加强中小学生的书法教育，但真正实施起来却不是一件容易的事。光重视书法教育还不够，更关键的是在于如何落实！

2. 学校因素

学校不重视书法教育，把书法课当作辅课，认为学习书法会耽误其他学科的学习。即使开设书法课，不少学校也因教师不懂书法，从不对学生加以指导，而让学生按教材"自学"，放任自由，使书法课有名无实；更何况有些学校根本不开设书法课，让书法课改上其他课程或干脆让学生上自习。此外，当前中小学书法教学也缺乏系统性，随心所欲现象随处可见，面对字帖范本庞杂、教材教法多样的状况，不能选择教学内容，更不能根据学生个性气质特征来教学。往往是教师喜欢什么书体，就要求学生学什么书体；有的干脆教学生练自己的书体。笔者曾到一所学校，发现学生所用字帖大多是劣质字帖，拿这种字帖让学生学，岂不误人子弟。

教师只教学生埋头苦练，不讲书法史、不谈书法理论知识，这样势必造成学生的内力不足、涵养不够。长此以往，即使学生有相当深厚的书法功底，但因其气力匮乏，离大师之距离也会相去甚远。在书法课堂上，教师敢于"下水"做示范的微乎其微，学生在书法课中几乎是摸着石头过河；教师书法水平普遍不高，并不具备相应的书法知识，大多数所谓的书法教师是由其他学科的教师转化而来的，且从未经过正规的书法培训。有的教师"身兼数职"，根本不可能对书法教育投入过多的时间和精力，对书法教学一知半解，因此不但书写示范性不够，而且连语文课本中专门介绍书法的文章也是知之甚少，难以给学生讲出个子丑寅卯来。他们对于如何激发学生学习书法的兴趣感到无从下手，更甭说让学生的书法技艺得到不断提升。

有的教师竟然认为现在有了电脑，大家都不会因书写不合格而被人说道，因此对待书法课的态度不够严肃。由此可见，我县书法教师的素养问题已成为影响我县中小学书法综合能力发展的关键问题。他们不能适应当前书法课程改革的发展和要求，他们的整体素质还存在一定的距离。主要表现在：①对现代科学教育理论和有关书法教育改革的信息了解甚少，书法教育科研能力较弱；②在思想上满足目前的书法现状，缺乏改革和创新精神；③对中小书法教育规律探索不够，不能灵活运用书法教育学、心理学等专门的科学教育理论，书法教学水平一般；④书法功底较浅，对于书法水平较高的学生的辅导力不从心，指导学生开展综合性的书法活动有一定的困难。

其实，书法这一学科有其专门的学习规律。在具体的教学过程中，要用科学的学习方法来指导，而并非是我们平时所说的练练字、描描红那么简单。我们要认真对待中小学生在学习书法过程中所产生的偏差问题，找出问题的根源，从而对症下药，这才是我们解决问题的最好办法。

①中小学生自身的心理因素。中小学生的年龄主要集中在 6–18 岁之间，一般而言都处于未成年时期。他们的自我意识尚未完全成熟，辨别是非美丑的能力还有待提高，在具体的书法学习过程中比较容易人云亦云、飘摇不定，今天听说学习书法是件好事，就不顾一切地学习；明天觉得学习书法耽误文化课的学习，就将书法弃之一旁。老师说让写颜体，我就写颜体，就觉得颜体好，完全不根据个人的喜好、兴趣来选择碑帖。书法鉴赏水平较低，尽管有的中小学生也练习了一段时间的书法，在临帖、创作方面有一定水平，但在书法欣赏过程中却不能对书法作品进行评析。虽然对于书法作品的把握是以感性因素居多，而感性的把握却是离不开理性分析的，因此要提高中小学生对书法作品的理性分析能力，真正做到将感性与理性统一起来。

②教学体制与教学方法。大多数中小学生缺乏自控能力，若书法教学只是局限于技法的训练上，时间一长，学生势必会对书法学习产生疲倦感、甚至缺乏兴趣。据调查研究发现，学校即使开设书法课，也不过是技法简单、反复的重复。学生还没弄懂书法的真正含义就开始学习书法，他们必定缺乏书法理论知识的指导。如他们学颜体，竟然连颜真卿是哪个朝代的人都分不清，更不用说去了解颜真卿的生平、代表作和人格魅力了。有的老师在书法教学中贪多求快，妄想让学生在少得可怜的书法课上把书法学好，通过每天布置大量的书法作业来达到约束学生学习书法的自觉性，殊不知这样做只能适得其反。很多学生不仅书法没有进步，反而因求快却把字越写越差。

3. 家庭因素

很多中小学生是在父母的安排下参加书法培训班的，他们本身对学习书法就有抵触情绪。在这种情况下，如不加以正确引导，就很可能使他们失去学习书法的信心。他们对于书法学习，不仅是一个由外向内的被动传递过程，还应是一个由内向外主动作用的过程，因此他们在书法学习中具有主体地位和能动作用。鉴于书法学习的特殊性，它没有音乐那样的热情奔放、优美动听，也没有美术那样的丰富多彩。书法学习本身因为色彩单调、形式单一，再加上它是各门文化课的附带品，可由电脑"取而代之"，因而书法的主体性和能动性往往得不到体现。大部分中小学生学习书法的内动力往往不足，兴趣不浓厚，有的甚至讨厌学习书法。从笔者对我县38所中小学抽样调查的100名学生中发现，他们对书法感兴趣的仅占29.4%。著名教育家叶圣陶曾经说过："画画要走出去，写字要坐下来"。这就是说学习书法需要静心，任何浮躁焦急都无济于事。

此外，现在即使有些家长让孩子学习书法，也或许是冲着参加比赛拿奖来的。有的家长看着这家孩子的书法作品上报了、那家孩子的书法作品入展了，也让自己的孩子来学，却全然不顾孩子的兴趣和自身潜力。这样往往会给老师和孩子带来压力。当然不否认比赛获奖或入展能给孩子们带来极大的成就感和满足感，但将其作为书法学习的终极目标，显然与书法学习目的背道而驰。

三、我县中小学书法教育未来的构建设想

笔者认为，我县中小学书法教育发展的两个方向：一是以"写字"为主的实用主义教育，二是以"书法艺术"为主的审美主义教育，而这两个阶段是相辅相成、缺一不可的。前者是后者的基础，后者是前者的升华。以"写字"为主的实用主义教育就是我们通常所说的训练学生的基本功，只有基本功打牢了，才能在今后的书法艺术学习中显得游刃有余，不会因气力不足而显得捉襟见肘，让人生疑！我们若把以"写字"为主的实用主义教育比作"雅俗共赏"型书法教育，那么以"书法艺术"为主的审美主义教育就是"阳春白雪"型书法教育。无论是"雅俗共赏"型书法教育还是"阳春白雪"型书法教育，最终的目的都是让中小学生通过学习书法来修身养性，陶冶情操，全面提高自身的综合素质。从长远来看，这也是传承中华民族传统文化的重要体现。那么在具体的实施过程中，如何在不同的阶段区分以"写字"为主的实用主义教育和以"书法艺术"为主的审美主义教育呢？下面，笔者就阶段目标谈些构想。

第一阶段（小学1—3年级，以"写字"为主的实用主义教育阶段）这一阶段的学生由于年龄较小，大脑发育尚未成熟，对于新鲜事物的接受能力不强，对于学习书法也处于懵懂状态，加之他们主要以铅笔作为书写工具。虽铅笔也属于硬笔，但由于其与钢笔材质的差异，对于讲究线条变化的书法而言并不适合，不过对于字形结构的把握还是有一定帮助的。因此，在这个阶段主要训练学生对汉字字形结构的学习，并应以训练学生的坐姿、握笔习惯等为主；又由于他们可塑性较强，因此教师要起好模范带头作用。

第二阶段（小学4—6年级，主要是以"写字"为主的实用主义教育阶段）这个阶段的学生对于书法的学习有了明显意识，但容易出现两极分化。有的学生因种种原因而喜欢书法，例如个性使然、家庭熏陶、学校影响等等；而有的学生本身对书法并无兴趣，有的甚至达到了厌恶的程度。究竟是何原因使学生产生这样的消极情绪，教师应认真加以分析。同第一阶段一样都要注重学生字形结构方面的训练，同时对线条的把握要形成初步的认识，知道那些线条是好的、是符合标准的，教学生仔细体会线条变化的细微之处，形成正确的审美观。

第三阶段（初中7—9年级，初步以"书法艺术"为主的审美主义教育）在此阶段，学生大脑各个机能处于迅速完善阶段，初步形成了自己的人生观、世界观，也是书法教育的关键阶段。这一阶段的学生接受事物的能力明显增强，对于书法的学习也达到了自觉化。因此在这个时期，学生的书法学习应以技法训练和书法理论知识学习并重。其中技法训练应侧重于书法的线条与章法，同时继续加强学生对于字体结构的把握；而书法理论知识的学习既包含书法史，也包含与书法知识有关的文学、历史、哲学等知识。提高学生的书法鉴赏水平，使学生能对历史上名家的代表作、基本风格有初步的把握和理解，充分理解"书品如人品""字如其人"的含义。

第四阶段（高中10-12年级，基本上是以"书法艺术"为主的审美主义教育）这个学段的学生在思想和思维上基本成熟，对于事物的辨别能力也明显提高。在书法学习上能做到高度自觉化和意识化，知道该学什么、该做什么，已经不像小学阶段那样完全按照老师的意愿行事。这时，学生对于书法作品风格的好恶已经初露端倪，并能根据个人特点合理地选择碑帖；在书法学习中能扬长避短，充分发挥自己的优势；在书法技法方面初步形成个人的书法面貌，具有自己的书法艺术特色。在此阶段，教师应侧重于学生对书法作品高层次境界的培养，如意蕴、思想情感等；同时，对基础薄弱的学生应继续强化结构、线条的训练，至少保证学生每天有一个小时左右的学习时间。在书法理论学习方面应努力扩大学生的知识面，凡是与书法有关的书籍都可以鼓励他们阅读。

当然，书法应为每个学生所享有，而不应只掌握在少数人手中。但让每个学生享有并不是要求他们都成为书法家，而是使他们都能享受到学习书法所带来的乐趣，让学生切身感受到我国优秀传统文化的魅力，提高他们的审美能力，促进他们的全面发展，增强民族的凝聚力和创新力，进而提高学生自身的书法修养。这本身也是素质教育的重要体现，是在中小学开设书法课的真正意义所在。中小学是书法基础教育的最佳时期，因此加强我县中小学书法教育刻不容缓！根据教育部就中小学开展书法教育的出台意见——有条件的地区可在今秋开书法课的指示的提出，我相信在不久的将来我县中小学书法教育一定会迈上一个崭新的台阶。

诚然，书法教育是一项功在当代、利在千秋的伟业。虽我县在有些方面还比较滞后，但我们正在努力做好这件有意义、有价值的事。笔者希望以教育部的指示为契机，以校本教材的编写为基础，以教学过程的实施为手段，为提高我县中小学生的书法水平做点应有的贡献。同时，不断探索新的途径和方法，努力开创我县书法艺术教育更好的明天。

构建思想品德有效课堂教学的思考与实践

（"国培计划"——教育部示范性项目初中思想品德班　王慧艳[①]）

摘要：新课程理念下，成功的课堂教学应该是从创新导入入手，在教学过程中不仅要善于激发学生的学习热情，而且要最大限度地提高学生的参与能力，教师应从学生乐于参与、主动参与、易于参与、广泛参与来让学生形成积极的学习态度、科学的探究精神和正确的情感体验。

关键词：创新导入；课堂活动有效性；提高参与能力

课堂是教学活动的主阵地，知识的传授、能力的培养、核心在课堂。新课程下的课堂教学，不仅要讲究师生互动，更重要的是提高课堂教学活动的有效性。新课程要求教师从单纯注重知识传授转为关注学生的学习方式、学习愿望和学习能力的培养，要引导学生质疑、调查、探究，在实践中学习，富有个性地学习。因此选择正确的教学方法，创建符合新课程理念的新课堂是中学政治教师实现新课程改革任务的必由之路。下面我就对此谈谈自己的几点认识。

一、构建有效的政治课堂要从创新导入做起

良好的开端是成功的一半。这句至理名言对于打造一节优质高效的政治课来说非常重要。教学是一门科学，更是一门艺术，课堂教学艺术是一个整体。作为整个课堂教学的第一个环节——课堂导入是激发学生求知欲的关键。成功的导入是教学成功的重要催化剂，恰当精妙的导入能使教学收到意想不到的效果。因此，教师必须在导入新课时千方百计地调动学生的主观能动性，提高课堂教学效果。

1. 从富有情趣的活动导入，增强政治课堂的吸引力。

"知之者不如好之者，好之者不如乐之者。""乐之"，则会自主地、愉快地参与课堂。教师根据教学目标、内容和学生特点，设计能吸引学生广

---

① 作者单位为广西壮族自治区钦州市第七中学。

泛参与且富有情趣的导入活动，可以创造"乐学一刻"，让学生在享受快乐中走进课堂。

在导入七年级下册"规则与秩序"一课时，我让两名学生动上到黑板前画方和圆，要求是一名同学用直尺和圆规画方和圆，而另一个学生只用粉笔画出方和圆，这时我让同学们观察两个人所画的图形有何区别，如果用中国的古训来形容，那应该是"不以规矩，不能成方圆"。做人做事都要遵循一定的规则。理解规则，遵守规则，社会才能由无序走向有序。国有国法，校有校规，生活时时有规则。为了保证社会生活的有序、安全、和谐和文明，人类形成了一系列社会规则来规范自己的行为。社会生活需要秩序，秩序来自规则。再如，在导入八年级上册"与挫折同行"一课，我让学生做一个"猜歌名"的游戏，多媒体播放"昨天所有的荣誉，已变成遥远的回忆，辛辛苦苦度过了半生，今日重又走进风雨……"歌曲后，让学生竞猜。学生一说出《从头再来》，导入正题：为什么要从头再来？学生悟出了人的一生不可能事事幸运，时时顺畅，成功与挫折构成了人生不同寻常的两个音符。教师此时点拨：正如江河流水有了高山礁石的阻隔，才能汹涌澎湃，人生只有成功与挫折交替呈现，才能奏出生命的华彩乐章，变得更加丰富多彩。因此，一个人生活和学习及事业的发展总不能一帆风顺，会充满了坎坷和曲折，可以说人的一生与挫折同行。显然，"画方和圆"和"听歌曲"，给沉闷的课堂带来了欢乐，让学生心甘情愿地探究新知。

2. 从贴近生活的随堂导入，增添政治课堂的活力。

传统观念认为，课堂导入是都是的单边活动。在这种观念的引导下，教师总是课前把"导入"写在教案上，课堂上照本宣科。教学实际中这种导入往往"失效"，一个重要原因就在于，这种导入方式忽视了学生。而要真正把学生的注意力从课间活动快速地转移到课堂学习上来，必须关注学生。教育家陶行知说："生活与教育是一个东西，不是两个东西。"生活是学生的真实世界，只有开发和利用学生已有的生活经验，选取学生关心的生活热点切入课堂，学生才会产生真实的情感体验，才能迸发学习热情，探索激情，教师才能拥有导入的快乐。

我在导入八年级下册"做大自然的朋友——少年在行动"时，首先播放我利用空余时间抓拍的"校园生活"片段：(1)有人边吃零食边把包装袋随手丢在干净的操场上；(2)午餐后，饭堂旁转弯处饭菜满地；(3)一个水龙头在无人使用情况在细水长流；(4)几个同学为抄路大步走过绿油油的草坪；(5)一间无人教室里，八个摇头风扇在不停地转动……随后组织同学展开讨论："这，关不关我的事？我们应该怎样做？"在同学们的热烈讨论中，同学们检查和反思了自己的行为，做到"有则改之，无则加勉"，懂得了节约资源，保护自然，保护环境，人人有责！作为青少年一代，我们更应该以实际行动保护自然，保护环境，学生在兴奋中进入本文的学习。从这一例中，我体会到：只有真正走进学生的生活世界，用生活引领学生体验、感受、探寻知识，学会学以致用，这样政治课堂就会迸发新的生机和活力。

3. 从追踪时事的热点导入，彰显政治课堂的感召力。

"风声雨声读书声声声入耳，家事国事天下事事事关心"，是思想政治课的一大特点。这一特点决定了思想政治课教学具有鲜明的时代性。与时俱进、热点引领，也就成了政治教师培养学生学科兴趣别开生面的一招。教师在导入环节使用好这一招，更能彰显政治课堂的时代召唤力。

总之，导入作为课堂教学的第一个环节，时限短，任务明，作用大。当然成功的导入在于创新，而创新之路就在眼前、身边、脚下。

二、善于培养学生的兴趣，激发学习思想品德的热情

古人云："教人未见其趣，必不乐学。"兴趣是学习的动力，"兴趣是最好的老师"。教师要应尽可能让全体学生充分参与活动之中，发挥学生的主体作用，应努力提高学生对政治活动课的兴趣。

1. 用生动形象的比喻激发学生兴趣。思想品德课中的一些理论比较抽象，如果教师的课堂讲授讲究一点趣味性，有生动形象的比喻，把阐述理论同形象化叙述融为一体，就能激发学生的学习兴趣。如在讲授党的基本路线的核心内容"一个中心，两个基本点"的关系时，教师可以这样描述：

如果把经济建设这个中心比作一艘航船，那么，两个基本点就好比是动力系统和导航系统。只有这两个系统工作正常，航船才能朝着正确的航向全速前进。这样，就使深奥的道理浅显化了，更易于学生理解。

2. 以优美感人的语言激发学生兴趣。思想品德课的说服力、感召力和战斗力，很大程度上来自于教师语言的力度、技巧与文采。"言之无文，行之不远。"如在讲到资源、环境与发展的基本国情时，教师可以这样讲述："当今中国，如果我们生态环境继续恶化得不到有效控制，我们将失去生存的空间，这绝不是危言耸听！严峻的资源环境形势迫使我们必须做出选择，是持续发展还是自我毁灭？毫无疑问，我们应当刻不容缓地采取有效措施，防治污染与破坏，走可持续发展之路。否则，日益恶化的环境让我们在其他领域中所取得的一切成就黯然失色。"这些极富感染力的语言，也会增强学生的学习兴趣。

3. 以形象的漫画吸引学生，也会使课堂增色，也能激发学生兴趣，收到只用语言表达难以收到的效果。

总之，激发学生学习兴趣的手段是多样的：（1）幽默生趣。课堂气氛过于严肃不利于学生思维的活跃；教师如以幽默诙谐的语言调节好课堂气氛，自然会提高学生的学习兴趣。（2）妙语呈趣。活动课教学中，教师能引经据典，旁征博引，适时运用一些哲理名言，让学领略语言的美感，也会兴趣盎然。（3）寓教于例。政治的概念和原理较抽象，若在教学中适时穿插一些生动有趣的事例，创设逼真的教学情境，就能让学生对活动课产生兴趣。（4）设疑引趣。就是通过设置新巧的问题，激起学生求知的欲望，引发学习兴趣。另外，还可通过生动的课堂活动，如：小品表演、辩论、知识抢答等激起学生的兴趣，让学生集体参与，充分发表见解，从而学得更生动、活泼、有效。

三、提高学生的参与能力，课堂活动的开展要务实有效

新课程理念下，成功的教学应该是最大限度地激发学生的参与意识。参与意识是责任感和主人翁精神的体现，我们要把学生培养成为社会主义

事业的建设者和接班人，就要培养学生的参与精神。参与过程是把主体教育理念转变为学生主体人格的一种有效机制，对于优化教学和促进学生主体发展有重要意义，这就要求我们教师在教育教学活动中开展的师生互动过程要真实有效，还能充分调动学生参与的积极性，培养学生的参与意识和能力，那么如何培养和提高学生的参与意识和能力？

1.转换教师角色意识，搭建平等沟通平台，使学生乐于参与。

古人云：师者，传道授业解惑也。传统的观念是：老师是权威的主宰者，学生要无条件地服从。新课程理念下的课堂生活，一个显著特征就是把课堂还给学生，强调"效率优先、过程优化、组织参与"。学生是有思想、有感情、有需求、独立于世的人，而不是任人打造的附庸物；教师是导演者、合作者，是学生能力的激发者、培养者、欣赏者，而不再是权威者、控制者和教材的代言人。作为教师要把自己从"教坛"上请下来，主动走近学生，与学生为善，向学生学习，敢当着学生的面承认自己的错误与不足；以学生为友，多一些微笑，多一些幽默，多一点宽容。从学生是发展的人的心理出发，允许学生"另辟蹊径"——不唯师；允许学生"挑战教材"——不唯书；允许学生"童言无忌"——不唯上。

"亲其师，信其道，乐其学"。实践证明，平等、民主、开放的新型师生关系对学生而言，则意味着主体的凸显，个性的表现，创造性的解放，是搞好思想教育的重要保障。教师作为学生学习的促进者、激励者、帮助者、合作者和朋友，应该给学生营造一种敢想敢做开放的、自由和谐的课堂氛围，这样学生才会快乐自愿地参与，学生才会用自己喜欢的方式，去读、去悟、去听、去讲、去看、去想、去议、去做，课堂才会有笑声、有掌声、有合作、有辩论.这样学生的心灵才会真正地洒满阳光，才会释放自己的智慧能量，才能真正提高学生的思维能力和实践能力。

2.让课堂回归生活，关注学生生活实际，让学生主动参与。

思想政治课应以生活为基础，立足于学生现实的生活经验，着眼于学生的发展要求，把理论观点的阐述寓于社会生活的主题之中，构建学科知识与生活现象、理论逻辑与生活实际有机结合的课程。因此，思想政治课回归生活是让课堂焕发生命活力的首要前提。新课程的改革，教材的编写给我们回归生活一个契机，一个蓝本．新课程要求教师不是教教材，而是用教材教．教师对教材进行补充、延伸、拓宽和重组，并注重教材与社会生活和学生经验的联系和融合，同时鼓励学生对教材的质疑和超越，在具体的教学中，我以创设生活情景，引导体验感悟为策略，在课堂教学中关注学生的生活经验、学习经验，来创设现实生活情景，启发、引导学生，让学生关注身边人、关心身边事，在生活中学习，向生活学习，使课堂成为生活化的课堂。同时我还关注学生个体发展，满足学生内在需求，贴近学生的课堂，才能激发学生参与的内在动力，成为学生学习的乐园。

在学习八年级上册"走近父母"这一课，我让学生收集歌颂父母对子女这爱的诗文和歌曲，体会父爱母爱；"列举父母的优点——夸夸我的爸爸妈妈"，并在周末让学生回家给父母做一次饭、洗一次脚，或对父母讲甜甜的祝福或者是表达爱意，或用零花钱给父母买一个让他们高兴的小礼物等。这些活动可以加强学生与父母之间的沟通，让学生在接受父母的关怀和疼爱的同时，也懂得关心父母，懂得向父母表达感情，让父母获得快乐。这样的亲子互动，不仅能让学生体会父母的苦心，同时也让家长与孩子进行情感沟通，共同解决"爱的冲突"，增强教育效果。

3. 优化教法，学习知识以点带面，循序渐进，使学生易于参与。

德国一位著名教育学家曾说过：发展和培养不能给予或传授给人，谁要享有发展和培养，必须用自己内部的活动和努力去获得。激发学生自主学习、自我教育的兴趣，充分发挥他们的主体作用，是思想政治课教学所追求的目标。

因此，教师在课堂教学中要把学习的主动权交给学生，从时间上、空间上最大限度地给学生以自主学习的机会，培养其种种能力，使学生感到"我能行"。同时，还要加强对学生的学法指导，例如可从"是什么""为什么""怎样做"三个思维层次教会学生认识问题、解决问题的方法，把握思想政治学科的思维逻辑和规律。学起于思，思源于疑。巧设疑、善提问：古人云"学贵有疑、小疑小进、大疑则大进。"在思想品德课教学中，教师要通过设疑、释疑，激发学生探索问题的兴趣。只有这样，学生的思维能力才能得以有效提升，从而使学生感受到思考的快乐，增强参与意识。

4.开放课堂，开发丰富课程资源，自主合作探究发展，使学生广泛参与。

政治课堂教学的实效性、学生的参与度是否充分体现、落实，在于是否创设科学有效的教学情景，但也不要走进为了"活动而搞活动"的误区，课堂活动的开展应树立精品意识。现实社会资源丰富多彩，因此作为政治教师要不断提高自身素质，并善于在复杂多变的社会资源中获取有益生动、切合学生学习需求的信息，组合成教学内容。

课堂开放不可局限于这些，我们还可开展辩论会、系列讲座，让学生在思考中学习、在游戏中学习、在合作中学习，让学生了解和掌握更多的学习方式，鼓励学生从自己的视角出发，用自己最喜欢的方式进行学习。

总之，提高课堂有效性的策略与方法是多种多样认识规律、情感、交往的综合，是能动的艺术性的开展和个性能力的创新，只有让每一个学生都积极行动起来，参与教学活动，才能让我们的课堂点燃学生智慧的火把，课堂教学就会焕发出生命的活力！

参考文献：

［1］教育部基础教育课程教材专家工作委员会.义务教育思想品德课程标准解读（2011年版）[M].北京：北京师范大学出版社，2012.

［2］陈冬梅.新课程教学研究[M].南宁：广西教育出版社，2011.

［3］韩立福.新课程有效课堂教学行动研究[M].北京：首都师范大学出版社，2006.

［4］谭仁杰.做研究型教师[M].西安：陕西师范大学出版社，2006.［5］谭仁杰.做研究型教师［M］.西安：陕西师范大学出版社，2006.

［5］李青.课改后校本教研新方式[M].南宁：广西人民出版社，2011.

让多媒体激发语文学习兴趣

（"国培计划"——中西部项目小学语文高端研修项目 周余[①]）

摘要：电教媒体已成为提高教学效率和教学质量的重要手段。小学语文教学中恰当运用电教媒体，使枯燥的教学内容、沉闷的教学课堂变得灵动起来，从而调动起学生的主观能动性，激发学生想象，提高教学质量。

关键词：启发思维、兴趣、巧用、多媒体、创新、想象

随着教学改革的不断深入，电教媒体已成为提高教学效率和教学质量的重要手段。小学语文教学中恰当运用电教媒体，使枯燥的教学内容、沉闷的教学课堂变得灵动起来，从而调动起学生的主观能动性，激发学生想象，提高教学质量。想象是思维的翅膀，想象是艺术的殿堂。爱因斯坦说过："一切创造性劳动是从创造性的想象开始的。"想象是一种立足现实而又跨越时空的思维，它能结合以往的知识和经验，在头脑中形成创造性的新形象，把观念的东西形象化，把形象的东西丰富化，从而使创造活动顺利展开。在想象的天空中自由翱翔，学生可以打开思维的闸门，由一人一事想到多人多事，由花草树木想到飞禽走兽；从一个思路跳到另一个思路，从一种意境跳到另一种意境。想象能力渗透在小学生活的一切方面。儿童的天性是活动的、创造的，儿童是天生的学习者，这种天性既是一种人类的生存逻辑，也可以是从大自然为人提供的种种未确定中找到的信息。学生的想象力犹如一个尚未开发的宝藏。只要善于挖掘，就会找到取之不尽，用之不竭的宝藏；如果没有挖掘，那么就可能把宝藏埋没于地底。如何挖掘这些宝藏，发挥学生丰富的想象力呢？在以生为本的语文课堂中我尝试利用媒体从以下几个方面培养学生的想象能力。

一、巧用多媒体，激发想象的兴趣

孩子是最富有情感的，真情总是激荡在他们纯真的心灵间，但是因为

[①] 作者单位为湖南第一师范学员第一附属小学。

生活经验不足，对事物的认识不深，对于一些意境优美的课文所蕴含的情感难以深入领会。教师只有根据学生的心理特点，结合教材内容，运用各种教学手段引学生入情入景，才能让他们插上美丽的翅膀，翱翔在想象的广阔天空里。

1. 创设情景，引发想象。

语文课文的内容是丰富多彩的，有悲怆壮烈的英雄故事，有妙趣横生的神话传说，有如诗如画的山水景致，也有激情满怀的时代颂歌。我们根据教材的这些不同特点创设情景，营造相应的氛围，引起学生情感的共鸣，调动学生丰富的想象，从而有力地激发学生的创造性思维。

"兴趣是最好的老师"。在语文课上，激发学生的兴趣是很重要的。学生有了兴趣，他们才会投入课堂学习之中，去体会语文的魅力。如我教学《长城》一课，我首先通过播放《长城》的录像，再由去过长城的学生进行解说，录像从多角度去介绍了长城，而去过长城的学生有真实体验，由她来进行解说格外有感染力，录像和学生解说的结合，大大激发了学生的兴趣，也引起了学生想进一步了解、探究的兴趣。

如在教学《美丽的小兴安岭》一文，我先告诉学生，今天老师将带大家到小兴安岭进行一次愉快的旅游。同学们兴致盎然。然后我又用语言描述：请大家上飞机，闭上眼睛。然后，我按下录音机键，教室里响起隆隆的飞机声，逼真的声音仿佛真让学生感到乘上了飞机，来到了小兴安岭。同学们一睁开眼睛，又从电视屏幕上看到了小兴安岭的美丽景色，同学们情不自禁地议论开来；小兴安岭的树真多啊，小兴安岭真美啊……学生们置身于小兴安岭的美景中，心中怎能不涌动起由衷的情，由衷的爱，这里运用电教媒体，达到了"入境始与亲"的目的，在这样的氛围中学生怎能不乐于观赏和学习呢？

如在教学《繁星》的开头导入时，我先出示许多形象逼真的星空图，这样既让学生直观地了解到什么是星空，又激发了学生探索星空奥妙的兴趣。当学生陶醉在这一幅幅美丽的星空图中时，教师启发道："同学们，看到这些星空图，你想到了什么？"这时学生们放飞了想象的翅膀，争先恐后地说："我想和月亮姐姐打电话。""我想飞到天上看看星空。""我想去和人造卫星聊聊天！"……就这样，学生们在抒情的音乐声中尽情地展开了想象的翅膀……

2. 动画激趣，展开想象。

俗话说：兴趣是最好的老师。多媒体的运用深深地吸引着学生，它那栩栩如生的动态画面，抑扬顿挫的情感语言，悠扬动听的情景音乐，迅速地拉近了书本与学生之间的距离，使他们有了亲临其境的感受。例如：在《海底世界》这堂课中，我首先以一名导游的身份用亲切的语言对学生说："小朋友们，你可知道，大海深处是什么样的？今天，我们一同潜入海里去探索海底的秘密，好吗？"话音未落，学生情不自禁地拍起手大叫："好"紧接着，屏幕上立刻呈现出一幅幅美丽的海景图：海参伸缩着肌肉慢慢地爬行着，小鱼快活地在水草中穿梭行进，鲨鱼张开了大嘴在捕捉食物，还有一些五彩的贝类悠然地巴在轮船底下做免费旅行……侧耳细听，它们好像在窃窃私语——有蜜蜂一样的嗡嗡声，有小鸟一样的啾啾声，热闹极了再看看孩子们，他们个个脸上带着惊喜的表情，还不时啧啧赞叹。这节课把孩子们的情绪充分地调动起来了，激发了学生的学习兴趣，也很自然地导入了新课，达到了事半功倍的效果。

如教《富饶的西沙群岛》一课时，先让学生闭目倾听配有音乐的课文朗读录音，逼真、生动、优美的声音，使学生仿佛来到了西沙群岛，紧接着教师让学生一边看活动投影片上西沙群岛的美景，一边讲解启发。这样，五光十色的海水、海底嬉戏的鱼群、蠕动着的海参、披甲的龙虾、美丽的珊瑚；海滩上各种好看的贝壳和巨大的海龟；生长着奇特树木的海岛和鸥鸟翩飞、嬉戏、孵卵、多种鸟蛋堆放于鸟巢等新奇有趣的事物活生生地呈现在儿童的面前。加上教师适时适度地点拨，教学始终抓住了学生的心灵，使它们处于情绪愉悦的状态之中，兴趣盎然地投入学习活动，愉快地完成了学习任务。

3. 动手描图，丰富想象。

绘画是一种非常形象化的认知手段，它可以使抽象的教学内容形象化和具体化。适度运用这一手段，可以诱发灵感，丰富学生的想象。比如《坐井观天》一开始就以多媒体的形式呈现井沿、青蛙、小鸟，以及《井底之蛙》的乐曲，创设了一个生动有趣的场景，为学生展开故事想象创造了条件。在安排了绘图想象的环节：即引导学生画出青蛙跳出井沿后所见到的美妙世界，以此帮助学生体验青蛙对自己目光短浅自以为是的反思及羞愧之情，领悟文章的主旨。这样既培养了学生的观察能力又培养里他们的想象能力，收到一举两得的效果。

4. 闭目遐思，放飞想象。

有些课文意境深远，文字凝练，有广阔的想象空间，但难以语言或绘画等方式直观表述。因而，我们可以利用多媒体播放轻音乐给学生营造一个宽松的和谐的氛围，引导学生闭目遐思，将朦胧的画面在脑中一幕幕呈现。这种脑中过电影的方式最能感悟"只可意会，不可言传"的境界，这也是一种简便易行的体验方式。又如在讲授《夜莺之歌》一课时，我利用课件 3 次播放夜莺清脆、悦耳的鸣叫声，让学生闭目遐思，每一次出现各有作用，但有一点是共同的，都激发了学生的学习兴趣，营造了学生主动学习的良好氛围，使师生仿佛身临其境。这种以声音、图形创设课堂情境，代替枯燥乏味的口授，大大激发了学生的学习兴趣，提高了课堂效率。

二、活用多媒体，培养敏锐的观察能力

观察是思维的触角，是智慧的眼睛，是儿童认识世界、增长知识的重要开端。

观察能力是认识事物的基础，有计划、有目的地进行观察训练，使学生的观察能力得到充分的发展。培养敏锐的观察能力，对于培养学生的想象能力是非常重要的。

1. 选择图像，指导观察。

小学语文教材所配插图是课文重点内容的直观表象。教学时，教师应在引导学生通过看图学文、弄清文章思路、理解课文内容和写作方法的基础上，让学生回看图、说图、议图、思图，丰富和再现画面所表现的内容，然后进行口头表述，在进行文字加工。如看单幅图，应注意指导学生观察图中事物之间的联系，了解事物的发展变化，把图意弄清楚。如学习《观潮》一课时，可以引导学生先看图，理解课文内容，在弄清作者是按时间顺序观察潮来前、潮来时、潮来后的情景的基础上，再回头观察课文插图。可引导学生按由远及近的顺序观察，想象画面中潮来时的情景以及观潮的人们的心情。让钱塘江大潮壮观的场面重现于学生眼前，使学生从心里发出感叹：钱塘江大潮不愧为"天下奇观"，从而激发学生对大自然的热爱之情。然后教师可以抓住契机引导学生仿照本课作者的观察方法，口述一种事情的动态变化，在用文字表述出来。例如，描述"朝霞"或者"夕阳"。这样有利于培养学生敏锐的观察能力和表达能力，使全体学生都得到了发展。

再如教《惊弓之鸟》一课时，我让学生观看更羸射鸟的投影片后思考：图上画的是更羸拉弦前，还是拉弦后？学生据图联想，静中思动，进行了合理的想象；有的说："我看到更羸的手放到背后，大雁落下来了，就说明已拉过弦了。"有的说："大王再摸摸胡须，好像感到惊奇，卫兵的脸上露出了赞叹的神情，从这里可以看出更羸已拉过弦了。"我又问："你若是图中的一个卫兵，看到更羸只拉弓不射箭而把大雁射下来，你当时会怎样？"我又让几个同学进行表演。表演后，学生发表意见：演更羸的同学很自信，很老练，有点射箭能力的样子，但更羸的神情不太好，太骄傲了点，课文中的更羸比较谦虚，书上有这样几句话：'我可以试试。'更羸笑笑说："不是我的本事大。"说明更羸有了本领不得意，不骄傲。这里借助电教媒体为学生提供了想象的材料，架起一座表象与思维的桥梁，加速进入文章的情境之中，使学生对文章内容的理解层层深入，对情感的体验步步加深，学生在趣中探索，在乐中求知。

2.利用资源，学会观察。

在现实生活中，却难以突破时间空间的限制，为学生提供好的观察对象。于是，在教学中，我运用了电教媒体来解决这一难题。在《菊花》的教学中，多媒体又一次展现了它的魅力：我指导学生写菊花，在屏幕上出示一幅幅五颜六色的菊花图，引导学生按顺序观察，由花朵——花瓣——花蕊，为了让学生抓住各部分的特点，我利用投影将各部分层层放大，使学生做到了有顺序有重点的观察。如一位学生写道："小野菊像一个擦着脂粉的姑娘的小脸，它是由许多个尖尖的花瓣组成。花瓣粉里泛白，白里又微微透着粉，它们层层叠叠像一队队士兵保卫着黄色的花蕊。"还有一朵菊花的形态很特别，学生们纷纷议论着——有的说："它像公主漂亮的卷发。"有的说："它像汩汩的山泉在向外涌出。"有的说："它像国庆夜空绽放的礼花。"有的说："它像一个个小勺子。"还有的说："它像老龙王弯弯的胡子。"真是一个比一个精彩，一个比一个形象。

3.依据素材，细心观察。

在教学中，充分利用多媒体手段，培养学生的观察素质，使其观察能力得到提高。如《日月潭》是一篇写景抒情的文章。在教学时，我先用录像放日月潭的资料片，让学生仔细观察，然后提出观察的重点让学生边思考边观察：一是日月潭的位置；日月潭名字的来历及清晨和下午，日月潭的风光怎么样？观察后，让学生用自己的语言分别进行描述。描述后，再指导学生体会作者是怎样描述的，体会作者对事物观察的准确、描述的恰当、传神。最后指导学生分别谈谈自己的观察后的感受。通过活用多媒体，不仅训练了学生观察能力，而且使学生的观察素质得以提高，还培养了学生的想象能力，这对他们以后的学习和工作有很重要的意义。

三、妙用多媒体，拓展想象的空间

想象是思维的体操，是拓展思维空间的内驱力，是人们对头脑记忆表象进行加工改造而建立新形象的心理过程，教学中，充分挖掘教材因素，经常进行想象训练，有利于培养学生思维的广远性、深刻性和创造性。

1.抓住细节，扩展想象。

利用现代教学手段可以给学生提供大量的视觉、听觉形象，能使学生简便、快捷地直观现象，感觉真切、自然，甚至可以身临其境，进入由形象、色彩、声音等混合构成的氛围，使教学过程情境化、趣味化、形象化，诱发了学生的情感体验，加大了有效信息的接受量。这为丰富学生的表象，开拓学生的思维空间提供了物质基础。这样在语文教学时，可突破时空的限制，将人、事、物生动地展现在学生面前，既丰富了他们的生活，又开辟了多向立体的思维通道，还促进学生观察分析能力的形成、联想想象力的增强、审美能力的提高。

如《我的战友邱少云》一课，教师放映一段电影录像，一团烈火将邱少云整个包围住的画面，生动再现了当时的情景，教师用一段精彩、感人的导语把学生引入情境，学生仿佛身临其境，看完录像后，老师让学生根据画面中邱少云的目光、神情动作展开想象，邱少云当时可能会想些什么？他是怎样做的？这样，不但为学生提供了想象的材料，而且提供了想象的空间，又帮助学生体会到了英雄人物崇高的思想境界和顽强的意志。

2. 补白生成，启发想象。

学生的创新能力，可体现在他们丰富的想象力上。古诗贵在含蓄，意在言外，给读者许多补白、想象、玩味的空间。古诗语言十分精练，一首诗便是一个故事，一个景象。我充分抓住这些契机，让学生结合生活实际，活跃思维，展开丰富的想象，填补诗中空白，充实诗的画面，用自己的话描写诗中的景象。

如教学第八册第九课中的《咏柳》这一首古诗时，我引导学生抓住重点词语，联系生活体验，借助图片，展开想象，感悟诗句的意境。同学们很快就能说出初春柳树的特点。有的同学说："柳枝在春风的吹拂下变绿了"；有的同学说："细细的嫩叶像是巧手剪裁出来的。"我还重视指导学生有感情地反复诵读，抓住诗中景物特点，边读边展开想象，在头脑中形成绚丽多彩的画面，体会诗人愉悦心情，从而激发学生学习古诗的兴趣。

3. 学科渗透，多向想象

在语文教学中，为了达到最优教学效果，我们往往会渗透多门学科，如地理、历史、数学、科学、音乐……我继续以自己本期执教的《长城》为例：在讲到一块条石有两三千斤重时，我用班级最重学生罗曾体重八十斤来算，共要多少个罗曾？学生算出一块条石大概相当于三四十个罗曾。"哇塞，这条石真重啊！"这么重的条石怎么弄上山呢？学生七嘴八舌讨论，有讲山高路陡的，有讲工具简陋的，有讲因工致残的，有讲命丧黄泉的……自然引出"血汗和智慧凝结而成"。终究学生年龄太小，难得体会艰辛和困苦。此时，我截取了一段黄梅戏曲《孟姜女哭长城》放给学生观看，那凄厉的唱腔和长城轰然坍塌的画面给学生强烈的震撼，一个个眼圈都红了，真正领悟了长城是无数劳动人民的血汗凝结。

总之我认为，在课堂教学中，恰当运用电教媒体，有助于化解学生认识活动中的难点，深化学生情感活动，能让学生学得兴趣盎然，让学生凭借想象因素，展开想象的翅膀，翱翔于想象的王国，对培养学生的创新精神，发展创造力，其意义无疑是重大的。

幼儿园安全工作管理浅谈

（"国培计划"——乡村幼儿园安全教育骨干教师培训班　邹宗雨）

《幼儿园教育指导纲要》指出：必须把保护幼儿的生命，促进幼儿的健康放在工作首位。显然，保护幼儿的安全和健康是我们幼儿园工作的重中之重，我们的教育对象是年幼无知的、好奇心强的幼儿，我们的教育理念是"幼儿为本，师德为先，能力为重，安全为天"。我根据我们乡村幼儿园的实际情况，对幼儿园安全工作管理谈谈自己的认识。

一、健全管理机制，加强领导班成员建设

我们幼儿园必须建立一支强健的领导班子，成立安全领导管理小组。幼儿园园长、举办者为幼儿园安全领导小组第一责任人，负责抓全面的安全工作；副园长作为副组长，协助组长管理全园安全工作；各职教师、保育员、后勤人员、门卫为组员，各职教工层层签订安全管理责任状，班级安全工作、区域安全工作责任到人。制定各项安全应急预案，一旦发生安全事故和问题，发现者马上报告园长或副园长，立即上报教育局，通知家长。拨打 110、120 或 119 求助，让幼儿危害降至最低。

二、严格把守入职门槛，工作人员严于职守

幼儿教师必须有幼儿教师资格证、健康体检证，无传染病。我们幼儿园非营利机构，不能以盈利为目的，要凭自己的良心，为幼儿一生前程出发，千里之行始于足下，我们不能让孩子输在起跑线上。专职的幼师通过专业培训，师德规范，教学方法理念、疾病预防、急救知识与护理、应急防范，教学技巧等各方面具有优势。当然有传染病的老师再优秀也不能用，这关系到全园幼儿的健康安全。幼儿教师必须对本职工作认真负责。

校车司机必须达到校车驾驶资质，有校车资格证，不超过 60 岁，必须有良好的生活习惯，不酗酒赌博，心态良好，驾驶校车时，严禁超速超载，搭乘无关人员，每年参加校车安全驾驶员培训学习。

厨房工作人员必须有健康证，每天严格普装持证上岗，每天必须对幼儿餐具、厨具按时保洁消毒，要有良好的个人习惯。

门卫必须有健康证，无精神病，无不良习惯，形象高大，定期巡逻，担当师生的保护神。

三、规范安全管理，加强安全防范措施

幼儿园安全组长组织员工对幼儿园各处进行一周大排查，每天一小查。安全领导组长，每天应把幼儿园各处地方巡查一遍，发现安全隐患问题及时整改，特别是大型玩具，发现问题立即封闭停用。每天看望各班老师、保育员、小朋友，发现有不舒服人员马上通知家长或者送到医院就医。

四、严格执行晨午检制度，加强传染病预防和管理

值班老师每天必须认真地执行晨午检工作，"一摸，二看，三问"，发现有传染病或疑似传染病、急性疾病的幼儿及时隔离，马上上报教育局和上级卫生部门，立即送往医院救护并马上通知家长。及时对患儿用过的毛巾、被褥、桌椅、餐具等进行有必要的消毒，做到早发现，早报告，早治疗，早预防，减少对幼儿的危害。

搞好幼儿园各处的环境卫生，消灭四害。幼儿活动室、休息室经常通风换气；幼儿碗筷、勺子、口杯及时消毒；幼儿被褥经常晒洗；幼儿图书定期紫外线消毒。

五、加强对幼儿的安全教育

每周一日为幼儿安全宣传日，各班老师加强对幼儿防拐骗、防溺水、防火、防电、交通安全教育；每期举行一次消防安全演练或交通安全演练或防踩踏安全教育演练教育。编制安全顺口溜，建立安全宣传栏。

六、建立家长联系制度，实行家园共育做好安全工作

上、下学与家长签订"家长安全责任状"，与家长手递手交接幼儿。成立家长工作委员会，与家长同步教育幼儿，让家长参与幼儿伙食监督，提高幼儿伙食质量与安全性。

定期召开家长工作会议，每月一次，举行家长安全知识讲座，让家长更懂幼儿安全教育。请家长来园排查幼儿园安全隐患，有时"当局者迷，旁观者清"。组织亲子活动，六一文艺汇演，请家长参与来园当义工，如此增进"家园共育"。

七、"以奖代罚"不伤师生自尊心

对幼儿园老师的各项工作，做得不好的侧面表扬赞赏他，另外哪方面工作做得很好，"如果这项工作像那样你就更优秀了"，对幼儿工作的不足进行侧面提示。幼儿也是一样，都是爸妈的娇儿贵女，喜欢听好话。比如小明小朋友在老师讲课的时候转过头去跟后面的小朋友说话，老师如果批评他，他可能会赌气，但你说"看谁做得好，谁最乖"，你轻轻地走到他身边提示他一下，他肯定会做好。表扬代批评会减少不少安全问题。

总之，我们应不断学习，引进先进的教育方法，在实践中不断摸索经验，与家长幼儿园教职工同行，领导长期交流学习，把幼儿园安全工作做好，做到位。

心理健康教育在农村学校的实施策略

（"国培计划"——中西部项目心理健康高端研修班 刘松涛）

摘要：心理健康教育在学校工作中越来越凸显其重要，现在的学生大部分是留守儿童，加强学校心理健康教育势在必行，也是着力推动素质教育的必然要求，也是保证新课程改革的前提条件。如何探索出一条切合本校实际又行之有效的学生心理健康教育新路，是摆在每个教育工作者面前应该思考的问题。

关键词：心理；健康；关爱；公平；情感；

"教师要像对待荷叶上的露珠一样，小心翼翼地保护学生的心灵。晶莹透亮的露珠是美丽可爱的，却又是十分脆弱，一不小心露珠滚落，就会破碎不复存在。学生的创造心灵，就如同露珠需要家长倍感呵护，这才是爱。"这是前苏联教育家苏霍姆林斯基所认为的师生关系。在学校心理健康教育中，爱是基础，爱是本质，爱是师德的需要，爱是教师最基本的行为准则。用教师的爱树立起学生的自信，促其健康成长。听了张照老师《乡村学生心理关爱的途径与方法》讲座后，心有感触，我们农村学校应该在以下几个方面开展心理健康教育。

一、新型师生关系的建立要具有灵活性

教育是一门艺术。面对个性各异的学生，怎么引导他们，鼓励他们，这对教师来说不是一个简单的课题。教师要对学生少警告、多鼓励。法国教育家第惠多斯说："教学的艺术不在于传授的本质，而在于激励、唤醒、鼓舞。"教学是这样，教育又何尝不是这样呢？

我认为建立师生良好的开端就是爱，爱是教师的天职，爱是一种伟大的教育力量，一个有爱心的教师是有足够的魅力去吸引学生的。教师都把学生视作自己的亲生儿女，那么，我们的学生是多么的快乐，我们的校园生活又是多么的美好。如果每一位教师都懂得要去关心爱护学生，那么，就必须深入到学生中去了解学生的内心世界，时时参加学生各种活动，把

握学生的情感动向，从而赢得学生的尊敬和爱戴。现代教育要具有灵活性，我们老师不能再以一种高高在上的姿态去教育学生，这样你就会成为一个不受欢迎的老师，学生也是一个个体，是一个有情感、有个性的人，我们必须以一种平等的心态去对待，这样我们教育出来的学生必定是社会有用的人才。

二、公平看待每个学生

教育公平，这是整个社会正在讨论的问题，也把我们教师推到浪尖上，"人类灵魂的工程师"，"燃烧着的蜡烛"等称号，是社会对教师职业的高度评价，同时也是对教师提出师德教育方面的要求。所以我们教师要以"一切为了学生，为了学生一切"的心态去教育学生，融入"为学生服务"之中去。走进学生中间，与学生同学习同生活，谈心交流，做学生的知心朋友，对学生进行针对性的家访。同时我们也要清醒地认识到学生年龄小，情绪不稳定，意志品质薄弱，性格尚未定型，以及极易受外界因素影响的特点，可塑性强，所以在学生自信教育过程中心理健康教育也非常关键。增强学生的交往能力，培养丰富的情感和健全的情绪，较强的自制力和良好的学习适应能力。对学生健康心理的塑造和培养，重要的是结合社会实践，通过对社会现象的挖掘和提炼，正反两方面施加影响，提高其心理承受能力，学会自觉调节情绪、完美其性格等。树立起学生学习、生活的信心。

如果教师用粗暴专制的教育方法去等待学生，用讽刺挖苦的口吻去数落学生，那么，教师不仅不会得到良好的教育效果，反而会给学生的心灵投下阴影，让学生内心感到痛苦和教导，反而会对教师望而生畏、敬而远之，这些学生还会与教师产生对立情绪、逆反心理，久而久之，这些学生还会发展到厌恶老师、厌恶学习、厌恶校园生活，导致自暴自弃，消极无为，不思上进。

在教学中还得注重公平公正，不歧视任何有缺陷的学生，无论学生家庭情况怎样，我们都要一视同仁，只有这样我们才是一位合格的教师。

三、给予学困生更多的心理关爱

对相当一部分教师来说，偏爱优生已成为一种倾向，好像这是理所当然的事情。因此说起来优生来，他们是津津乐道，如数家珍。而在对待学困生，他们的态度则截然相反，不是抱怨这、抱怨那，就是不问不管。实在不管不行的时候也是不分青红皂白，大骂一通。而对这种种现象，我们不禁要问：这些学困生真是无可救药了吗？但答案是否定的。不应只对少数优等生服务，而应该平等对待那些学困生，因为他们同样也是"财富"的源泉。教师在对待"学困生"问题上是以全部心血倾注在他们身上，全心全意，耐心细致地进行转化教育工作，我们知道，培优助困是教学中常用的方法，不仅不嫌弃、不歧视，而且多加爱护，对他们常常动之以情，晓之以理，持之以恒。善于发掘他们身上的"闪光点"，多表扬，少批评。不伤害学生的自尊心和自信心。爱是一种纯洁的感情，它不是说教，不是靠强制，更不是利诱培养起来的。那么，我们究竟该如何去面对这些差生呢？其实很简单，只要你像爱优等生一样去爱学困生就行了。要做得更好一点，那么给予学困生多一点的偏爱即可。教育的本质是爱，爱是一种真挚的情感。一个关爱的眼神，一句关爱的话语，会让学生感动不已。教师只有懂得爱自己的学生，才能有巨大的热情去爱事业，进而在教育上取得成功。

学生心理健康现在已成为当今学校教育的重要课题，特别是我们初级中学，学生正处在逆反期，也是最容易走上极端的时期，学校加强心理健康教育势在必行，也是我们中学教师的必修课，一所名校必有一名或几名优秀的心理健康教师，我想我们农村学校的教育改革必将把心理健康教育放在首位，这校教育公平才有真正地实现，农村教育才有长远发展。

附录:"国培"相关成果与社会反响

从 2009 年至 2018 年,衡阳师范学院秉承百年师范传统,依托学科和专业优势,在国家级别和省市级中小学幼儿园教师培训方面创特色、树品牌,累计培训全国 31 个省(市)的"种子教师"12542 名。同时,通过"国培、省培计划"的成功承办与教师培训模式的不断创新,带动和促进了学校的师范生培养,教师职后培训与职前培养双向渗透与有效对接的一体化效果已经初步显现,如培养和打造了以法学院凌云志博士、文学院邓水平副教授为代表的一批既能很好的胜任师范生课程的教学,又在教师培训领域成为了全国知名的教师培训师;培养了一大批既负责教师职前培养又熟悉教师培训工作的首席专家,如朱迪光、涂昊、申秀英、廖建平、任美衡、贺学耘、杨柳等。尤为突出的是,自 2010 年以来,学校师范类专业本科人才培养方案为有效对接教师培训已经开始了三次大规模的修订工作。2014年开始探索实行卓越教师培养计划。2015 年 12 月出台了"一师范专业对接一所省级示范中学"的师范类专业人才培养模式改革的政策。2016 年学校开始推行"双师型"教师培养计划。

在开展"教育部示范性项目"和"国培、省培计划"工作的同时,学校一直注重开展相关课程资源开发与建设。2012 年,出版了一套高质量的《国培计划课程资源丛书》(第一辑共八本),时任教育部教师工作司许涛司长给予了高度肯定并亲自撰写丛书序言。2013 年至 2017 年,又先后出版了《跋涉：基层教育实践 30 年》（李向东）、《中小学校长学校管理理论与实践》（申秀英）、《品德教育漫谈》（廖建平）、《用思想教学》（谢华）等十余本国培资源用书。2017 年，湖南省国培办组织编撰的《国培在湖南》系列丛书（共四本）全由学校法学院的凌云志博士与文学院的邓水平副教授分别担任执行副主编。这些课程资源开发与建设成果的取得，为我们广大乡村教师提供了科学的指导方法与理论借鉴，也使得学校在全省乃至全国的影响力不断扩大。

2011 年以来，学校先后多次在全国或全省的"国培计划"经验交流大会做典型发言。学校多次获评湖南省国培计划实施工作先进单位或先进集体。2015 年 12 月，在省教育厅下发的《关于公布我省首批中小学幼儿园教师学科培训基地名单的通知》中，学校获评湖南省初中数学、初中英语、初中思想品德、小学语文四个省级学科教师培训基地。现已拥有国家教育部"国培计划——示范性集中培训项目"培训资质和"国培计划——教师队伍建设示范性项目"培训资质单位。多年来，学校承办的"国培、省培计划"项目在全国和全省的绩效考评工作中，成绩十分突出。2013 年学校小学语文短期集中培训项目、初中数学置换脱产培训项目等分别获得四个单项第一名。2014 年，学校初中思想品德一线优秀教师技能提升研修项目在全国 53 所高校中名列第 4 名，思想品德类学科第 1 名。2016 年学校文学院承办的教育部小学语文学科一线优秀教师技能提升研修项目的绩效考评名列全国共 44 个同类型项目的第 3 名，小学语文类学科第 1 名。随着2015 年国培项目向市县教育局下移，高校承办项目逐渐减少，但 2015 年至 2017 年间，学校承办的项目县教师培训团队项目、乡村学校资深教师关爱培训项目、乡村学校留守儿童关爱培训项目等荣获 6 次全省综合类或单项类第一名。这让学校在全省乃至全国范围内教师培训领域的知名度与影响力进一步扩大，《中国教育报》《光明网》《红网》《吉林教育信息网》《衡阳日报》《江华新闻网》等国家级和地方媒体对学校的教师培训工作多次进行了专题报道。2015 年以来，学校的张登玉教授、申秀英教授、廖建平教授、刘国武教授、杨柳教授、杨旭明副教授、邓水平副教授、尹彬副教授等20余人获评湖南省教育厅颁发的国培管理先进工作者、优秀培训者或优秀班主任等荣誉称号。

总之，学校领导曾多次提出要把"国培计划"当作一项事业来做，要以实施"国培、省培计划"为契机实现教师培养培训一体化，推动高师教育与基础教育对接，提升学校服务地方经济社会发展的能力。学校今后要继续加强教师培训工作并高质量地完成后续国培项目，我们任重道远。基础教育教师培养和培训是我们衡阳师范学院的义务与责任，继续打造培训特色和培训品牌，走专业化、精细化教师培训之路，是学校始终不渝的追求。学校将进一步增强紧迫感和责任感，全力打造一支素质优良、结构合理的教师培训团队，积极创新教师培训模式，切实提高培训质量，为推进湖南省基础教育教师队伍现代化做出应有的贡献。

一、教研教改项目

序号	项目名称	主持人	立项年度
1	面向中小学教师培训的环境教育课程体系建设研究	刘沛林	2009 年
2	基础教育教师培训模式的创新研究—基于项目驱动的"混合学习"视角	卜华白	2011 年
3	地方师范院校汉语言文学专业成人学历教育和教师培训模式一体化研究	涂昊	2012 年
4	成人教育中农村中小学校长培训模式创新研究	申秀英	2013 年
5	基于信息技术与学科教师培训融合的培训模式创新研究与实践	蒋瀚洋	2014 年
6	地方师范院校教师教育人才培养改革研究——基于"国培"的反思	谢华	2015 年
7	信息技术渗入国培语文课程教学的有效性研究	杨旭明	2015 年
8	一体化背景下的教师培训模式的创新性探索与实践	刘国武	2017 年
9	行动导向的乡村教师培训模式建构研究	凌云志	2018 年

二、教学成果奖

序号	成果名称	主持人	立项年度	级别
1	"国培"专业化、精细化实施模式创新研究与实践	涂昊、张登玉、朱迪光、蒋瀚洋、王芳宇	2012年	校级一等奖
2	高效实效·示范引领·服务辐射型初中思想品德学科教师培训模式的构建与实践	廖建平	2012年	校级二等奖
3	基于国培地方师范院校乡村教师培训培养融合理论与实践	涂昊、廖建平、朱迪光、魏书敏、蒋瀚洋	2015年	校级一等奖
4	基于国培地方师范院校乡村教师培训培养融合理论与实践	涂昊、廖建平、朱迪光、魏书敏、蒋瀚洋	2016年	省级三等奖

三、公开发表论文

序号	论文名称	作者（第一作者）	发表年度	发表期刊
1	中小学教师环境意识状况分析	刘沛林	2009年	教育评论
2	"两型"社会建设中教师环境意识状况及提升策略	刘沛林	2009年	衡阳师范学院学报
3	环境美学思维下高师地理环境教育探讨	刘沛林	2009年	衡阳师范学院学报
4	面向中学教师培训的环境教育课程体系建设研究	刘沛林	2010年	衡阳师范学院学报
5	低碳理念下的环境教育优化研究	刘沛林	2010年	教育评论
6	"两型"视角下农村环境教育优化研究	刘沛林	2010年	衡阳师范学院学报

续表

序号	论文名称	作者（第一作者）	发表年度	发表期刊
7	"主题串讲式"农远工程项目学校教师培训模式	欧阳汝梅	2011 年	软件导刊.教育技术
8	教师培训课程开发中存在的问题 – 基于课程结构优化的视角	郑志辉	2011 年	内蒙古师范大学学报
9	创新培训模式，确保"国培计划"取得实效	王芳宇	2012 年	中国校外教育
10	"国培计划"视域下高师汉语语言学课程设置新探索教育探索	李振中	2012 年	教育探索
11	以"国培计划"为平台做好农村中小学师资培训工作	张登玉	2012 年	教育教学论坛
12	基于教师道德学习视角下的师德培训有效性探讨	凌云志	2014 年	中小学德育
13	MPCK 视角下有效实施数学教师培训的策略—以"国培计划"初中数学为例	杨柳	2015 年	数学教育学报
14	市场经济背景下学校战略管理研究："国培"校长必须重新认知的新领域	申秀英	2015 年	衡阳师范学院学报
15	混合学习环境下的"国培计划""3+1+1"教师培训模式研究——基于课题驱动的专业化、精细化研究视角	刘沛林	2015 年	衡阳师范学院学报
16	"国培计划"的实施对生物科学专业师范生教育促进作用的探讨	刘健晖	2015 年	时代教育
17	"国培计划"助推高师院校教师教育的发展——以衡阳师范学院数学教师教育为例	高正晖	2015 年	教育教学论坛
18	独立学院数学专业学生国培顶岗实习课堂纪律问题的成因与对策探讨	曾云辉	2015 年	经贸实践
19	小学语文国培工作的实践与反思	杨旭明	2015 年	教师

序号	论文名称	作者（第一作者）	发表年度	发表期刊
20	初中英语教师专业发展的有效途径探索——基于衡阳师范学院"国培计划"初中英语教师培训项目研究	尹彬	2015 年	佳木斯职业学院学报
21	农村初中英语教师专业发展需求与高校研培一体化的探索与实践——以衡阳师范学院"国培计划"短期项目为例	尹彬	2015 年	佳木斯职业学院学报
22	基于信息技术与学科课程融合的信息技术教师培训模式研究	蒋瀚洋	2015 年	成人教育
23	基于 MOOC 的中小学教师培训模式探讨	蒋瀚洋	2016 年	教师
24	基于"翻转课堂"理念的教师培训探讨	蒋瀚洋	2016 年	中国校外教育
25	微课在中小学教师培训中的应用探讨	蒋瀚洋	2016 年	教育教学论坛
26	"国培计划"实施中凸显的基础教育困窘观察及对策——地方师范院校教师教育改革的认识基点	谢华	2017 年	教育界
27	信息技术融入国培课程教学的有效径路	杨旭明	2017 年	求知导刊
28	一体化背景下教师培训运行机制创新与实践	申秀英	2017 年	衡阳师范学院学报
29	创新"影子教师"实践模式——以衡阳师范学院为例	高正晖	2017 年	专业的培训——"国培计划"实施微案例
30	行动学习导向的乡村教师培训模式研究	凌云志	2017 年	教育科学研究
31	信息技术培训课程"BYOD"培训模式的建构与反思	凌云志	2018 年	教师教育研究

四、公开出版著作

序号	著作名称	作者	立项年度
1	田野的烛光——顶岗实习教师随笔（国培计划课程资源丛书）	王鹏（第一作者）	2012 年
2	学校战略管理概论	刘沛林（独著）	2012 年
3	特色专业建设与语文教师培训	朱迪光（第一作者）	2012 年
4	良心的事业：教师培训对话录	廖建平（独著）	2012 年
5	新课标初中思想品德课程教学理念与技巧	凌云志（第一作者）	2012 年
6	当前农村学前教育热点问题探讨	魏书敏（独著）	2012 年
7	初中生物教学的有效实施与创新	曹丽敏（第一作者）	2012 年
8	中小学校长学校管理理论与实践	申秀英（第一作者）	2015 年
9	美丽的遇见——"国培计划"学员研修成果	邓水平（副主编）	2017 年
10	专业的培训——"国培计划"实施微案例	凌云志（副主编）	2017 年

五、其他成果

（一）完成湖南省教育体制改革试点重点项目"地方高师院校战略性转型发展改革"之子项目"衡阳师范学院职前培养与职后培训一体化改革与实践"。

1. 在衡阳师范学院学报 2017 年底 4 期上公开发表"一体化背景下教师培训运行机制创新与实践"；

2. 完成衡阳师范学院教师教育一体化制度设计与改革方案；

3. 完成衡阳师范学院教师教育一体化的工作成效与总结材料。

（二）完成教育部审核评估学校特色项目材料

1. 不断创新教师培训模式；

2. 教师培训学员成长与发展情况统计表（典型案例）。

（三）2018 年完成编著《教师培训模式创新研究与实践》的编写与出版工作。

六、社会反响

(一)中国教育报：国培工作融合师范生培养的七条经验

中国教育报 2015 年 10 月 19 日第 8 版

衡阳师范学院前身为 1904 年创办的湖南官立南路师范学堂，现为湖南省确定仅有的初中教师培养培训基地。2010 年至 2014 年，学校累计承担国培项目 50 个，培训了来自全国 31 个省（市）教师和校长 10138 人，其中乡村教师占 78%。2015 年，学校承担国培项目 10 个，已培训全国 12 个省（市）教师和校长 807 人，全部为乡村教师。衡阳师院人秉承学校百年师范传统，把培训当事业，在加强国培工作同时，实践探索将国培成果渗透到师范生人才培养的有效办法，以实现教学模式的创新和培养培训的融合。

课程设置的亮点融入人才培养方案之中。

国培课程体现了中小学教师专业标准和新课程标准的要求，关涉专业理念与师德、专业知识、专业技能 3 个维度，融思想性与专业性、理论性与实践性、适应性与引领性于一体，弥补了地方高校师范专业传统课程重理论轻实践的不足，为修订本科人才培养方案注入了活性因子。翻开该校文学院、数学与统计学院、外国语学院、生命科学与环境学院"卓越教师培养计划"实验班的人才培养方案，很多课程极具地方特色和实践特色，有的直接来自国培课程，如《从乡村教师至儒学大师：王夫之成长历程的启示》《教师形象魅力与教学效果：湖南最美乡村教师案例分析》《微课的设计与制作》《作文教学的创新设计》等。

参与式培训方法催生本科生体验式课堂。

国培课堂重在学员主动参与。理论性的课程，安排学员进行"专家介绍""问题征集""现场讨论""课后反思"；实践性的课程，安排学员到一线教学现场观摩、评课。同时设置"国培论坛"和研讨话题，提供网络、墙报、简报等互动平台，引导分组讨论、共同研修，切实提高学员自主、合作和探究的能力。该校很多教师采取学生专家组的组建与培训、专家组学生代表授课、全体学生课堂满意度调查、教师点评、专家组反思与总结等培训中的措施，为学生创设了参与体验的舞台，把课堂变成"学堂"，有效提高了教学质量。

"影子教师"实践优化教育实习模式。

传统的教育实习主要在高校建立的基地校进行，国培项目在全省上百所优质中小学开展的"影子教师"实践，通过 UGS（University Government and School 的简称，指高校、政府和中小学）协同参与、顶岗置换、课例研究等方式，实现了和高校师范生教育实习的对接，其中，UGS 协同参与，是指三方共同参与实践教学的顶层设计、过程实施和绩效考评。顶岗置换，就是根据参培教师特别是乡村教师工作岗位情况，在学校各专业选调实习生，派送到全省各地，既确保了教师的培训时间，又延伸了教育实习的时间、单位和内容。课例研究，就是确定一个教研主题，以一堂课或一类课为研究载体，通过教师示范、观摩研讨、情境体验、案例分析等环节的解剖、反思和修正，得出一些教育教学的规律，最后运用到本科课堂教学之中。国家教育部门教师工作机构 2012 年 10 月 30 日第 9 期简报为此点赞："衡阳师范学院依托国培计划，将师范生实习与中小学教师培训相结合，有效实现教师培养培训一体化。"

国培导师制的实施推动本科生导师制的完善。

国培导师制是指选派有丰富教学经验和较高学术水平的高校专家（或优秀教研员）和一线教学名师，在项目首席专家组织协调下，全程、互动地对培训学员进行传、帮、带的培训制度，其目的在于最大程度地挖掘和激发学员学习潜能，满足培训教师尤其是乡村教师的个性化需求，提高培训质量。国培导师制的成功实施，推动了该校国培项目承担学院本科生导师制的完善。学校现有的"卓越教师培养计划"实验班，全部制定了"双导师制"实施办法，明确了导师的职责、要求、考评办法，让每一名学生都得到校内和校外两名导师的切实指导。

网络研修社区延伸了师范生的网络学习平台。

国培项目的网络研修社区，是师范生学习空间的有效延伸。该校各学院不但将国培研修平台介绍给师范生学习与研究，让他们分享国培期间产生的各种课程资源，而且搭建了各专业的培训网站。如文学院建设了"语文教育网"，把语文教育、汉语国际教育、国培项目、大学语文教育、网络课程建设纳入其中，为教师、学生交流与分享提供了便利的条件。

培训文化的创造推动课室文化的建设。

培训文化，是培训者和培训对象在培训过程中共同创造出的物质和精神成果的总和。如学员创造的组名、组标、组歌、简报、成果集，为学员开设的地方文化专题讲座等。该校各二级学院以寝室文化、教室文化为重点的课室文化建设，就借鉴了上述成功做法。文学院打造的"汉字英雄""中华经典诵读""大学生成人礼"等品牌文化活动，外国语学院举办的班级文化创意设计大赛活动，数学与统计学院开展的数学文化墙建设活动，如同师院的一张张美丽名片，营造出"处处是文化之地、天天是文化之时、人人是文化之人"的浓厚氛围，有机地渗透到人才培养过程之中。

国培成果的开发带动教师教育的研究。

该校各项目承担学院都坚持培训与研究相结合，注重开发国培优质成果。一类是专家的优质课件和视频资源，二类是学员的电子档案和研修成果集，三类是院本和校本研发资源，如文学院教师编辑的《从"一大片"到"一条线"：语文课例研究案例集》，学校出版的"国培计划"课程资源丛书。2010年以来，该校由国培工作直接衍生出教育部门教改项目一个，省级教改项目5个，省级以上教学论文18篇。（衡阳师范学院　彭斌）

（二）光明日报：江华50名教师培训团队充电

原载于永州日报2016年8月9日

本报讯（通讯员唐世日蒋兰凤）8月2日，江华瑶族自治县50名教师培训团队培训班在衡阳师院开班。50位学员依次上台展示自我风采，进行小组建构，标志着为期15天的教师培训团队培训班正式启幕。

据悉，今年江华县成功申报湖南省第二批"国培计划"项目县，将给予2—3年周期性支持的方式组织实施，推动教师培训改革转型。此次教师培训团队培训旨在为培养教师建立优秀师资队伍，进一步提升乡村教师队伍整体素质。

"这次以教师培训团队的身份参加，回去后还要培训老师，更要珍惜这次培训机会，提高自身素养。"该县沱江镇第一小学老师李艳玲告诉笔者。

此次教师团队培训给该县教师培训工作带来新的发展机遇，不仅能整体优化教师培训工作，还能有效缓解该县教师培训经费的不足，对该县教师培训工作将起到极大的推动作用。同时，还能让每一名教师不出校能接受优质培训，解决工学矛盾，扩大培训范围，提高乡村教师队伍整体素质。

（三）红网：50名乡村教师访名校培训班在衡阳开讲

原载于永州日报2017年9月25日

永州新闻网讯（通讯员：梁天胜李春阳）9月19日晚上，江华瑶族自治县派出的50名乡村小学语文教师参加了在衡阳市创富大酒店举行的"湖南省乡村学校教师访名校"开班典礼。衡阳师范学院文学院院长任美衡、副院长杨旭明、总支书邓玉久、衡阳师院副校长张登玉、师院教授邓水平、申秀英等出席。

据悉，这次培训属于中小学教师国家级培训计划中西部培训项目，由衡阳师范学院文学院承办，以"做专业引领性的小学语文卓越老师"为主题，始终贯穿语用教学和课例研修两根主线，共分为两个阶段：第一阶段（9月19日—9月28日）为集中研修、名校观摩，第二阶段（10月29日—31日、11月12日—14日）为返岗实践、专家上门指导阶段。

衡阳师院副校长张登玉副校长讲述了精准培训的意义在于，通过培训让学员"在体验中建构、在行动中改变、在反思中提升"，推动骨干培训者从优秀走向卓越，在教育教学中起到引领的作用。

江华瑶族自治县教师培训项目负责人唐添翼寄语参加培训的50名乡村小学语文老师，要放下往日的光环，虚心学习，让自己在学习中有变化、有进步、有收获。

据了解，培训根据课例研修中的"专家引领、同伴互助、自我反思"思路，采用专题讲座、案例研讨、作业练习、现场教练、观察反思、微格训练、展示交流等方式进行。

此次培训将及时更新语文教师的教育观念，提高教育教学实践能力，为江华县培养一批能辐射本县广大地区引领其他教师发展的小学语文教师，将对江华县语文教学的发展发挥极大的推动作用。

（四）衡阳日报："国培计划"，6年培育万名乡村"种子教师"

2015年10月19日衡阳日报

从2009年至2015年，衡阳师范学院秉承百年师范传统，依托学科和专业优势，在国家级别和省市级中小学教师培训方面创特色、树品牌，累计培训全国31个省（市）教师和校长（园长）10945人，其中乡村教师比例从78%提升至100%。

"国培计划"，6年培育万名乡村"种子教师"

百年大计，教育为本，教育大计，教师为本。有好的教师才有好的教育。

从 2010 年开始，国家教育部、财政部全面实施中小学教师国家级培训计划简称"国培计划"，包括中小学教师示范性培训项目和"中西部农村骨干教师培训项目"两项内容。旨在示范引领，"雪中送炭"，促进改革，全面提高中小学教师特别是农村教师队伍整体素质。今年随着《关于改革实施中小学幼儿园教师国家级培训计划的通知》和《乡村教师支持计划（2015—2020 年）》的先后出台，新的"国培计划"将主要培训对象调整为乡村教师，并明确指出将从 2015 年起集中支持中西部地区乡村教师校长培训，通过改进培训内容、创新培训模式，加强培训者队伍建设、建立乡村教师专业发展支持服务体系、优化项目管理，持续提升乡村教师能力素质。

据统计，"国培计划"至 2015 年 7 月已累计达 700 万人次，全国有 170 多家高等院校承担"国培计划"项目。作为湖南省"国培计划"的骨干院校，也是全省唯一的初中教师培养培训基地，衡阳师范学院秉承学校百年师范传统，把基础教育教师培训当作师范院校的一项重大事业，深入探索，锐意创新培训模式，走专业化、精细化教师培训之路，积累了独特而丰富的培训经验。

今年是"国培计划"进入衡阳师范学院的第六个年头，学校现已拥有国家教育部门"国培计划——示范性集中培训项目"培训资质和"国培计划——教师队伍建设示范性项目"培训资质，湖南省中小学骨干教师、幼儿教师等省级培训基地。六年来，学校累计承担教育部示范性一线骨干教育、培训者、校长助理工程项目 5 个，国培项目 50 个，省培项目 19 个，培训全国 31 个省（市）教师和校长（园长）10945 人。其中 2009 年—2014 年，"国培计划"乡村教师比例为 78%，2015 年乡村教师比例为 100%。

至此，"国培计划"已成为衡阳师范学院教师培训工作中的一个靓丽的品牌。2011 年，学校先后在全国和全省的"国培计划"经验交流大会做典型发言。2013 年、2014 年均在省国培项目考评中获得 4 个单项第一，其中初中思想品德示范性项目还在全国 53 个高校中位列第四名、思想品德学科类第一名。学校还多次被评为"国培计划先进集体"。

升华理念，注入文化，让教师幸福成长

培训，如何吸引教师，这是一大课题，也是一大难题。如果培训没有吸引力，那么培训效果可想而知。通过百年的师范教育传承，再加上六年积累和总结，衡阳师范学院对"国培计划"理念有着更为深刻的认知："国培计划"不止于让参训教师学习新的思想，也不止于提升新的技能，甚至不止于专业化的成长，"国培计划"还应该是一种生存方式的见证，一种生活态度的树立，是教师职业生涯的重构，其本真是要追寻幸福快乐的教育生活，只有快乐幸福的老师才能教出幸福快乐的学生。

正是有了如此到位的认识，该校创造性地把升华培训理念与加强培训文化建设结合起来，并提出"培训是机会、培训是缘分、培训是享受"，从而突出了"国培计划"的特殊作用和意义。事实上，只有理念到位，认识到位，把"培训"作为一种"文化"来建设，才会超越简单的培训，从而融入教师的成长过程之中。

实施过程中，衡阳师院把这一理念贯穿于培训的整个过程，时时倾注培训人文关怀，处处营造幸福快乐的培训文化气息。学校开辟了"国培论坛"，为学员提供互动交流、表达心声的平台；编辑出版的《国培简报》，成为学员国培交流的窗口，激发了学员撰写研修心得、教研论文、和抒情写意的热情。同时各培训项目通过组织参训教师开展地方文化专题讲座、观看有教育意义的电影，举办联欢会、体育竞赛和结业成果汇报等活动，寓教于乐，不仅增进了师生友谊，增强了团队凝聚力，还展示了参训教师们的阳光心态和教育情怀，进一步激发了他们内在的自觉意识和发展激情，让"国培计划"在传递知识的同时，传递一种责任、一种信念、一种精神、一种文化、一种作风，一种快乐、一种幸福。

2010年初中思想品德置换脱产班学员黄房生就在培训日记中写道："培训期间，舒适的生活环境，优质的课堂教学和丰富的业余生活，让每一位学员感到无比的温暖和感动，洋溢着一股浓烈的幸福感，得以轻松快乐地度过培训的每一天。"后来，学校还帮他把学习心得出版成书《向着阳光走》。

创新模式，科学设置，让教师实现"三大跨越"

质量是培训的生命。而培训课程的科学设置和培训内容的丰富优化是确保培训质量的关键。

衡阳师范学院的"国培"，注重创新培训方法，提高培训实效——以案例反思为载体的探究式培训、以群体研讨为主体的参与式培训、以技能实训为平台的体验式培训、以成长分享为纽带的交互式培训，努力实现参培学员"三大跨越"："从经验性到规律性的跨越"，"从常态性到特色性的跨越"，"从教学型到研究型的跨越"。

具体而言，如初中数学和小学数学学科采取了"五段三环、两基三化"综合培训模式，小学语文学科采取了"三带四步"研修模式等。在短期集中培训中，将幼儿教师"送培到县"项目强化基于教学现场，走进真实课堂的培训环节，采取现场观摩、录像课观摩、说课磨课、微课例讲评、互动研讨、名优教师经验介绍等方式，切实解决实践性课程不少于50%。在置换脱产培训项目中，实行五阶段交叉培训模式，五阶段交叉分段进行，螺旋式提升学员教学能力和水平，切实增强培训的吸引力和实效性。在集中研修阶段进行双向反馈，实行教学微调制，力求使课程内容更贴近农村中小学教学实际；高校总结提升阶段针对学员"影子教师"、网络研修和返岗实践的情况对培训课程进行再设计和论证，采取说课评课、教研活动心得交流、论文答辩、小组互助合作、培训研修成果系统总结等方式确保学员最关心的、急需解决的问题得到有效解决。

在课程设置过程中，学校依照循序渐进的原则，注意课程与课程之间的内在逻辑，衔接自然。整体课程设置从现代教育理论提升入手，到专业水平、课堂教学艺术的提升，课堂实际问题、多媒体运用中的问题的解答，听优秀中小学教师示范课、优质课、教学实践，到现代教育理论、专业水平再提升，教学再实践，注重提升学员整体素质，让学员通过培训成长为优秀的"种子"教师。

在培训师资队伍的选拔方面，学校依据"以模块专题定专家"的原则，以国培专家库和省培专家库为基础，吸纳优秀一线教师和教研员。同时还鼓励各学科充分吸纳校外专家资源，注重培养自己优秀的专家团队，鼓励学术水平高、教学能力强的优秀教师从事高等师范教育和基础教育的对接研究。这样，在这支团队中，既有来自高校的专家、教授，又有来自一线的优秀教师或者教研员，其中不少是国家教育部门"国培计划专家库"专家。从结构上，进一步增加了实践型专家的比例，年龄、学历、职称结构都得到了很好的优化。这些专家名师形式多样的讲授深受学员欢迎。

提升实践能力，"影子教师"变"种子教师"

实践能力的提升是教师培训的核心内容，而"影子教师"是实践培训的一个重要环节。

衡阳师范学院继续教育与教师培训学院院长涂昊介绍说，"影子教师"就是让参训教师与"原型教师"如影随形，在真实的现场环境中，细致观察"原型教师"的日常教学行为和教研科研行为，并充分发挥自身的主动性，把"听、看、问、议、思、写"等自主学习行为整合为一体。"其目的在于让接受培训的教师能够真正体会优秀教师的教学全过程，就像是优秀教师的影子一样。"

为了有效推行"影子教师"实践培训，学校先后制定了《"国培计划"教学实践基地遴选方案》《影子教师实践培训实施办法》《原型教师遴选条件和遴选方式》等制度，并遴选了岳阳许市中学、株洲景弘中学、浏阳市社港中学、永州马坪学校、衡阳市船山实验中学、成章中学、岳云中学等一批优质城市和农村中小学作为实践培训基地，组织农村骨干教师以"影子教师"方式进行实践性培训。在这些优质学校，参与培训的农村骨干教师"如影随形"般地跟随学科优秀教师系统参与教学、教研等环节，先成为优秀教师的"影子教师"，回去后再做农村学校的"种子教师"，为促进城乡教育发展入住了新的动力。

赵晓芳是衡东县霞流中学的一名思想品德教师，以前也曾参加过各类培训。当接到为期3个月的"农村骨干教师置换脱产研修"通知时，她还在嘀咕："还不是换个名称，免不了听听讲座、看看学校、谈谈收获这老一套。"但参加完培训，她暗暗庆幸自己来对了。赵晓芳被安排到株洲景弘中学参与培训实践。在做"影子教师"时，她学到了"情境教学法""分层教学法"，现在她将这些方法娴熟地应用到教学实践之中，不仅大受学生欢迎，还受到很多教师的欢迎，赵晓芳正在成为一名名副其实的"种子教师"。

培养培训一体化，为农村教育改革注入生力军

"国培计划"给了师范院校一个紧密对接基础教育的机会。六年来，衡阳师院以培养推动培训，培训反哺培养，将国培成果融入渗透到师范生培养之中。

国培课程体现了中学教师专业标准和新课程标准的要求，关涉专业理念与师德、专业知识、专业技能 3 个维度，弥补了地方高校师范专业传统课程重理论轻实践的不足，为修订本科人才培养方案注入了活性因子。翻开该校文学院、数学与统计学院、外国语学院、生命科学与环境学院"卓越教师培养计划"实验班的人才培养方案，很多课程极具地方特色和实践特色，有的直接来自国培课程，如《从乡村教师至儒学大师：王夫之成长历程的启示》《教师形象魅力与教学效果：湖南最美乡村教师案例分析》《微课的设计与制作》《作文教学的创新设计》等。

同时，学校专门成立"国培计划"课程资源丛书编委会，深入开发"国培"课程资源，将教师培训与学科建设、课程建设、师资队伍建设和人才培养结合起来，推动培训、培养、培研和服务之间的深度融合。2012 年 9月，衡阳师范学院国培计划课程资源丛书第一辑出版发行，包括《向着阳光走——一个基层教师的"国培"心路历程》《良心的事业——教师培训对话录》等八部著作，教育部教师工作司许涛司长亲自作序，向全国从事教师培养和培训的同行们推荐。

课程资源开发推动各师范专业重新思考人才培养方案的科学性和有效性，推动师范专业课堂教学更有效地实施。目前，该校各师范专业大量聘请中学名师担任讲座教师，情景式教学、小组合作讨论广泛推行，实行参训教师与本科生"一对一渗透式培训模式"，建立培训学员与本科生互动教学和经验交流平台，即一个国培学员在教学上全程指导一个本科生，一个本科生在生活、学习和工作中联系和帮助一个国培学员，两者互相渗透式提升。培训学员参与本科生教学活动，"双师型"老师课堂活跃而有效，师范生培养的吸引力和有效性大大提升。

尤其是师范生顶岗实习，它对农村骨干教师培训机制创新、师范生培养改革、城乡教师交流机制建设、教师培养培训一体化实践都有重大意义。

因此，衡阳师院把顶岗实习作为传承百年师范特色和教师培养培训改革的突破点之一，积极探索，认真研究，多次召开"师范生顶岗实习工作协调会"，出台《衡阳师范学院"国培计划"师范生顶岗实习工作实施方案》。并通过中学名师示范、历届实习汇报课视频材料展示、微格教学训练、教学法教师指导等，走"模仿学习—亲身实践—诊断指导"的路子，逐步提高学生备课、授课的能力和中学教育教学的适应能力。这样一来，学生接受了从未有过的锻炼，提前适应了教师岗位，毕业后能很快适应并融入到教学中去，就业竞争力增强。不仅如此，顶岗实习还在一定程度上缓解农村中小学师资紧缺的矛盾，弥补农村教师队伍的结构性缺陷。此外，让实习生到贫困地区乡镇中学实习支教，可以把教育教学的新理念、新知识、新方法送到农村教育最需要的地方去，为当地的基础教育发展注入新鲜血液，必将成为带动所在学校教育教学改革的生力军。

后 记

在新时代党和国家高度重视教师教育的背景下，地方师范院校作为全面深化中小学教师队伍建设改革和教师教育振兴行动计划的重要力量，主动融入、积极参与教师培训工作不仅是衡阳师范学院承担社会责任的重要担当，也是深化自身发展的重要路径。本书是对衡阳师范学院承办"国培"以来的历程、模式、方式方法和成果资料等较为系统的梳理，比较全面地呈现了衡阳师范学院在教师培训工作中的理论和实践探索。

在编写过程中，我们既重视对教师培训政策的全面了解和介绍，也注重教师发展理论的梳理和应用，更聚焦实践场域中的培训智慧和重要经验。作为衡阳师范学院教师教育和教师培训的理论研究和实践提升的重大成果，在编著过程中吸收了法学院、文学院、外国语学院、数学与计算科学学院、教育科学学院等各二级学院专业人员的研究论文和微案例、学员反思等成果。

衡阳师范学院副校长张登玉全面统筹书稿的写作，申秀英、凌云志拟定了本书撰写的基本框架和写作纲领；凌云志负责全书文稿的编写工作，申秀英、刘国武和王敏等人负责资料收集、文字校对等工作，申秀英、凌云志对全书进行校订、修改和定稿。本书力求做到资料准确详实，在写作风格上尽量做到文笔朴实通畅，可读性强。对于一些读者不熟悉的地方，我们用注释的方式加以补充说明。本书适用于教师教育、教师培训、教师专业发展、学科教学论、教育管理等研究的学生、研究者和爱好者阅读，并可作为教师培训等实践部门作为工作指南的重要参考读物。

　　本书系"国培计划改革创新"示范项目"基于'国培'目标的地方高师院校教师培训模式创新研究与实践"、湖南省普通高等学校教学改革项目"行动导向的乡村教师培训模式建构研究"（湘教通［2018］436号第535项）和《乡村教育振兴情景下的"国培"模式创新研究与实践》（湘教通［2019］291号第672项）的研究成果。在本书撰写过程中，我们得到了衡阳师范学院校领导、继续教育与教师培训学院、各二级学院的大力支持，在此一并致谢。由于作者水平有限，编写时间匆促，因此本书难免有疏漏和错误，敬请广大读者批评指正。